编年史

沙－马赫穆德·楚剌思 著

魏良弢 万雪玉 译

2018年·北京

Шāх-махмӯд ибн мӣрзā фāзил чурāс

хроникА
Критический текст, перевод, комментарии, исследование и указатели

О. Ф. Акимушкина

Издательство «наука»

главная редакция восточной литературы

москва. 1976

据莫斯科科学出版社 1976 年版译出

汉译者序

沙-马赫穆德·楚剌思于 1672—1676 年之间写成的《编年史》，是研究中国古代叶尔羌汗国(1514—1780 年)最重要的史料。该书包括的历史年代，上起东察合台汗国歪思汗之死(1428 年)，下至叶尔羌汗国末代可汗伊斯梅尔统治的中期(1672 年)。全书由颂词、黑山派霍加世系和叶尔羌汗国君主世系及 119 个叙述组成。其前半部的 56 个叙述是对穆罕默德-海答尔·朵豁剌惕《热希德史》中 77 个叙述(包括第 1 册的 34 个叙述，第 2 册的 43 个叙述)的简要复述。后半部的 63 个叙述，除去插入的两个叙述外，全为作者自己的著述。因此，人们通常把沙-马赫穆德·楚剌思的《编年史》视为穆罕默德-海答尔《热希德史》的"续篇"。

《编年史》用波斯-塔吉克文写成，1913 年发现于塔什干，是传世的唯一抄本，但长期未引入科学使用范围，1960 年代始见苏联学者 В. П. 尤金在论文中引用这个抄本，1969 年出版的《15 至 18 世纪哈萨克汗国历史资料》利用了该抄本的 6 个叙述。1976 年苏联科学出版社把沙-马赫穆德·楚剌思自己著述的部分(即颂词、世系和后半部的 63 个叙述)以《编年史》为书名，作为"东方古代文献"丛书的第 45 种公开出版。这个版本由五部分组成：一、出版前言和研究导论；二、俄译文；三、注释；四、参考书目和索引；五、经过校订后排印的波斯-塔吉克原文。这些工作全部是由 O. ф. 阿基穆什金一人完成。他的注释引用了大量资料（其中不少是至今还未刊布的秘本）和前人研究成果，用功极勤。

汉译版译出俄文版的《编年史》的"本文"和"注释"；其参考书目原文录入，不做翻译，以便检索。

汉译人名、地名，一般采用前人的通用译名，但对含有歧视性的、与原读音不符者，则另译。

关于"蒙古国"，17—18 世纪西域一些穆斯林作家把萨亦德汗创建的国家（现今通称其为"叶尔羌汗国"）称为 Mamlakat-i Moghuliye，或 Moghuliye，或 Baladha-yi Moghuliye，或 Vilayat-i Moghuliye。国内有的学者把 Moghul 这一波斯名词汉译为"蒙兀儿"或"莫卧尔（儿）"，韩儒林先生早在 1943 年就已指出，"这是波斯大食人（更确切说应为穆斯林作家）对 Monghul 一字的误读"，并做了审音和勘同，结论是"'蒙兀儿'之译名，断难成立"[①]。1985 年杨志玖先生重申韩先生这一论断，说："蒙兀是唐代的译音，当时兀字已有尾音 l 在内，再加儿字，即叠床架屋。"[②] 俄国东方学家巴托尔德用 Монгол 译 Moghul，而不是用 Могол。[③] 因此，俄译《编年史》的 Могольское государство，汉译版均作"蒙古国"。

汉译书名，用《》表示，外文书名，以斜体表示，如《寻求真理者

[①] 韩儒林：《蒙古的名称》，载中央大学《文史哲》，1943 年第 1 卷第 1 期；收入《穹庐集》，上海人民出版社 1982 年版，第 153 页。

[②] 杨志玖：《关于元史研究中的几个问题》，载《历史教学》，1985 年第 4 期。

[③] B. B. Бартольд, *Сочинения*, 第 2 卷, 第 2 分册, 第 35 页；第 8 卷, 第 598 页。

之友》(Анис ат-Талибин)。

楚剌思《编年史》为专业书,为便于使用者查检、核对征用资料之出处,一般采用资料名称的原文,不做音译或意译。

魏良弢

目　　录

奉至仁至慈的真主之名！ ……………………………………	1
至尊的哈兹拉特-伊·阿兹赞世系和高贵的精神继统叙述 ……	3
阿布都·热希德汗登上汗位和可汗宝座叙述………………………	8
阿布都·拉提夫苏丹事业的结局与阿布都·热希德汗为爱子阿布都·拉提夫苏丹之死复仇叙述 ………………………	10
阿布都·热希德汗的去世及其在位时间和高贵的寿命叙述 …	13
阿布都·克里木汗事业的开始与当时发生的事件叙述 ………	14
阿布都·克里木汗登上汗位和可汗宝座叙述 …………………	18
霍加伊斯哈克的到来及其一些情况叙述 ………………………	22
阿布都·克里木汗的在位时间及其高贵的寿命叙述 …………	27
穆罕默德汗事业的开始和当时的情况叙述 ……………………	28
苏菲苏丹事业的结局叙述 ………………………………………	32
穆罕默德汗登上汗位和［他的］国家统治秩序叙述 …………	34
乌孜别克出征喀什噶尔和英吉沙地区及其无功而返叙述 ……	36
穆罕默德汗值得赞扬的品质和高尚行为叙述 …………………	41
阿布都·拉希木汗（愿真主增加他的光辉！）事业的开始叙述 …	43
阿布·萨亦德苏丹的去世［与］当时发生的事件叙述 ………	44
穆罕默德汗及其在位时间和高贵的寿命叙述 …………………	46

沙-舒贾·丁·阿赫马德汗及其登上可汗位、治理国家的
　　方式和当时发生的事件叙述……………………………… 47
名叫兹亚·丁·阿赫马德苏丹的帖木儿苏丹的一些
　　情况叙述 ………………………………………………… 48
穆罕默德-哈斯木苏丹与阿布都·拉希木汗为敌叙述 ……… 50
帖木儿苏丹怎样两次出兵焉耆和吐鲁番叙述 ……………… 52
杀害艾米尔们和帖木儿苏丹·本·舒贾·丁·阿赫马德汗
　　事业的结局叙述 ………………………………………… 57
沙拉夫·丁苏丹·本·羽奴思苏丹·本·阿布都·热希德汗
　　不臣服叙述 ……………………………………………… 60
舒贾·丁·阿赫马德汗怎样派军队攻打高贵的叔父
　　阿布都·拉希木汗叙述 ………………………………… 63
以阿帕克汗著名的阿布都·拉提夫汗事业的开始叙述 …… 65
伊斯坎达尔苏丹·本·胡达班德苏丹不臣服舒贾·丁·阿赫
　　马德汗、汗出征阿克苏和乌什及伊斯坎达尔苏丹事业的
　　结局叙述 ………………………………………………… 66
沙-舒贾·丁·阿赫马德汗·本·穆罕默德汗（愿真主使
　　其永远居住在天国的乐园里!）事业的结局叙述 ………… 71
阿布都·拉提夫汗怎样率军攻打背信弃义的沙们及其不幸的
　　汗库拉伊什苏丹·本·羽奴思苏丹叙述 ……………… 75
阿布都·拉提夫汗登上汗位与[他]治理国家的习惯叙述 …… 82
阿布都·拉希木汗的一些情况、汗怎样率军队去库车和
　　阿克苏、怎样未达到目的而返回、米尔咱阿布-哈迪·
　　马克里特怎样俘获阿布达拉赫汗叙述 ………………… 86

目 录

穆罕默德-亚希亚（愿至高的真主使其圣礼洁净！）启程，当时
　　发生的事件叙述 …………………………………………… 90
米尔咱阿里-施尔怎样在吉尔吉斯人手下殉难叙述………… 92
苏丹-马赫穆德汗·本·兹亚·丁·阿赫马德苏丹事业的
　　开始、阿布都·拉提夫汗［事业］的结局、他的在位时间及
　　高贵的寿命叙述 …………………………………………… 93
苏丹-阿赫马德汗登上君王的宝座叙述……………………… 94
苏丹-马赫穆德汗出征自己兄弟苏丹-阿赫马德汗与他登上
　　君王的宝座叙述 …………………………………………… 96
阿布都·拉希木汗事业的结局和这位君主——值得称赞的
　　品质的拥有者——的儿子们的数量叙述 ………………… 98
阿布达拉赫汗在阿克苏领地的统治、苏丹-马赫穆德汗去世
　　和苏丹-阿赫马德汗事业的结局叙述 ……………………… 100
阿布达拉赫汗登上汗位和可汗宝座叙述…………………… 103
阿布达拉赫汗出征设防的奥什居民点，汗攻占奥什，他从
　　另一条路返回，艾米尔们继汗之后的出征与他们被吉尔
　　吉斯打败叙述 ……………………………………………… 107
阿布达拉赫汗怎样放逐自己的兄弟伊卜拉欣苏丹与伊斯
　　梅尔汗陛下叙述 …………………………………………… 110
哈孜拉特-伊·阿兹赞，即霍加穆罕默德-亚希亚（愿至高的
　　真主使其灵魂圣洁！）去世叙述…………………………… 112
阿布达拉赫汗出征安集延和征服该地叙述………………… 115
努尔·丁苏丹·本·阿布达拉赫汗事业的开始与任命他
　　为阿克苏总督叙述 ………………………………………… 117

阿布达拉赫汗怎样二次率军攻打安集延与他怎样未达到
　　目的而返回叙述……………………………………………… 118
汗怎样放逐艾米尔们去印度斯坦叙述……………………………… 120
阿布达拉赫汗怎样下令屠杀吉尔吉斯人民叙述…………………… 122
阿布勒-穆罕默德汗·本·阿布都·拉希木汗［事业］的
　　结局与穆罕默德-穆明苏丹带着阿布勒-穆罕默德汗的
　　孩子们从吐鲁番到来叙述 ………………………………… 124
阿布达拉赫汗怎样去沙纳孜山、尤勒巴尔斯汗怎样到来、
　　汗怎样返回自己的都城与当时发生的事件叙述………… 126
汗征伐阿特巴什和阿克赛与哈桑伯克被俘遇害叙述…………… 128
阿布达拉赫汗出征裕勒都斯和焉耆与他战败叙述……………… 129
乌拜达拉赫苏丹·本·尤勒巴尔斯汗情况的开始叙述………… 134
汗怎样派米尔咱提尼伯克比克奇克去阿布都·阿兹孜汗处
　　叙述………………………………………………………… 135
僧格怎样围攻设防的克里雅居民点与汗和尤勒巴尔斯汗
　　率军反击他叙述…………………………………………… 137
尤勒巴尔斯汗的一些情况、他对自己尊贵的父亲造反、
　　乌拜达拉赫苏丹事业的结局与杀害艾米尔们叙述……… 140
努尔·丁汗从阿克苏来到此地与尤勒巴尔斯汗逃往卡尔梅克
　　叙述………………………………………………………… 144
努尔·丁汗的去世、其在位时间和寿命叙述 ………………… 146
阿布达拉赫汗离开叶尔羌领地和关于当时发生的事件叙述 … 148
伊斯梅尔汗陛下在阿克苏、乌什、库车和拜城领地的统治
　　叙述………………………………………………………… 150

目录

尤勒巴尔斯汗登上国家宝座叙述……………………………… 153
僧格前来帮助尤勒巴尔斯汗、伊斯梅尔汗起兵反抗僧格、
　　僧格扶持的尤勒巴尔斯汗出征与他们返回叙述………… 155
尤勒巴尔斯汗[事业]的结局、阿布都·拉提夫苏丹的统治
　　和杀害阿里沙伯克比克奇克叙述………………………… 157
艾尔肯伯克的世系与他的一些情况叙述……………………… 159
伊斯梅尔汗陛下登上汗位与[他]治理国家的习惯叙述…… 161
阿布-沙怎样抓获巴赫拉木苏丹·本·伊卜拉欣苏丹叙述 … 164
巴巴克伯克和阿訇德-伊·喀兰的到来与当时发生的事件
　　叙述…………………………………………………………… 165

注释………………………………………………………………… 167
参考书目…………………………………………………………… 306

奉至仁至慈的真主之名！

光荣属于唯一的、全能的、睿智的、战无不胜的、亘古长存的、至善的、在万物中[只]为人类规定了等级的……[1]并给他们当中一人以特殊恩惠，使其在学术上和事业上及其所达到的完善程度上超越他人的成就[2]。他派遣先知穆罕默德（愿真主对他满意并欢迎他！）带来话语和明哲的启示，并使他成为"全人类的报喜者"[3]，成为"奉真主之命而召人于真主者"，成为"灿烂的明灯"[4]。真主啊，愿恩典人类善行的首领、虔诚教徒的第一支柱、圣洁的选民、原生本质的体现者[5]阿布·哈斯木·穆罕默德及其家族和世爵与他的圣洁高贵而忠诚的同伴们，愿真主保佑他们多平安！

真主的使者、先知穆罕默德的获得参加者荣誉的同伴们，即"在他左右的人"，愤怒地表示出"对外道是庄严的"，使那些不信教的人和异端服从，满怀善心地表现出"对教胞是慈祥的"，由于召唤祈祷，在穆斯林面前铺上了摆满仁慈的饭单，依据经文，"你看他们鞠躬叩头，要求真主的恩惠和喜悦"[6]，获得真主的喜悦[7]，愿至圣的真主在最后审判日之前把喜悦降临于他们及其信徒！

第一代哈里发——正统的哈里发中最可敬的哈里发，真主的代理人——两个世界的主宰者，最伟大的诚实者阿布·伯克尔·斯迪克·阿布都拉赫·本·奥斯曼……[8]先知同伴的首领，作为哈里发——自始至终引导着教团的人们走真理之路和遵循着纯正的教义，由于[自己的]正确和……而有力，他的裁决和论断摧毁了叛教者的支柱。真主有三十二句诗指的是他……经文"在他左右的人"，就是指的他[9]。

其次——第二代哈里发，人们称他为第一位"信徒的主宰"，他们向他叩拜，服从他——乌马尔-伊·法鲁克[10]，愿至圣的真主对他满意！他在伊斯兰各国——这些国家是他亲自征服的——修建了四千座大清真寺。他在他任哈里发的十年中竖立起一万多面[正]教的旗帜[11]。真主有三十四句诗可作为他高尚品格和伟大庄严的佐证。因而[经文]"对外道是庄严的，对教胞是慈祥的"，就是指的他[12]。

再次——第三代哈里发，他是为穆斯林诵读《古兰经》者和遵循至仁道路的坚贞导师——奥斯曼-伊·祖·努拉因[13]，愿真主对他满意！他用高尚和公正确立了[正]教的强国，神圣的卷轴是他伟大品格的佐证。至尊的真主在神圣的卷轴里宣谕的明示他的高尚品格的诗文……这样的十三句。因此[经文]"对教胞是慈祥的"，就是指的他[14]。

再其次——第四代哈里发，真主的狮子、战无不胜的阿里·本·阿布·塔里卜[15]，愿真主赐给他相貌！他的信仰坚定是不可争辩的，而且英勇地亲自占领了海巴尔堡[16]……《古兰经》中的经文……是他高度原则的佐证，有这样的三十五句诗讲的是他[17]。"你看他们鞠躬叩头，要求真主的恩惠和喜悦"，愿至尊的真主对他们都满意！

在赞美全知的主宰和为人类的主人[18]的祈祷之后，[开始]祝他的家族和高贵的同伴们平安。

至尊的哈兹拉特-伊·阿兹赞世系和高贵的精神继统[19]叙述

　　至圣的霍加穆罕默德-阿布都拉赫·本·霍加穆罕默德-亚希亚·本·霍加穆罕默德-伊斯哈克·本·大毛拉霍占集·哈桑伊（以"马赫杜木-伊·阿扎木"[20]知名），愿至高的真主使他的灵魂圣洁！马赫杜木-伊·阿扎木的系谱是十代，首先上溯于沙-布尔汗·丁。沙-布尔汗·丁的系谱序列记载如下：沙-布尔汗·丁·本·萨亦德贾拉尔·丁·本·萨亦德阿什拉夫·丁·本·萨亦德齐亚·丁·本·萨亦德阿拉·丁·本·萨亦德布尔汗·丁·本·萨亦德哈斯木·本·萨亦德哈斯木·本·萨亦德塔希尔·本·艾米尔萨亦德哈桑·乌木达尼(?)，愿至高的真主使他们的圣礼净洁！而艾米尔萨亦德哈桑的系谱（愿至高的真主对他们都满意！）上溯到哪里，只有真主才清楚[21]。

　　穆罕默德-阿布都拉赫高贵的宗教继统上溯到人类和灵魂的主人[22]，愿真主保佑并欢迎他！霍加穆罕默德-亚希亚（愿真主永远喜悦他！）从穆罕默德汗（愿真主使他的灵魂圣洁！）接受了这一高贵的继统[23]。后者从［霍加穆罕默德-伊斯哈克］（愿真主使他的灵魂圣洁！）接受它。后者从毛拉纳鲁特法拉赫·丘斯提接受它。后者从马赫杜木-伊·阿扎木（愿真主使他的灵魂圣洁！）接受它。

后者从毛拉纳穆罕默德·哈孜(愿真主使他的灵魂圣洁!)接受它。后者从霍加阿赫拉尔(愿使他的灵魂圣洁!)接受它。后者从毛拉纳亚库博恰尔希(愿真主使他的灵魂圣洁!)接受它。后者从大霍加——霍加巴赫·哈克·瓦·丁·纳克什班德(愿真主使他的灵魂圣洁!)接受它。后者从艾米尔萨亦德库拉尔(愿真主使他的灵魂圣洁!)接受它。后者从霍加穆罕默德-巴巴-伊·西马西(愿真主使他的灵魂圣洁!)接受它。后者从哈兹拉特-伊·阿兹赞、霍加阿里·拉米塔尼(愿真主使他的灵魂圣洁!)接受它。后者从霍加马赫穆德·安吉尔法格纳维(愿真主使他的灵魂圣洁!)接受它。后者从霍加阿里夫·里夫噶里(愿真主使他的灵魂圣洁!)接受它。后者从[全]世界的导师霍加阿布·哈里克·基吉杜万尼(愿真主使他的灵魂圣洁!)接受它。后者从导师的首领霍加玉素甫·哈马丹尼(愿真主使他的灵魂圣洁!)接受它。后者从晒赫阿布·阿里·法尔马迪[接受它],后者的[宗教继统]来自两个系统。

第一个系统——他从晒赫阿布·哈桑·哈拉坎尼(愿真主使他的灵魂圣洁!)接受了它。而后者从"彻悟者的苏丹"阿布·亚兹德·比斯塔米(愿真主使他的灵魂圣洁!)接受它。后者从伊玛目贾法尔·萨迪克(愿真主对他满意!)接受它。伊玛目贾法尔的宗教继统来自两个支系。第一支系,伊玛目从自己的父亲伊玛目穆罕默德-巴基尔(愿真主对他满意!)接受了它。而后者从自己的父亲伊玛目扎因·巴比丁(愿真主对他满意!)接受它。后者从自己伟大的父亲、信徒的主宰阿里(愿真主对他满意!)接受了它。第二支系,伊玛目贾法尔(愿真主对他满意!)从哈斯木·本·阿布·伯克尔·西迪克(愿真主对他满意!)接受了它。后者"从山洞的朋友"[24]、信徒的主宰阿布·伯克尔·西迪克（愿真主对他满意！）接受它。

　　晒赫阿布·阿里·法尔马迪（愿他的圣礼净洁！）宗教继统的第二个系统，来自晒赫阿布·哈斯木·古儿汗尼（愿真主使他的圣礼净洁！）。晒赫阿布·哈斯木是晒赫阿布·奥斯曼·马格里比（愿他的圣礼净洁！）的穆里德①，而晒赫阿布·奥斯曼·马格里比是晒赫阿布·阿里·鲁德巴里（愿他的圣礼净洁！）的穆里德，而晒赫阿布·阿里·鲁德巴里是[认识了真理的]部落的首领朱奈德·巴格达底（愿他的圣礼净洁！）的穆里德，而晒赫朱奈德·巴格达底是自己的主人西里·萨咯提（愿他的圣礼净洁！）的穆里德，而晒赫西里是玛鲁夫·喀尔希（愿他的圣礼净洁！）的穆里德。晒赫玛鲁夫[的继统]来自两个宗教系谱。

　　第一个系谱，晒赫玛鲁夫是伊玛目里萨·[本]·穆萨（愿真主对他满意！）的穆里德，而后者是晒赫——自己的父亲伊玛目穆萨·咯兹木（愿真主对他满意！）的穆里德，而后者是[晒赫]自己的父亲伊玛目贾法尔·沙迪克的穆里德。这位大伊玛目的宗教系谱上面已经引用过。

　　第二个系谱，玛鲁夫·喀尔希是晒赫达乌德·塔伊（愿真主使他的圣礼净洁！）的穆里德，而晒赫达乌德是哈比卜·阿贾米（愿真主使他的圣礼净洁！）的穆里德，而晒赫哈比卜·阿贾米是哈桑·巴斯里（愿真主使他的圣礼净洁！）的穆里德，而晒赫哈桑·巴斯里（愿真主使他的圣礼净洁！）是第四代哈里发、选民阿里（愿真主使他的圣礼净洁！）的穆里德[25]。诗曰：

---

　　① 门徒。——汉译者注

小溪上溯到它产生的源泉,

这条自甘贫苦的链条也到最后一环。

[下面]将叙述穆罕默德-阿布都拉赫[26]的情况和他的神异作为,如果至高的真主愿意的话。尊敬的君主的先辈已经提到过:由于疏忽他们的名字或详或略都没有留下[27]。如果这一支酋长世系中有些人依据清楚确定的不会引起怀疑的父系关系把世谱上溯到诺亚(愿他平安!)的儿子雅弗,那么根据必须履行的君主命令,依据书面的和传闻的,用叙述的笔法和字字珠玑的风格写下的这些篇叙述,继为前人活动编写历史的作家之后,把慷慨而著名的、至今还统治着世人的君主的世谱上溯到诺亚(愿他平安!)的儿子雅弗的某些后裔。

例如,亦思梅尔汗陛下·本·阿布都·拉西木汗·本·阿布都·热希德汗·本·苏丹萨亦德汗·本·苏丹阿黑麻汗·本·苏丹羽奴思汗·本·苏丹歪思汗·本·失儿阿里汗·本·穆罕默德·本·希兹尔霍加汗①·本·秃黑鲁-帖木儿汗·本·也先-不花汗·本·都哇汗·本·八剌汗·本·也孙-喀喇汗·本·莫图根汗·本·察合台汗·本·成吉思汗·本·也速该汗·本·巴儿坛汗·本·合不勒汗·本·屯必乃汗·本·伯升豁里汗·本·海都汗·本·土敦蔑年汗·本·不古汗·本·孛端察儿合罕·本·阿兰豁阿·豁里秃马惕(Курклук),而阿兰豁阿的世谱上溯到诺亚(愿他平安!)的儿子雅弗[28]。汗陛下的情况和作为将予阐述,并且作为专门叙述,如果至高的真主愿意的话。

---

① 又汉译为"黑的儿火者汗"。——汉译者注

同时，这些卷稿的编纂者，尽管才能贫乏而又虚弱，还是写下了这个欢乐的瞬息即逝的世界的某些情况；尽管无领航员的才能，却把思想之舟驶向大洋，身处安闲自在中不懂得在死亡的旋涡面前的心慌意乱，身处世外桃园里不知道在使人心寒的波浪面前的恐惧。在惊慌失措和思想错乱的状态中，他着手实现这一崇高的意愿和[这一]高尚的目标，勇敢地献身于这一庄严的事业，依照"弱者挨打"的格言，自己虽会成为艾尔肯伯克评论之矢的，但仍努力和关心使从羽奴思汗统治时期起到今天离开和将离开他的显要的苏丹和著名的艾米尔们的荣誉和[良好的]传闻永远留在这个世界上作为纪念。否则，这个贫困不堪、渺小无能的沙-马赫穆德·本·米尔咱法兹勒·楚剌思将会给洁白的禀赋穿上肮脏的衣服，勇敢地在华丽的卷稿上涂写某些字母了事[29]。同时，根据需要[和]根据那位高贵的艾米尔艾尔肯伯克的命令，他冒昧地从事这项庄严的事业。这位高级艾米尔的情况和作为[下面]将做阐释，如果至高的真主愿意的话。

阿布都·热希德汗登上汗位
和可汗宝座叙述

当阿布都·热希德汗在阿克苏的时候[30]，苏丹萨亦德汗[31]从吐蕃来的路上便移居到仁慈的真主的庇护之下[32]。他（阿布都·热希德）离开阿克苏，来继承了父位[33]。满速儿汗[34]得到汗死去的消息后，便率军队到了阿克苏，于是阿布都·热希德汗也出发去反击他。满速儿汗没有达到目的便返回了，阿布都·热希德汗也返回了自己的都城。满速儿汗不止一次地发起这种征讨[35]，阿布都·热希德汗也以同样的次数［对他］进行反击，并且顺利而幸运地返回。当萨亦德-穆罕默德米尔咱被杀[36]后，汗手下的艾米尔们对他产生了怀疑，安定因此消失。出生于朵豁剌惕部的米尔咱阿里-塔盖[37]逃往喀喇台金（Каратегин）。其他的艾米尔带着［已故的］汗的几个孩子前往和田，并且公开表示不臣服。阿布都·热希德汗跟踪追击他们。［和田的］全体人民出来迎接汗，只有少数几位艾米尔留在要塞里。人们抓住他们，带到汗那里。汗豁免他们死刑，下令全部放逐。[38]

阿布都·热希德汗的正妻叫丘丘克哈尼姆[39]。这位丘丘克哈尼姆是哈萨克的阿迪克苏丹·本·贾尼伯克汗[40]的女儿，这位哈尼姆的母亲是苏丹-尼噶尔哈尼姆[41]，羽奴思汗[42]的四女儿。丘丘克哈尼姆生有六个儿子:长子阿布都·拉提夫苏丹,次子阿布都·克里木汗[43],三子阿布都·拉希木苏丹,在阿布都·热希德汗还在世的时候,他喝了异教徒吐蕃人手中殉教者的饮品,四子苏丹伊卜拉欣,以苏菲苏丹闻名,五子穆罕默德汗,六子阿布·萨亦德苏丹。阿布都·热希德汗的另外六个儿子是不同的妇女所生。七子库拉伊什苏丹,八子穆罕默德–巴基苏丹,九子穆罕默德–沙苏丹,十子羽奴思苏丹,十一子阿布达拉赫苏丹,十二子阿布都·拉希木汗[44]。

阿布都·拉提夫苏丹是阿布都·热希德汗的长子,汗把他派往阿克苏和乌什做总督,以保持蒙古斯坦[45]臣服;把苏菲苏丹派往喀什噶尔,而把艾米尔穆罕默德迪·巴鲁剌思作为他的阿塔里克[46];派库拉伊什苏丹统治和田。他们每个人的情况都将在适当的地方加以叙述,如果至尊的真主愿意的话。

阿布都·拉提夫苏丹事业的结局与阿布都·热希德汗为爱子阿布都·拉提夫苏丹[47]之死复仇叙述

国家归汗牢固地所有后,阿布都·拉提夫苏丹定驻于阿克苏。作为国王的儿子并且是位勇敢、果断的男子,他像应该做的那样,控制着蒙古斯坦,以致哈萨克和吉尔吉斯人不能留在蒙古斯坦[48]。最后阿布都·拉提夫苏丹袭击了哈萨克的哈克-纳扎尔汗[49],他们掠获了大量的俘虏和丰富的战利品[50]。哈克-纳扎尔汗召集哈萨克和吉尔吉斯人[51],让[他们]去追击。苏丹没有注意敌人的行动,沉溺于享乐。哈克-纳扎尔汗和其他六位王子追上了苏丹。出身于巴里克赤部落的托赫塔米什-叶卢克早在这之前就离开后卫部队[52]。他发现敌人后,没有先通知苏丹就逃走了。哈萨克和吉尔吉斯人的军队在夜间出其不意地向苏丹的[军营]发动进攻,击溃了他的军队。人们把身负致命之伤的苏丹带到哈克-纳扎尔汗面前。哈克-纳扎尔汗对他表示[应有的]敬意和尊重。阿布都·拉提夫苏丹同意从这个非永恒的世界进入永恒的天堂牧地[53]。

当汗得到阿布都·拉提夫苏丹死亡的消息后,汗和哈尼姆身穿丧服,运回苏丹的尸体,把他葬在阿勒敦[54]他伟大的祖父苏丹萨亦德汗脚下。霍加穆罕默德-沙里夫[55](愿他的圣礼净洁!)当时为

[信仰]不坚定者指出正教之路。阿布都·热希德汗求至圣的霍加庇护，给予帮助，阐述了事件的实质。霍加出于对汗的悲悯，同他一起去朝拜了已故的遵守教规者。他们瞻仰了长眠于包孜①中的苏丹·本·苏丹可汗·本·可汗，即苏丹萨图克-博格拉汗[56]的麻札②，愿真主使他的圣礼净洁。[穆罕默德-沙里夫]开始向伟大的苏丹求助，准许汗出征。汗装备了大批军队，前去攻打吉尔吉斯和哈萨克。霍加瞻仰过遵守教规者的墓葬后，来到叶尔羌。

军队追击敌人走了三个月的路，在叶密立[57]追上了哈克-纳扎尔汗。哈克-纳扎尔汗、其余的王子和吉尔吉斯人在一个难以接近的地方筑起工事。围攻加紧了。有一次汗策马到了最前面，全军立刻也策动战马，鼓足力量，粉碎了哈克-纳扎尔汗[的军队]。被俘的哈克-纳扎尔汗和其余王子全被处死，吉尔吉斯的艾米尔们也被俘[58]。

汗在叶密立停留三日，凯旋回都城。同时，他还把术赤家族王子的七面旗[59]运到叶尔羌。[这里]之所以提到七面部落的旌旗[60]，是因为哈萨克国王们至今[仍然]没有旌旗。自从羽奴思汗在喀拉-图卡伊打败布鲁吉奥格兰[61]后，昔班-哈萨克人和蒙古人之间在此之前多次发生战争。昔班-哈萨克人多占上风，蒙古人一次也未打败过昔班-哈萨克人。唯有这次阿布都·热希德汗大败昔班-哈萨克和吉尔吉斯的军队。因此这次胜利成果至今还被谈论着[62]。

---

① 包孜，坟墓。——汉译者注
② 麻扎，陵墓。——汉译者注

其实,阿布都·热希德汗在同辈人中以身体强壮、四肢结实和谈吐优雅而闻名。他的箭法无人匹敌。在他高贵的父亲苏丹萨亦德汗以后极少见到与他接近的[箭法]。他的勇敢与慷慨也是同时代独一无二的。他[还]擅长写诗,这就是其中的一首:

> 对我是不公与残暴,对敌人却是恩宠与柔和。
> 我忧郁的心啊,为此常常痛苦而难过。
> 热希德啊!我该以什么面目出现,我该怎么做?
> 这痛苦、忧伤是由于我对那最崇敬的人思慕难舍。

有首突厥语的诗也是他的:

> 我的旗手驰进赛场,看,立即显出矫健动人的身姿。
> 他的头盔就像彩球,一绺卷发恰似飘带迎风飞舞。
> 当您看到那大胆的[美人]受到冷遇,该是多么惊诧惋惜!
> [最好]还是留意她的眼神,您将发现她好客的目光在召唤你![63]

他慷慨的手指弹奏出如此牵动人们心灵的旋律,致使维涅拉[64]由于嫉妒丧失了声音。作为一位天赋异秉、多才多艺的人,他在所有优雅的艺术和手艺中[65]都显示出才华。他多次以卡兰达尔①的面目漫游各地[66]。

---

① каландар,穆斯林游方教士。——汉译者注

阿布都·热希德汗的去世及其在位时间和高贵的寿命叙述

人们这样传说：汗两次作为游方的德尔维什①去和田。米尔·安瓦尔和毛拉马赫穆德［两次］都陪同过他。他们又第三次前往和田。库拉伊什苏丹知道了汗来的消息时，高级官员和艾米尔［早已］出城迎接。汗同意住在库拉伊什苏丹内室中。几天后他们前去桑格-喀什⁶⁷游乐。到达贾玛达尔村时，在这里驻扎下来，汗就在这里转移到了仁慈的真主的庇护之下。父亲在世时他在阿克苏和蒙古斯坦⁶⁸统治了九年。父亲［死］后他在喀什噶尔、英吉沙尔、叶尔羌、阿克苏与和田直至巴达赫山［边界］独裁统治了二十七年⁶⁹。他活了五十二岁。［阿布都·热希德］汗死后三个月，阿布都·拉希木汗出生了；阿布都·克里木汗把他抚养长大。［当时］马赫穆德·巴鲁剌思是叶尔羌的阿奇木②，和田的阿奇木是阿赫马德·巴鲁剌思。但是，只有真主知道得更清楚。

---

① дербиш，伊斯兰教苦行教士。——汉译者注
② аким，地方长官。——汉译者注

阿布都·克里木汗事业的开始
与当时发生的事件叙述

在阿布都·拉提夫苏丹喝了哈萨克人手中为信仰而殉难的饮品后,阿布都·克里木汗被委派为阿克苏的总督。阿布都·克里木汗不同意去。当人们问他为什么拒绝阿克苏统治者职位时,阿布都·克里木汗回答说:"……我们认为他们(父亲)的生命是[自己的]财产。"嫉妒者向汗报告,说阿布都·克里木汗实际上是另有所谋[70],从而引起了汗的怀疑。汗要阿布都·克里木汗到自己这里,命令他:"写下这首别伊特①。"这就是那首别伊特:

国家不能落入弑父者之手,
如果[仍然]落入,也将不会超过六个月。

阿布都·克里木汗立即写下来,把[自己的]腰带系在脖子上[71],流着泪,[全身]颤抖,恭敬地跪着讲述了这件事的真情。[他的话]意思是这样的:至尊的可汗公正地说:王子出身的人也在进行这类卑鄙的活动。须知施鲁亚就是这样杀死了胡斯拉乌·帕尔维兹。施鲁亚的世谱记载如下:施鲁亚·本·胡斯拉乌·本·胡

---

① бейт,短诗。——汉译者注

阿布都·克里木汗事业的开始与当时发生的事件叙述

尔木兹·本·安乌施尔万·本·库巴德·本·费鲁兹·本·亚兹迪吉尔德·本·巴哈拉木·古尔。巴哈拉木·古尔的[世谱]再一代接一代,上溯到凯乌玛尔斯。根据波斯精通世系的人们的意见,凯乌玛尔斯就是亚当。这个出身[如此]高贵的王子却做出了卑鄙的事,六个月后得鼠疫进入地狱。

在[阿拔斯王朝]哈里发的朝廷中再也没有出身比蒙达西尔更高贵的。而他——蒙达西尔·本·穆塔瓦基尔·本·穆塔西木·本·哈隆·热希德·本·马赫迪·本·满速儿·本·穆罕默德·本·阿里·本·阿布达拉赫·本·阿拔斯,愿真主对他满意——几代都是哈里发,他也同样杀了[自己的]父亲。

阿布都·拉提夫米尔咱在流过撒马尔罕郊区的苏赫河河岸上使兀鲁伯米尔咱——一位学者和公正的国君登上接受了殉难者的桂冠的阶级。须知他就是米尔咱兀鲁伯·本·苏丹沙鲁赫·本·艾米尔,结合两个世界幸福的拥有者帖木儿·古尔干的儿子阿布都·拉提夫。这两个不幸的王子每人在位的时间都不超过六个月。难道不知道,不应该以高贵的出身而骄傲——笃信宗教和敬畏真主才是[骄傲的]条件[72]。

阿布都·热希德汗要阿布都·克里木汗为长子祈福,并对[他的话]感到满意,向阿布都·克里木汗询问他的各种事情。阿布都·克里木汗表示愿意统治英吉沙。汗把江-穆罕默德米尔咱·拜林作为他的阿塔里克[73],把他们派往英吉沙[74]。

当时喀什噶尔的总督是苏菲苏丹[75]。苏菲苏丹是阿布都·热希德汗四子。同时,苏菲苏丹还是一位漂亮而威严的王子。周围的人们认为他是一位称职的[行政长官]。阿布都·克里木汗是位笃信宗教与真主的大丈夫并尊敬德尔维什。他是圣者穆罕默德-瓦里-苏菲[76]庇护的穆里德(愿他圣礼洁净!)穆罕默德·瓦里-苏菲是穆罕默德·沙里夫最亲密的战友之一(愿真主使其灵魂洁净!)此外,有个叫米尔咱·兹拉克的德尔维什在喀什噶尔活动,他为神感召并经常处于神秘的恍惚之中。有这样一个传说:阿布都·克里木汗来过,为了向米尔咱自荐。米尔咱住在寺院里。汗进入寺院时向[米尔咱]致敬,米尔咱·兹拉克说:"进来吧,我又不是苏丹。以前我以为您是诗作者的幼子。您是这样的。信仰的支柱(愿至尊的真主使其灵魂洁净!)用汗称赞您。假如一个人跟着您来,那么您应该知道[这件事]。"此后他决定离开这里,阿布都·克里木汗则到了英吉沙。库舒克奇(кушукчи)一词对于阿布都·热希德汗是合适的,因为汗是诗人,有时还用正当途径谋生——制造军队的装备[77]。

阿布都·克里木汗从米尔咱那里返回。三天后的一个清晨,穆罕默德·瓦里-苏菲向阿布都·克里木汗报告了一个好消息。汗立即召集英吉沙的人们前往叶尔羌。穆罕默德·瓦里-苏菲[只]让汗看见他,艾米尔们没有见他。马赫穆德·巴尔拉斯派遣一个人去苏菲苏丹那里。这个人意外地与汗相遇了。汗详细询问一些情况后,进行侦察。发现了一封信。汗认为这是吉兆,匆忙出发了。艾米尔们建议说:"如果我们召集一些人再去将会更好些。"汗说:"穆罕默德·瓦里-苏菲(愿仁慈的真主降福于他!)正在催促。"全体艾米尔们都高兴起来。在包孜里向真主的狮子、尊敬的殉难者阿里请准许帮助和支持后,他们前往叶尔羌。

霍加乌拜达拉赫、米尔咱鲁兹·巴尔拉斯、米尔咱穆罕默德-

亚库卜·朵豁剌惕、江-穆罕默德米尔咱·拜林和米尔咱萨特金伊施喀噶[78]陪同汗向丘丘克哈尼姆走来。汗吻过哈尼姆的脚后,痛哭起来。哈尼姆、艾米尔们和达官显赫按照古老的习惯把阿布都·克里木汗拥上汗位。

阿布都·克里木汗登上汗位
和可汗宝座叙述

可靠的人们这样传说：阿布都·克里木汗是阿布都·热希德汗的长子，根据古老的习惯，人们宣布他为汗[79]。

两天后苏菲苏丹从喀什噶尔抵达并驻在汗宫中。商妥苏丹一人进去。他一个人到了哈尼姆那里，会见开始。阿布都·克里木汗向苏菲苏丹说："弟弟啊，根据古老的习惯，把我们拥上汗位。如果您想得到它，我的国家这就[给您]。我们乐意和平相处，不会反对您。"然后，哈尼姆讲话："亲爱的儿子啊，现在阿布都·克里木为您接替父位。蒙古苏丹们历来习惯就是谁年长，就被认为是汗和可汗，并且都臣服他。我们根据古老的习惯宣布阿布都·克里木汗为汗。您有什么建议？"苏菲苏丹立即从座位上站了起来，在母亲和兄长面前说："我们尊阿布都·克里木汗为自己的父亲，并将真诚地臣服他。"说完这些后，他宣布效忠。

汗把喀什噶尔和英吉沙授予苏菲苏丹统治[80]，并允许他返回；他派遣库拉伊什苏丹为和田的总督，此后下令放逐米尔咱马赫穆德·巴尔拉斯和米尔咱阿赫马德·巴尔拉斯。派江-穆罕默德米尔咱把这道命令通知[他们]。有三千名军人属于他，也全都改教了。用阿布都·克里木汗的称号制币和虎图拜，他牢固地统治着国家。汗尽心竭力地主宰司法和维护正义。阿布都·克里木汗还是[自己]时代杰出的国王和这一强国的本质。他是一位笃信宗教、有自制力、崇敬真主和公道正直的大丈夫。一些值得信任的人们这样记载:阿布都·克里木汗从少年进入成年后,他在生前不仅从来没有缺过五次必须祈祷中的任何一次[81]和星期五的公共祈祷,而且甚至从未做过哈匝①,所以总是准时出发[82]。汗有这样的习惯,每星期有两天要戴上公正的链子;他公开接见所有的人,要哈孜[83]和穆夫提必须出席;在审改穆斯林的切身问题时,他还让管理国家事务的艾米尔们参加。被欺侮者向汗诉讼高利贷者的危害。如果他[对诉讼]的判决适合于伊斯兰教法典,那他就征求哈孜和穆夫提同意。如果[诉讼]涉及习惯法,那么他就把它交给艾米尔们。霍加乌拜达拉赫[84]、费鲁兹米尔咱伊·巴尔拉斯、米尔咱萨特金伊施喀噶和米尔咱亚库卜·朵豁剌惕[再次]审理诉讼后,做出最后判决[85]。汗端坐着,注意地听,就这样做出裁判,所以连一次细微的错误也没有发生过[86]。当时在光荣的麦加,都视可敬公正的阿布都·克里木汗健康长寿,在每次祈祷后都诵读法蒂哈[87]。

一些书中写道,先知这一等级之后(愿他们平安!),人们有三个等级,它们同他们的品级相等。第一等是极端,也称它为噶乌斯,第二等是光荣的殉教者,第三等是公正的国王。如果在末日无上光荣和至高无上的真主在[询问]信仰后向自己的奴隶们提出祈祷问题,那么在[询问]信仰后他就要问国王们[他们的]公正问题。

---

① каза,酒窖,意为饮酒。——汉译者注

阿努施尔万[88]虽然信仰异教,在[自己的]公正和司法中却是卓越的。正因为如此,万物的首领(愿最美好的祈祷和最善良的祝福降临于他!)自豪地说:"我出生在公正的国君统治时代。"[89]买斯涅维(Месневи)写道:

> 在努森拉万皇帝统治下,先知成为世界的眼睛,人类的光明。

他说:"我之所以公正,是因为我在努森拉万的时代出生。"

他好像善心的谋士,对着暴君的耳朵耐心的娓娓劝说:

"你想想暴虐造成的黑暗,试把公正变为自己的职业。

假如你的公正不去战胜邪恶,你将重走自己的老路——高压暴君。"

在一些传说中说:至尊的真主给达乌尔(愿他平安!)降下[以下的]启示:"你告诉自己的部落,让他们不要诽谤和辱骂阿贾木的国王们,因为他们用自己的公正治理世界,为的是我的奴隶们在他那里生活。"基特阿(Кит'а)写道:

> 公正与审判,不问其信教还是异教徒——
> 为了巩固王国,这需一定深知。
> 对于治理世界,异教徒的公正
> 比信教的国君的残虐更为有益。[90]

阿布都·克里木汗在自己统治时期从未进行过征伐[91]。他把各地分封给兄弟们。至于他伟大的父亲留下的财产与[大量]武器,他则根据伊斯兰教法典中神圣的规定和众兄弟一起继承[92]。阿布都·克里木汗在没有完成教仪的净洗之前从不着手工作[93]。他统治时期信仰的事业达到最高峰。

霍加伊斯哈克的到来[94]
及其一些情况叙述

　　这一事件是这样解释的。穆斯林的离去、大地上的唯一极端、对两个世界主宰的敬慕者、教团和宗教的明灯霍加穆罕默德-伊斯哈克·本·马赫穆德-伊·阿扎木[95]（愿至尊的真主使他的灵魂圣洁！）从撒马尔罕来到喀什噶尔[96]。提前从阿克苏来到［喀什噶尔］的穆罕默德汗，为了给自己的兄长苏菲苏丹服务[97]，这时赶紧向霍加伊斯哈克致敬。当他们相遇时，向穆罕默德汗询问霍加伊斯哈克："我的苏丹啊，怎样称呼您？"霍加伊斯哈克微笑着给予答复："我来此地主要与'爱慕'这一名字有关。不应沉溺于逸乐，必须努力！穆罕默德巴巴啊。"

　　穆罕默德汗返回自己的房间时，他突然想到："假如我向霍加伊斯哈克求指导[98]，在他面前我必须履行或者不履行——难道我还年轻［无知］吗？假如我不求指导呢？应该赶紧决定。[99]"他［这样］思忖着，陷入了沉思。这时霍加伊斯哈克突然悟觉，他要来墨水和笔，写了一封信寄给穆罕默德汗。他把这首别伊特（бейт）也写在那封信中。这首别伊特如下：

　　　　且莫悔恨坚韧不够，为人平淡无奇。
　　　　到爱中去，帮助和支持将会由爱而至。

霍加伊斯哈克的到来及其一些情况叙述

穆罕默德汗得到答复后,他什么也没有想,就献身于自己倾慕的事业并前往霍加伊斯哈克那里。霍加伊斯哈克打量过穆罕默德汗后,给他以厚待。穆罕默德汗和这位伟人谈话后,诚心信服于[他][100]。霍加伊斯哈克为这位具有可嘉心灵的苏丹祈福。毛拉哈斯木哈里发(愿真主的仁爱降临于他!)同自己的信徒和亲信一起成为[他的]穆里德和信徒。毛拉伊本·玉素甫哈里发(愿真主的仁爱降临于他!)在自己的亲密朋友和信徒的陪同下也从和田前来,并获得吻门槛的荣誉。霍加伊斯哈克为两位高贵的哈里发的健康祈祷。喀什噶尔的居民看到这些可敬的人们后,立即信服于他们。然后[霍加伊斯哈克]光临叶尔羌。叶尔羌的显贵们出来迎接他。在[霍加伊斯哈克]住下休息后,阿布都·克里木汗也抵达这里表示敬意。霍加伊斯哈克在礼拜室里。当人们告诉他汗抵达的[消息]后,他想立即到汗那里去。哈里发们表示反对,说:"阿布都·克里木汗是草原居民,他是蒙古人。最好是稍停一会再去他那里。"这样,霍加便延迟了一会。阿布都·克里木汗和霍加乌拜达拉赫是穆罕默德-瓦里-苏菲[102](愿真主的仁爱降临于他!)的穆里德。汗因此受了委屈。霍加乌拜达拉赫不怀好意地建议:"我们现在就返回汗宫吧!"汗立刻前往汗宫。汗和霍加伊斯哈克疏远起来。霍加伊斯哈克[在叶尔羌]做了一段时间的穆斯林教育工作,然后前往和田[103]。

托库兹干[104]的居民出来迎接,献上礼品并真诚而坚决地请求庇护[105]。当霍加伊斯哈克到达和田时,库拉伊什苏丹在达官显贵的陪同下出来迎接并请求庇护[106]。霍加伊斯哈克前往"被刺死的伊玛目"的墓葬,返回后在奇拉(Чира)之地度过三年,为失去信仰者指出正路[107]。

当库拉伊什苏丹的妻子去世时,他派人去霍加伊斯哈克处。库拉伊什苏丹早先曾让自己的儿子胡达班德苏丹为霍加伊斯哈克服务,因此他儿子成为[他的]忠实信徒和坚定拥护者。当霍加伊斯哈克到达时,库拉伊什苏丹痛苦地呻吟着同他见面了。霍加伊斯哈克询问了他的健康情况。库拉伊什苏丹经过礼拜室,派人说:"让我们的圣者霍加使我们的妻子复活吧!"霍加伊斯哈克被激怒了,说:"这些话应该早说,现在它们还有什么用。"苏丹非常烦恼。于是使库拉伊什苏丹非常气愤的霍加伊斯哈克动身前往阿克苏。在……之后他说:"库拉伊什啊,你的后代将永远不会称汗。"[108] [他]到达了阿克苏领地。

穆罕默德汗当时统治阿克苏。因为汗走了三天的路程前去迎接他并竭诚为[他]服务,所以他对汗说:"愿你的后代成为汗。"然后住在阿克苏[109]。阿克苏的居民向平安到达的霍加伊斯哈克献上礼品,怀着纯洁的思念真诚地信服他并成为[他的]穆里德。而一些想法龌龊的人没有服从。霍加伊斯哈克对库特鲁格-穆罕默德-米尔咱-伊·楚剌思说:"库特鲁格-穆罕默德啊,人们露出这一点是由于疏忽。"库特鲁格-穆罕默德站在[他面前]说:"我现在就去向人们解释清楚。"库特鲁格-穆罕默德去对阿克苏的居民们说:"朋友们,霍加伊斯哈克光临我们地区,是这个世界的光荣和对它的拯救。我们认为,向至圣的伊阐①表示服从,无论对今世还是来世都是幸福的。"

---

① ишан,导师。——汉译者注

阿克苏的居民中有一人站出来讲话了,他说:"每个从那一地区[110]来的人都说——我是霍加,是圣者。"他的话传到舒图尔哈里发[111](愿真主的仁爱降临于他!)那里后,他向阿克苏的居民介绍霍加伊斯哈克,醒悟降临了。他手中拿着拐杖走到那个罪人跟前,敲了他一下,那人便躺在地上不能动了。阿克苏的居民亲眼看到了舒图尔哈里发(愿真主的仁爱降临于他!)这一神奇的行为,便都成为霍加伊斯哈克忠实的信徒和坚定的追随者。他们以库特鲁格-穆罕默德-米尔咱-伊·楚剌思为首,承认他是他们的导师。霍加伊斯哈克祈求真主赐福于库特鲁格-穆罕默德米尔咱及其兄弟马穆克米尔咱。这两位哈里发由于[没有]后代而向霍加伊斯哈克请求。霍加伊斯哈克接受了他们的请求,为他们祈祷。这个祈祷起了作用——库特鲁格-穆罕默德米尔咱生了八个儿子和四个女儿,而马穆克米尔咱生了五个儿子和七个女儿[112]。库特鲁格-穆罕默德米尔咱是本书虚弱作者的曾祖父。简言之,霍加伊斯哈克前去库车。他派舒图尔哈里发(愿真主的仁爱降临于他!)去吐鲁番。霍加伊斯哈克住在库车。库车的居民自愿地表示服从,都成了[他的]穆里德。

舒图尔哈里发到达吐鲁番同居民们见面了。城里的居民没有表示服从,因为[他们]是圣者阿勒普-阿塔(Алп-ата)[113]的信徒。舒图尔前往阿勒普-阿塔的包孜去拜谒陵墓并在陵墓上坐下来。坟墓摇动起来把舒图尔哈里发抛了下来。舒图尔哈里发跳起来后又坐了上去并再次[从上面]滚下来。坟墓裂开,出现一只狮子。霍加伊斯哈克保护并救出了舒图尔哈里发[114]。吐鲁番和焉耆的居民献上礼品请求庇护。舒图尔哈里发(愿真主的仁爱降临于他!)

回来为霍加伊斯哈克服务。以后霍加伊斯哈克又返回了自己的家乡,即撒马尔罕。

霍加伊斯哈克的一位战友恭敬地说:"如果霍加伊斯哈克再在这个国家活动不长的时间,那阿布都·克里木这个蒙古人就会完结,并彻底消失。"霍加伊斯哈克回答说:"阿布都·克里木汗是位公正的国君。先知(愿真主赐福并欢迎他!)会奖励他。"然而只有真主才清楚真正的情况。

阿布都·克里木汗的在位时间及其高贵的寿命叙述

　　阿布都·克里木汗三十岁登上汗位[115]。他统治时期这个国家使得天堂嫉妒。他统治了三十三年[116]。阿布都·克里木汗不止一次地说:"我对至高的仁慈怀有希望。因为先知(愿真主赐福并欢迎他!)六十三岁时,他从非永恒的世界高兴地进入了永恒的世界[117]。让我也不违背这一崇高的习俗。"他祈祷时是这样说的。他的祈祷起了作用。当他尊贵的年龄到六十三岁时,他移居到真主的仁慈的庇护下[118]。

穆罕默德汗事业的开始
和当时的情况叙述

  详细情况是这样的。穆罕默德汗是阿布都·热希德汗的第五子,由阿迪克苏丹·本·贾尼伯克汗的女儿丘丘克哈尼姆所生。阿布都·拉提夫苏丹死后,阿布都·热希德汗派他统治阿克苏。

  当时库车[119]在沙汗·本·满速儿汗[120]治下。沙汗是位勇敢而豪放的国君,同时他也是一位残酷而傲慢的男人。他[总是]使军队处于战备状态,多次用它去侵袭和抢劫。他有个叫突拉伊苏丹的儿子,犯了小小的过错。[沙汗]吩咐他的高级艾米尔沙亚里·伊里基奇:"处死突拉伊。"沙亚里没有立即杀死突拉伊苏丹。满速儿汗[当时]责成亚里克伯克处决阿明-霍加苏丹。亚里克阿塔噶(aтaрa)把[阿明-霍加]藏起来后,报告说处死了。当需要阿明-霍加苏丹的那天,亚里克阿塔噶把他领到满速儿汗那里。满速儿汗感到很高兴,给亚里克阿塔噶很多恩惠[121]。沙汗从沙亚里·伊里基奇那里期待的正是这样的预见性。而他却不加思索地处死了突拉伊苏丹。沙汗决定对卡尔梅克[122]进行圣战。有一天他叫沙亚里到跟前,说:"您让突拉伊苏丹复活吧。"沙亚里回答说:"突拉伊苏丹在世界末日那天将复活。"沙汗愤怒地说:"忘恩负义的伊里基奇啊,因为我把您的官阶提得比亚里克的职位更高,您才这样做。在我出征返回之前,您和我都该知道[这件事]该怎么办。"这样说过后他就出征卡尔梅克。向卡尔梅克发动进攻后,同预计的一样,抓获了俘虏和战利品,然后踏上了归程。卡尔梅克人决定追击军队,切断道路。沙汗准备战斗,一场残酷的会战开始了。这时沙亚里召集自己的服从者和亲信,破坏了军队的编制,暴露出卑鄙的背叛之心,逃跑了。失败的命运降临到沙汗身上。沙汗勇敢地进行战斗,但最终还是喝下了殉教者的饮品[123]。

简言之,穆罕默德汗(愿真主使他永远住在天国的乐园中!)统治阿克苏时,[他的领地]进入鼎盛时期。在穆罕默德汗的"玛吉里斯(маджлисе)"里有人顺便谈到沙汗女儿的美貌。穆罕默德汗产生了对战友沙汗女儿的想往。正当沙汗征伐卡尔梅克的时候,这样的事情发生了。亲信们报告穆罕默德汗:"沙汗的女儿正在库车旅行,每天休息时停留在一个要塞里。您不要放过良机,我们去捉她吧。"穆罕默德汗觉得此话有理,便前往库车。沙汗派一百名武装人员作为女儿的卫队,以便她在任何地方居留时都得到保护。有一天当他们在离库车城堡很远的一个堡垒住下时,穆罕默德汗从阿克苏赶来,包围了这个堡垒。哈尼姆的保卫者们立即带着她前往库车城堡。穆罕默德汗的人清道。哈尼姆连穿靴子的时间都没有。穆罕默德汗不安地返回了阿克苏。沙汗的女儿没有穿靴子回到了家。在这之前,沙汗已经征伐返回宫里。他的女儿回到这里,[她被发生的事情弄得]心神不定。

汗询问同女儿一起遭遇的事的人,哈尼姆的人报告说:"穆罕默德苏丹带领军队包围了我们,我们进行夜间突围,尽全力保全哈尼姆。"沙汗愤怒地说:"假如穆罕默德汗把我女儿作为俘虏抓走后,再派出一名急使来求婚,那我任何时候也不会把她嫁给他。他以为,他俘获了我们的女儿,我就再也不敢报复他。"这样说后,他率军跟踪穆罕默德汗到了阿克苏。默罕穆德汗知道沙汗从四面包围阿克苏城堡后,安营扎寨。围攻加紧了。因出师不利而失望的沙汗回营。有个放荡的坏家伙拿了一件妇女的服装,把[它们]拴在棍子的一端,转交给沙汗,用下流的话说这件事。沙汗不能忍受。他去光荣拥有者的宫殿祈求帮助后,重新围攻城堡,在一天夜里,他机智而巧妙地攻下阿克苏。穆罕默德汗只好在内城设防,他的事业陷入绝境中。在[这种]情况下,穆罕默德汗派遣了一名使者米尔马赫迪-沙·本·米尔萨亦德·玉素甫·本·萨亦德哈斯木(愿真主照耀他的墓葬!)去沙汗那里。米尔马赫迪-沙手里拿着《可兰经》出发了,在内城大门附近举行了会谈。米尔马赫迪-沙向沙汗说明了自己出使的目的。沙汗大怒,下令把这位萨亦德抛到台基下面去。由于这一原因,米尔马赫迪-沙几天都不舒服。沙汗驻扎在内城外,人们把穆罕默德汗带到这里,同时[带来了]国君的象征物。此外,把汗的旗帜系在汗的腿上。自古以来就是如此。沙汗对阿克苏的居民进行了屠杀。对[他们]进行刑讯和折磨后,他把穆罕默德汗带往焉耆。

焉耆有个大湖,湖中间有一块荒漠地,突厥人称它为"阿拉尔"(арал)。他把默罕穆罕默德汗和他的第一个妻子米赫尔努什比吉姆(бигим)一起安置在岛上,给他们派了一名伺役。他们在这里度过了五个月。在这期间穆罕默德汗以纯洁的心灵赞颂真主。穆罕默德汗高尚的儿子沙-舒贾·丁·阿黑麻汗(以汗-伊·沙希德著名)就出生在这个岛上[124]。阿布都·克里木汗派来一名急使,说:

"穆罕默德对我们来说就像儿子,请宽恕他的错误。"沙汗立即表示同意,就把穆罕默德汗、米赫尔努什比吉姆和他们的奴仆送到阿布都·克里木汗那里。阿布都·克里木汗对穆罕默德汗十分关心和爱护。穆罕默德汗在自己的兄长那里住了一段时间。苏菲苏丹在喀什噶尔死后,穆罕默德汗被派去接替了他[125]。

苏菲苏丹事业的结局叙述

对这一事件的阐述是这样的：苏菲苏丹是一位英俊漂亮、善于辞令和勇敢的王子，但同时他的秉性中又混杂着傲慢和自负。听说米尔咱兹拉克（愿真主的仁慈降临于他！）的消息后，他想去拜访他，嫉妒者报告说："据说米尔咱兹拉克是位受真主庇佑的人，让我们检验[这一点]吧。"苏菲苏丹觉得这个建议是合理的。他去泰佩什-噶尔木（Тепеш-Гарм）这个地方，召来米尔咱兹拉克，把他抛进了覆盖着一指厚冰的水塘里。苏丹的亲信们手拿长棒围着水塘，米尔咱一动也不动，苏丹的人来回推他。米尔咱竭力忍耐住了，但是苏丹的伺役非常粗暴而不可容忍地离开了圣者庇佑的米尔咱（愿真主的仁慈降临于他！）。米尔咱精疲力竭地走向站在池塘边上很开心地观看这一场面的苏丹。米尔咱走到苏丹面前说："不幸啊，这次你的心灵实在是失明了，那就让你那有视力的眼睛也失明吧。"在场的人[由于惊骇]而震动了。纳扎尔米尔咱伊乌尔达比基（урдабиги）放声痛哭，说："我们做了不应做的事。我们一定会受到他的严厉谴责。"一些谄媚者说："可以做一次胡达依瓦卡（худайвака）祈祷嘛！"苏丹骑着马去沙-帕德沙的麻扎。苏丹说："在麻扎前我们将射向目标。"于是他让自己的马奔跑起来，把箭射向目标。突然，由于神赐的噩运，马蹄扬起的沙土迷了苏丹的眼睛。他开始疼痛,一只黑眼珠失明了。苏菲苏丹的名叫奥尔达比吉姆的妻子,给米尔咱送来两盘金币,期望苏丹的眼睛复明。金币摆在米尔咱兹拉克面前。一条野狗站在远处。米尔咱说:"把它们放在狗面前。"金币摆放在狗面前,那条狗嗅了它们一下便不再注意。米尔咱流着泪说:"拿走这死东西吧。假如一条狗都不接受,那么我们怎么能接受呢。"比吉姆哭着一再恳求。米尔咱说:"脱弓之箭是不会返回的。"比吉姆和艾米尔们不得已踏上了归程。一年后苏菲苏丹离开了这个非永恒的世界。穆罕默德汗代替苏菲苏丹成为喀什噶尔和英吉沙的总督。在他统治下领地开始繁荣昌盛,至今还是如此。

　　穆罕默德汗在喀什噶尔领地登基时,阿克苏和乌什被委派给穆罕默德-巴基苏丹。穆罕默德-巴基苏丹是阿布都·热希德汗的第八子。阿克苏和乌什都归属于他。三年后他便移居到仁慈真主的庇护治下[126]。阿布都·克里木汗把阿克苏和乌什直至库车镇交给自己的兄弟穆罕默德汗,赏赐给后者的儿子沙-舒贾·丁·阿赫马德。

穆罕默德汗登上汗位和
[他的]国家统治秩序叙述

值得信任的讲述者是这样说的：阿布都·克里木汗（愿真主使他更加光辉！）被赐允从这个非永恒的世界进入永恒的世界[127]。当时穆罕默德汗去楚河[和]塔拉斯[128]方向征伐。阿布·萨亦德苏丹是阿布都·热希德汗的第六子，他听到阿布都·克里木汗去世的消息后从和田来到叶尔羌[129]。霍加乌拜达拉赫在汗生前就去世了[130]，米尔咱菲鲁兹·巴尔拉斯在汗死后只活了七天。米尔咱穆罕默德-亚库卜·朵豁剌惕和其他艾米尔们派人告诉阿布·萨亦德苏丹说："在穆罕默德汗从楚河和塔拉斯返回之前，如果我们的苏丹返回和田，那将更好。之后让我们的苏丹来这里，这样将是合适的。"

阿布·萨亦德在马库里亚（Макулийа）这地方停下。艾米尔们那里来的人向他报告了舒心的内容。米尔咱腾格里比尔德·巴尔拉斯是苏丹的阿塔里克。他对苏丹说："现在去不合适。如果我们不回去，那穆罕默德汗会产生怀疑。"他这样说过，于是他们回去了。阿布都·克里木汗死去三个月后，穆罕默德汗出征回国，巩固了国家统治。

他派遣阿布·萨亦德苏丹去喀什噶尔和英吉沙，派任艾米尔

穆罕默德汗登上汗位和[他的]国家统治秩序叙述

腾格里比尔德作为他的阿塔里克。他派沙-海答尔-穆罕默德苏丹·本·阿布都·克里木汗统治和田，委任米尔咱玉素甫·本·米尔咱穆罕默德-亚库卜·朵豁剌惕为苏丹的阿塔里克。艾米尔穆罕默德-亚库卜在穆罕默德汗登基后去了克里雅并死在那里。国家随着穆罕默德汗的登基稳固起来。他把哈尔噶里克①城赐给羽奴思苏丹[131]。按照先前的制度，他把塞勒库尔②和瓦罕[132]地区赏赐给阿布都·拉希木汗[133]。当时阿布都·拉希木汗三十三岁[134]。穆罕默德汗的胡须白了，他问："亲爱的弟弟啊，难道我在你的胡须中看见了白色吗？"阿布都·拉希木汗回答说："兄长啊，须知阿布都·克里木汗移居到真主的仁慈庇护治下，因此我看见了自己的白胡须。"穆罕默德汗听见阿布都·拉希木汗这一回答后，变得沉重起来。阿布都·拉希木汗[发觉这一点时]后悔了。

简言之，国家稳固了。汗把叶尔羌的统治权赐予沙米尔咱；命霍加拉提夫为印玺的保存者，任命他为全权宰相；安排米尔咱基亚斯·萨格里奇担任廓什比吉[135]和乌奇比吉（учбиги），任命他为高级艾米尔；把伊希喀噶（ишикага）这一职务赐给米尔咱阿布达拉赫·阿克巴拉克。他把国家事务委任给[这]四位艾米尔。

---

① 今叶城县。——汉译者注
② 今塔什库尔干县。——汉译者注

乌孜别克出征喀什噶尔和英吉沙地区及其无功而返叙述

值得信任的讲述者是这样说的:当阿布都·克里木汗结束统治三年后,乌孜别克的乌布达拉赫汗[136]集结了近十万军队,任命乌孜别克苏丹与霍加木-库里廓什比吉(кошбеги)为统帅,派往喀什噶尔[137]。这一事件是这样的:在穆罕默德汗(愿真主使他永远居住在天国的花园里!)派阿布·萨亦德苏丹去喀什噶尔的时候,他这样决定:阿布·萨亦德苏丹的命令在喀什噶尔和英吉沙要执行和贯彻,而汗不干预。因此苏丹在喀什噶尔拥有全权。

[不知为什么]汗把一职务委任给一个人,派[他]去喀什噶尔,把这一职务给了他。他又把这一职权委任给另一人,派[他]去喀什噶尔。苏丹又服从了,并授予职权。穆罕默德汗又把这一职权授予第三个人,并派[他]去喀什噶尔。这次阿布·萨亦德苏丹派[他]去苏丹的阿塔里克坦格里-比尔德-米尔咱-伊-巴尔拉斯那里。这个人来到坦格里-比尔德-巴尔拉斯这里。米尔咱坦格里-比尔德说:"您在说谎,至尊的汗[把该国]直至克孜尔的地方赐给我们的苏丹了。"那个人回去把这次谈话报告了汗。汗给了一道诏书又派他去。那个人把这道诏书交给坦格里-比尔德。米尔咱是艾米尔穆罕默德·巴尔拉斯[138]的幼子,他是一位军人,遇事考虑周

到。他的生活方式是这样的：每天喝五六碗米烧酒，因为他已进入暮年，所以[总是]醉醺醺的。

那个人给米尔咱坦格里-比尔德带来了诏书。米尔咱坦格里-比尔德拿到诏书后，把它放到膝下，说："您去告诉汗，国君不能不承认自己的命令。须知坦格里-比尔德米尔咱会记住同汗的协议。他怎么做——继续统治还是下台！"那个人非常吃惊，重新回到汗那里报告了[这一切]。汗大怒，立即骑马前往喀什噶尔。艾米尔们跟着汗出发了。汗到达喀什噶尔领地，就驻扎在喀拉吉尔，传来了关于乌孜别克的情报[139]。汗出发了，住进喀什噶尔宫中。阿布·萨亦德苏丹表示敬意。这之后[他们]商讨形势，向全国各地派出急使征集军队。向乌孜别克派出四十名装备优良的男子，他们在彻底探明[全部情况]后返回。汗没有接见艾米尔坦格里-比尔德，其他艾米尔们参加了军事会议。讨论进行到当时的艾米尔中最光荣的米尔咱沙，他发言时说："让我们加固丘尔雷克[140]。在乌孜别克人到来时，我们突然出击一起投入战斗。如果我们获胜，那就达到了我们的目的；假如不能，那就撤退。"会议通过了这一建议，并报告了汗。汗并不觉得这一决定是合理的。他命令米尔咱沙里夫-哈桑·巴尔拉斯："您带走这个废物。"即坦格里-比尔德米尔咱。坦格里-比尔德米尔咱是沙里夫-哈桑的叔叔。米尔咱沙里夫-哈桑去带走了坦格里-比尔德米尔咱。汗对苏丹说："您问问坦格里-比尔德米尔咱有什么意见。"阿布·萨亦德苏丹问坦格里-比尔德米尔咱说："喂，伯克，乌孜别克人带领军队到我们这里来，我们应该怎样解决这件事？"坦格里-比尔德米尔咱回答说："召集谋士们，我们先听他们的意见，然后我再说。"艾米尔们一个接一个地讲述了自己的想法。听了这些话后米尔咱沙说:"我们的意见是加固丘尔雷克,进行战斗。"丘尔雷克是在阿拉库[141]一个难以到达的地方。艾米尔坦格里-比尔德米尔咱接着说:"我的沙啊,您是汗陛下的高级艾米尔,难道要放下城堡和要塞,进驻沙漠地区吗?那时敌人会来到并进入城堡。乌孜别克人从河中地区来的目的是占领喀什噶尔,而不是为了坐落在沙漠里的丘尔雷克。结论是这样的:让汗陛下到台穆尔奇,我们的苏丹到孔吉[142]坊区。而我,向至高无上的真主恩准帮助和支持后,进行抵抗和战斗。"人们通过了这一建议。

图扎克·巴哈杜尔(Бахадур)提前去侦察情况,匆匆赶回说:"我们在萨里格-亚兹这个地方看见了乌孜别克人。"人们把他的情报报告了汗。汗和苏丹积极地备战。几天后,乌孜别克人出现时,汗驻扎在预定的地方,苏丹也建立了[近郊]的军营。任命米尔咱沙为和田军队的首领,把沙-海答尔苏丹委任给他关照。每天都有乌孜别克人前来挑战,这边威武的年轻人和热血少年——艾米尔的孩子们同他们进行交战。第五天三千名勇敢的士兵冲击乌孜别克军队,突然策马飞奔,想攻占[城]门。蒙古勇士们也勇敢地在战场上显露出勇猛和大无畏精神。一场残酷的战斗开始了。汗、苏丹、阿布都·拉希木汗和艾米尔们全部占据上风,返回了城中。在乌孜别克人认为蒙古军撤退了的时候,乌孜别克部队发起了猛烈地冲击,进行了一场残酷的会战。米尔咱海答尔·楚剌思及其兄弟穆罕默德-瓦里伯克和其他的勇士、巴哈杜尔联合起来进攻乌孜别克军队。他们打退了乌孜别克军。汗和[阿布·萨亦德]苏丹幸福而平安地、满载胜利地驻扎在喀什噶尔[143]。[乌孜别克人]每天都进行战斗。他们对侵占喀什噶尔最终还是失望了,往叶尔羌

乌孜别克出征喀什噶尔和英吉沙地区及其无功而返叙述

走去。

在乌孜别克人经过博格拉-库米到达叶尔羌城下时,哈孜里扎和迪万的首脑兹亚·丁在城中。乌孜别克苏丹的霍加木-库里廓什比基派人持信送到城中,信的内容是:如果他出来迎接并表示服从,叶尔羌每个居民的生命和财产将得到保障。反之,男人将被杀掉,妇女和儿童将成为俘虏。哈孜[里札]和迪万的首脑兹亚·丁得到这唯一的通牒时,回答说:"明天星期五,星期五的乃玛孜之后我们臣服并交出城。"

乌孜别克人认为这些话是合理的,他们放松了攻城。汗和阿布·萨亦德苏丹沿着克孜尔这条路[144]进入叶尔羌。该城的居民迎接汗时表达了自己的喜悦之情。当穆罕默德汗(愿他珍贵的圣礼洁净!)深夜进入叶尔羌内城时,喇叭齐鸣,敲起了半圆鼓,所有这一切都显示了国王的体面。乌孜别克人惊慌起来。乌孜别克[苏丹]询问:"出了什么事?"乌孜别克人前去侦察,其中一个人了解到汗抵达的消息。早晨,乌孜别克苏丹和霍加木-库里廓什比基没有察觉。早晨的乃玛孜以后,汗和阿布·萨亦德苏丹鼓励人民同乌孜别克人展开会战。汗把右翼军队交给阿布·萨亦德苏丹指挥,让阿布都·拉希木汗指挥左翼。穆罕默德汗去慷慨施予者的宫殿祈求帮助,心里向着自己的导师霍加伊斯哈克讲述。同预定的一样,他组织军队向乌孜别克人进发。一场激烈的会战开始了。最终,由于慷慨施予者和霍加伊斯哈克的协助,乌孜别克人遭到失败的命运。被打败的乌孜别克军队返回喀什噶尔,士气旺盛的勇士们和光荣的巴哈杜尔们继续追赶乌孜别克人。乌孜别克军队已无力抵挡他们,因此它没有进入喀什噶尔领地便返回了自己的故土。

各部落的勇士们联合追击乌孜别克人。他们在阿赖草原[145]使乌孜别克人遭到破产和死亡[146]。乌孜别克军队苦不堪言地通过沙尔特山口[147]离去了。

人们这样说,[当进军喀什噶尔时]乌孜别克军队的首领乌孜别克苏丹和霍加木-库里廓什比吉到达乌克-萨拉尔[148],命运用他们的话这样说:"从每一个箭袋里取一支箭放在这里,以便[查清]多少人要死亡。"乌孜别克人在乌克-萨拉尔[返回的路上]找到四万支无主的箭。

穆罕默德汗战绩辉煌地登上了国家的宝座,阿布·萨亦德苏丹则驻在喀什噶尔领地。在这些事情发生六个月之后米尔咱沙[149]从和田到来。汗宽厚而亲切地对待他。他给哈孜里扎和迪万的首脑兹亚·丁很多关心和恩惠。

穆罕默德汗值得赞扬的品质和高尚行为叙述

对这一事件的阐述是这样的：穆罕默德汗是位公正的、明白真理的、虔诚的国君。他是霍加伊斯哈克（愿他珍贵的圣礼洁净！）的哈里发。人们转述哈吉·穆拉德（愿真主的仁慈降临于他！）的话说，穆罕默德汗不知怎么对艾米尔们说："有没有愿意代替我去伟大的卡巴宫的男子，完成哈吉规定的仪式和完成朝拜永宁之城麦地那的仪式。"这些话在人民中传布开后，哈吉·穆拉德表示愿意代替汗前去伟大的卡巴宫和永宁之城麦地那，获得吻门槛的荣誉。他带着这一决定来到汗面前，他们一起去早祷。仪式和祈祷结束后，汗对哈吉·穆拉德说："哈吉·穆拉德啊，愿真主祝福您善良的追求。您的想法很好。"哈吉·穆拉德（愿他的圣礼洁净！）流着泪喃喃地说着伏在汗的脚上。汗笑了笑，读了这样一句诗：

  须知我们的修室有一条通向宫廷的捷径！

毫无疑问，这位将主持公正和审判并关心崇高的伊斯兰教法典的国君应得到真主的慈爱。人们说，霍加伊斯哈克（愿真主的仁慈和祝福降临于他！）问："穆罕默德汗现在在忙什么？"人们回答他说："他完全醉心于祈祷、斋戒和分发施舍。"霍加伊斯哈克从撒马尔罕传来自己的意见:"通知穆罕默德汗,因为汗这一善良而公正的决定,我们将献出自己的六十年为真主服务。"穆罕默德汗答复说:"这个最劣等的奴隶的头是馈送给霍加伊斯哈克的礼品。"霍加伊斯哈克表示满意,指出[他的]公正和良善。

简言之,汗诏令把加普什村的三十曼土地赐给哈吉·穆拉德[150]。同预定的一样,他赏赐和安抚后允许哈吉·穆拉德去伟大的麦加(愿至高的真主使它的地位崇高!)。哈吉走了一程又一程,到达伟大的卡巴宫和先知之城(愿他平安!),返回后出现在汗面前。汗仁慈地对待哈吉。

人们讲述说,哈吉·穆拉德(愿真主的仁慈降临于他!)为了寻找噶乌萨(rayca)再次前往麦加。他在途中历经千辛万苦。哈吉是一位精神完美、虔诚的男子,认识许多伟大的信徒。有一次,在他坐着陷入沉思时,空中传来一个声音:"你的国家有一位库特卜[151]。"哈吉立即站了起来,在此进行净洗,一个人履行了两次跪拜,并开始祈祷。声音又从空中传来:"库特卜是穆罕默德汗。"哈吉·穆拉德毫不迟延地返回了。六个月后他进入叶尔羌地区。在哈吉(愿他的圣礼洁净!)到达的前三天,穆罕默德汗(愿真主使他永远居住在天国的花园里!)已从这个非永恒的世界迁离了。哈吉伤心了好久,去瞻仰了已在包孜里的尊敬的穆罕默德汗的麻札,然后在贾普什村住下来。穆罕默德汗有六个月是库特卜(кутб),然而真主才更清楚[152]。

阿布都·拉希木汗(愿真主增加他的光辉!)事业的开始叙述

人们是这样说的:他是阿布都·热希德汗[153]最小的儿子。穆罕默德汗派[他]和米尔咱沙一起去焉耆和吐鲁番,让他统治这一地区。在当时这些边区,胡达班德苏丹·本·库拉伊什苏丹在哈萨克塔乌克汗的帮助下侵占了焉耆和吐鲁番[154]。阿布都·拉希木汗和米扎尔沙一到吐鲁番,胡达班德苏丹就寻求卡尔梅克人的帮助。卡尔梅克人出面帮助,他们把胡达班德苏丹交给阿布都·拉希木汗和米扎尔沙。米扎尔沙在抓住胡达班德苏丹后带往叶尔羌。而阿布都·拉希木汗开始在焉耆和吐鲁番独立统治[155]。

阿布·萨亦德苏丹的去世
[与]当时发生的事件叙述

讲述者是这样说的:阿布·萨亦德苏丹是一位勇敢而有威力的王子。他很喜欢打猎,在打猎时不幸的事降临于他,他在床上躺了几天,便从这个非永恒的世界迁入永恒的世界[156]。阿布·萨亦德有三个孩子:第一个是穆罕默德-萨亦德苏丹,第二个是阿布喀苏丹,第三个是沙哈尼姆,为舒贾·丁·阿赫马德汗的第一个妻子。他(穆罕默德汗)的长子沙-舒贾·丁·阿赫马德汗统治喀什噶尔和英吉沙,这是汗赐予的。他任命米尔咱图尔德·斡耳朵·比吉比基为沙-舒贾·丁·阿赫马德汗的阿塔里克。兹亚·丁·阿赫马德苏丹(以帖木儿苏丹著名)是阿赫马德汗的长子。派九岁的苏丹统治阿克苏和乌什时,任命米尔咱哈斯木·拜林为他的阿塔里克。

霍加穆罕默德-亚希亚[157]·本·霍加穆罕默德·伊斯哈克·本·马赫杜木-伊·阿扎木(愿至高的真主使他们的灵魂洁净!)从河中光临。穆罕默德汗前往库什-卡木巴尔[158]迎接他,用十二分的敬重和关注陪同[他]去喀拉库木村。然后穆罕默德汗下马,把穆罕默德-亚希亚的马缰绳系在自己的脖子上,带到宫中。他举行了三天隆重的庆祝宴会并请求纳入[他的]高手之下。他为穆罕默德-

亚希亚准备了专门房屋供他居住。胡达班德苏丹在叶尔羌喝了死者的饮品[159]。他身后留下两个儿子：长子是穆罕默德-哈斯木苏丹，这是个私生子，关于他的情况和作为前面已经讲述。次子是伊斯坎达尔苏丹，由他妻子所生。

米尔咱沙、米尔咱基亚斯、霍加拉提夫和米尔咱阿布达拉赫-伊施喀噶处理国家事务。米尔咱沙里夫-哈桑-巴尔拉斯没有报复上述艾米尔们，其本身的原因是：米尔咱沙里夫-哈桑是纳乌鲁兹-米尔咱·本·艾米尔·穆罕默德-巴尔拉斯的儿子[160]。而纳乌鲁兹-米尔咱又是苏丹-萨亦德汗的女儿萨西卜-贾玛儿哈尼姆所生。阿布都·热希德汗委任艾米尔穆罕默德统治喀什噶尔，并称他为汗的女婿[161]。这样，为了统治叶尔羌，米尔咱沙里夫-哈桑和米尔咱沙之间掀起了内斗。艾米尔们支持米尔咱沙。[于是]米尔咱沙里夫-哈桑向穆罕默德汗提出了这样的条件："请汗二选一：要么赐给[他]高级艾米尔的职位，委任统治叶尔羌。要么批准去喀布尔。"穆罕默德汗不情愿地批准米尔咱沙里夫-哈桑去了。米尔咱沙里夫-哈桑招募了伺役和亲信，前去沙-沙里木[162]国君那里。国君赐他统治哥疾宁。他住在这里，喝了阿富汗异教徒手中为殉教者结束生命的饮品。然而真主才更清楚。

穆罕默德汗及其在位时间和高贵的寿命叙述

人们说,在叶尔羌、喀什噶尔、阿克苏、乌什、库车、焉耆和吐鲁番直至哈密设防居民点,以及和田与迈乐库尔直至拉拉矿[163],这些领地都用穆罕默德汗的称号虎图拜和制币。在伊斯兰历还差一年到一千年的时候[164],汗巩固了地位。他独立统治了十八年,厚待百姓,压制高利贷者[165]。在天堂一样的叶尔羌城里他听见召唤:"安宁的灵魂啊!你应当喜悦地、被喜悦地归于你的主。"[166]为了永远安息,他高尚灵魂的鹦鹉飞出尘世烦扰的牢笼。他活了七十二岁[167]。然而真主才更清楚。

沙-舒贾·丁·阿赫马德汗及其登上可汗位、治理国家的方式和当时发生的事件叙述

这一事件的阐述是这样的：当霍加穆罕默德-亚希亚、霍加拉提夫、米尔咱基亚斯和米尔咱阿布达拉赫派人[送信]给舒贾·丁·阿赫马德汗的时候，他在喀什噶尔。他来到并巩固了汗位。当时米尔咱沙去世了，于是把叶尔羌的统治权赐给他的儿子沙-伊·法尔比赫。汗安排米尔咱海答尔·楚剌思和米尔咱哈孜-巴尔拉斯为军队的长官，派他们去和田。当上述艾米尔们抓住沙-海答尔-穆罕默德苏丹·本·阿布都·克里木汗时，把他从和田带到叶尔羌，汗[把他]放逐到河中地区[168]。伊玛目-库里汗[169]给苏丹以荣誉和尊敬，让[他]统治撒马尔罕[170]。他死在那里。舒贾·丁·阿赫马德汗这样热心地关注他治下的臣民，人们说，狼和羊、隼和鸽可以在一起生活。他在批准以前的命令后任命沙-伊·法尔比赫为[叶尔羌的]总督同穆罕默德汗时期一样，他任命霍加拉提夫为宰相。九个月后米尔咱基亚斯·萨格里奇去世。他吸收侄儿米尔咱阿布·吉尔做廓什比基和乌奇比基，代替他治理国家。在米尔咱阿布·达拉赫死后，他把伊施喀噶的职位交给了他的女婿阿布-马阿尼·沙·本·米尔咱沙。米尔咱海答尔·楚剌思获得了喀什噶尔的统治权，而伊兰奇的统治权被他赐给了米尔咱穆罕默德-玉素甫·拜林。

名叫兹亚·丁·阿赫马德苏丹的帖木儿苏丹的一些情况叙述

他是舒贾·丁·阿赫马德汗的长子,在阿克苏。当吉尔吉斯人得到穆罕默德汗去世的消息后,征集了五千人,任命提拉喀比与拜-布台-喀喇为首领,去阿克苏掠夺。米尔咱哈斯木·拜林带上苏丹去攻打吉尔吉斯。米尔咱哈斯木·楚剌思是乌什的阿奇木。他们派人去[报告]他,让他带领乌什的军队拦截吉尔吉斯人。他根据命令行动了。苏丹和米尔咱哈斯木追上了吉尔吉斯人。提拉喀带着两千人在一个地方隐藏起来,拜-布台-喀喇带领三千名不幸的吉尔吉斯人顽强地进行抵抗。米尔咱哈斯木伯克号召阿克苏的勇士进行战斗。会战开始了。米尔咱哈斯木·楚剌思立即带领乌什的勇士从背后攻打吉尔吉斯人。布台-喀喇遭到失败的命运。将近两千人死亡。其余[活着的]吉尔吉斯人不得不把自己的箭筒挂在脖子上来到苏丹面前[171]。提拉喀比也带着丰厚的礼品卑躬屈膝地来到苏丹跟前,事后他说:"我们之所以犯罪是因为穆罕默德汗陛下离开了这个非永恒的世界。我们听到[这个消息后],就来了——我们可以一下子掠夺这些东西。反之,倘若我们决心去做这样粗鲁的事则另当别论!"苏丹宽恕了他们所有人的过失,允许离去。苏丹本人也不知道自己高尚的祖父已经去世。从提拉喀比那里听到[一切]后,他穿上丧服返回了阿克苏。

舒贾·丁·阿赫马德汗派人[说],根据以前的任命,他把米尔咱哈斯木·拜林留在阿克苏,也令艾米尔们留在自己的位职上,令苏丹带几名达官前来。帖木儿苏丹把米尔咱哈斯木伯克留在阿克苏后前去叶尔羌。叶尔羌的艾米尔们出来迎接他,并陪同他去汗那里。汗慈父般地对待[他],把喀什噶尔和英吉沙的统治权赐予他,派他去喀什噶尔,任命米尔咱海答尔·楚剌思做他的阿塔里克。

穆罕默德-哈斯木苏丹
与阿布都·拉希木汗为敌叙述

穆罕默德-哈斯木苏丹由穆罕默德汗的女儿所生。人们称他为汗扎德(ханзаде)[172]。他因为抱怨舒贾·丁·阿赫马德汗,去了库车[173]。在这之后穆罕默德-哈斯木苏丹和阿布都·拉希木汗之间发生了争执,开始相互仇视。穆罕默德-哈斯木苏丹向卡尔梅克求援,于是卡尔梅克来援助[他]。阿布都·拉希木汗也进行奋战。当敌对双方的军队相遇时,卡尔梅克的所有部队都逃避参加战斗。双方的会战开始了,失败的命运落到穆罕默德-哈斯木苏丹头上。他刚遭遇失败,卡尔梅克人立即向他发起进攻,并加入阿布都·拉希木汗这边。穆罕默德-哈斯木苏丹盘踞在要塞里,卡尔梅克掳掠战利品后离去[174]。阿布都·拉希木汗更加斗志昂扬地围攻要塞。由于这样的围攻,穆罕默德-哈斯木苏丹陷入困境之中。他求[汗]给他一条逃走的路。阿布都·拉希木汗接受了他的求救,给他打开了这样一条路。他利用这一准许逃往库车。他进入库车城堡并站住了脚跟。这之后阿布都·拉希木汗率领穆罕默德-哈斯木苏丹的军队来到库车。汗派人[说]:"我们前来不是反叛,而是为了协调和联合,对叶尔羌——[我们的]世袭领地。"穆罕默德-哈斯木苏丹了解到汗的态度如此热诚之后,便和自己的艾米尔们商讨向汗屈服的可能性，[其中]一些人说，屈服是不合适的，但另一些人认为屈服才是对的。会议最终决定向汗投降。当他们屈服时，汗给他们以各种恩惠。汗起来去净洗时，他们坐在花园里。汗刚离开，他们的一个人就用小斧头在穆罕默德-哈斯木苏丹的头上敲了一下。苏丹正坐在那里读拜亚兹[175]。他拿着拜亚兹盖在了头上。斧头砍通拜亚兹劈进苏丹的头。他摔倒在地。然而阿布都·拉希木汗的另一个人杀死了苏丹，于是他移居到仁慈真主的庇护下。汗抓住苏丹的艾米尔们返回了[176]。然而真主才更清楚。

帖木儿苏丹怎样两次出兵焉耆和吐鲁番叙述

在帖木儿苏丹的力量达到十分强大时,他觊觎着焉耆和吐鲁番,出兵攻打阿布都·拉希木汗。苏丹的阿塔里克[当时]是米尔咱海答尔·楚剌思。他们装备了大量军队来到阿克苏,米尔咱哈斯木·拜林和米尔咱哈斯木·楚剌思带领阿克苏和乌什的人在这里同苏丹会合了。然后他们到达库车城。库车的军队也加入到[他们的行列]。他们集结了大量军队向焉耆推进。以前苏丹们的习惯是这样的:如果他们带军队去东方或南方,那左手的艾米尔们走在军队前面。属于巴尔拉斯、朵豁剌惕和阿尔拉特氏族的艾米尔们走在左翼最前面,在这三个[氏族]的艾米尔中发现谁适于指挥[军队],就任命谁。假如军队去北方或西方,那么走在军队前面的属于楚剌思[氏族]、杜赫图伊部族和克拉伊特首领的艾米尔们。如果上述艾米尔中谁以勇敢和光荣著称,那么就赐予他走在右翼的前面[177]。

总之,在那次出征中,阿尔拉特[氏族]和亚尔基部族的艾米尔们为了左手的领导权而产生敌视。米尔咱穆罕默德-杜斯特·阿尔拉特和他兄弟米尔咱曼苏尔和米尔咱克比克向苏丹报告了[这件事]。苏丹确定左手的位置属于阿尔拉特[氏族]的艾米尔们。

米尔咱穆罕默德-杜斯特·阿尔拉特的人约计有四十名,他们被安排在最前面。他们走了一程又一程,到达库尔勒。米尔咱沙穆拉德·喀尔格和米尔咱里扎-伊·希拉里(他出身于亚尔基族,很久以前就憎恨阿尔拉特的艾米尔们)到达基里山口。早在阿布都·拉希木汗的艾米尔之前,米尔咱萨里木、米尔咱阿布·哈迪·马克里特和其他一些人得到汗的准许先来到基里山口。米尔咱穆罕默德-杜斯特·阿尔拉特和伺役及亲信与汗的艾米尔们,即与米尔咱阿布·哈迪和米尔咱萨里木发生冲突,进行了一场残酷的武装冲突。米尔咱穆罕默德-杜斯特的人数比敌人的少。开始米尔咱沙-穆拉德[和敌人]很近,但后来撤退了。米尔咱穆罕默德-杜斯特·阿尔拉特遭到失败,他的两个兄弟米尔咱曼苏尔和米尔咱克比克被杀。艾米尔们把穆罕默德-杜斯特作为死者悼念后就返回了,向苏丹报告了阿布都·拉希木汗的情况。这之后帖木儿苏丹来到被打倒的艾米尔身旁。查明米尔咱穆罕默德-杜斯特失去了知觉;苏醒后他要水喝。苏丹和艾米尔们高兴起来,开始给他治疗。他们把米尔咱穆罕默德-杜斯特从罪恶的地上抬到休息的床上。几个月后米尔咱穆罕默德-杜斯特身体复原;但他的一只手[仍然]不如以前有力。

总而言之,帖木儿苏丹和当时为这位高级王子服务的光荣的艾米尔们,即:米尔咱海答尔·楚剌思、米尔咱哈斯木·拜林、米尔咱阿里-马尔丹-乌尔达比基及其兄弟米尔咱沙-曼苏尔、米尔咱哈斯木·楚剌思及其兄弟米尔咱马兹德和米尔咱库尔班、米尔咱马里克-哈斯木和米尔咱马斯乌迪(他们是米尔咱哈斯木伯克·拜林的儿子)、沙噶赞法尔沙,光荣的巴哈杜尔们和英勇的艾米尔的儿子们越过基里山口进入焉耆地区。帖木儿苏丹占领了除城堡外的整个焉耆后,返回了自己的都城。

第二年,帖木儿苏丹又想占领焉耆。他征集了大量军队前往焉耆,来到库车城,库车的居民出来迎接,加入了苏丹的队伍。走了一程又一程,他们来到焉耆。帖木儿苏丹派遣米尔咱马里克·哈斯木、米尔咱吐尔迪、米尔咱库尔班、米尔咱穆罕默德-杜斯特和米尔咱沙里夫——总共约四百人组成先锋队。上述艾米尔组成勇敢的小分队出发了。他们经过库尔勒到达喀阿勒噶山口。阿布都·拉希木汗的艾米尔沙-噶赞法尔-沙、米尔咱喀拉·巴哈杜尔、米尔咱库里伯克、萨基·巴哈杜尔和其他人已在这里设好了埋伏。当帖木儿苏丹的艾米尔到达时,阿布都·拉希木汗的艾米尔们向他发起了进攻。苏丹的艾米尔们被打跑了。据说"跟着他们,我们就能回去",他们又向后转。米尔咱马斯乌迪·拜林勇敢地走在前面,下了马。米尔咱马里克-哈斯木伯克、米尔咱吐尔迪·楚剌思、米尔咱库尔班伯克、米尔咱马兹德伯克和其余的艾米尔们停下了,但是还未搞清马斯乌迪伯克下马的[原因]就跑开了。在他们失去战斗力以后,他们才明白,米尔咱马斯乌迪是落在了敌人中间。米尔咱马兹德、米尔咱库尔班、米尔咱马里克·哈斯木和米尔咱纳西尔——约四十名勇士去寻找米尔咱马斯乌迪,到达后看见一个人抓着米尔咱马斯乌迪的头盔沿,另一个人准备用利剑砍他的头,刚要从马斯乌迪伯克头上去掉头盔。米尔咱马兹德伯克及时赶到了最前面,然后[其余的]艾米尔们也一个接一个地往跟前跑。阿布都·拉希木汗的艾米尔们丢下马斯乌迪伯克前往焉耆。早在艾米尔们出征之前阿布都·拉希木汗去了吐鲁番。米尔咱喀拉·巴哈

帖木儿苏丹怎样两次出兵焉耆和吐鲁番叙述

杜尔和米尔咱哈比卜不再相信汗,匆忙屈服于帖木儿苏丹。[帖木儿苏丹]派军队去追缉汗,他用这样严厉的话为他们送行:"如果沙-噶赞法尔落到你们手中,必须把他活着带来。"帖木儿苏丹说[这样的]话原因在于:在舒贾·丁·阿赫马德汗准许[出征]时,他嘱咐自己的爱子:"如果沙-噶赞法尔被活捉,那必须把他活着给我送来。"艾米尔们便动身去追赶,追上阿布都·拉希木汗,抓住沙-噶赞法尔就返回了。阿布·哈迪·马克里特就在这支部队里。他唆使[艾米尔们]杀死沙-噶赞法尔。领导军队的艾米尔们,即:米尔咱马里克·哈斯木、米尔咱马齐德、米尔咱库尔班和米尔咱库里·巴喀乌勒,都一起坚持把沙-噶赞法尔活者交给帖木儿苏丹。[于是]米尔咱阿布·哈迪·马克里特背着他们杀死了沙-噶赞法尔。艾米尔们被激怒了,米尔咱阿布·哈迪这样回答他们:"要知道沙-噶赞法尔杀死了我父亲。"的确,沙-噶赞法尔杀死了米尔咱阿布·哈迪的父亲,即米尔咱阿布都·萨塔尔[178]。艾米尔们很惋惜并表示遗憾。

米尔咱海答尔·楚剌思和米尔咱哈斯木·拜林带领部分艾米尔围攻焉耆城堡。出身于楚剌思部族的穆罕默德-瓦里伯克准备了城堡的防御工事并着手保卫它。穆罕默德-瓦里伯克是阿里-海答尔伯克·楚剌思的兄弟。海答尔伯克派人去城堡,说他希望同兄弟见面。米尔咱穆罕默德-瓦里说:"让米尔咱海答尔来城堡下,我登上城墙。我们就这样见面。"海答尔伯克和侍役及亲信来到城堡下。穆罕默德-瓦里伯克也遵守自己的诺言,登上城墙。海答尔伯克问候他的身体情况后,他对自己的兄弟说:"亲爱的兄弟啊,政权在我们手中,你在异乡流浪,受了很多苦。[你]返回故乡的时刻到来了。我们［让你］随便统治任何您所希望的地方。"穆罕默德-瓦里伯克这样回答:"兄弟啊,你不知羞耻,还称我为艾米尔。［要知道］你把米尔咱沙里夫-哈桑·巴尔拉斯的女儿嫁给哈斯木霍加巴尔萨克,又觊觎高级艾米尔的称号。我觉得在某个异乡流浪行乞也比去那里获得艾米尔的称号好些。"他这样说罢便从城墙上顺坡走了下去。感到惭愧和窘迫的海答尔伯克也返回并加入了帖木儿苏丹的队伍。苏丹返回自己的都城后,获得同自己高尚的父亲舒贾·丁·阿赫马德汗见面的荣誉,然后被派往喀什噶尔地区[179]。

杀害艾米尔们和帖木儿苏丹·本·舒贾·丁·阿赫马德汗事业的结局叙述

关于这些事件人们是这样讲述的:米尔咱海答尔·楚剌思是位勇敢、豪迈的大丈夫。他忠实于兄弟和亲属,他们大多数聚居在一起。如果吉尔吉斯人攻打任何一个地方,米尔咱海答尔·楚剌思都会去追击[他们],体面地报复他们,而后返回[180]。归根到底,他的举止傲慢自大。

苏丹决定出猎。塔瓦奇[181]通知了喀什噶尔和英吉沙的居民,召集大量人民——贵族和平民,出身高贵的和低贱的。这之后苏丹出发了,驻扎在阿吉格。为米尔咱马尔丹伯克在一个地方搭起幕帐。当海答尔伯克的达鲁花(даруга)[182]巴赛·巴哈杜尔来到幕帐附近时,伯克已经进入梦乡。巴赛·巴哈杜尔的马钩住[并]从地上拔出一根[加固]帐篷的绳子。米尔咱阿里-马尔丹的一个人说:"谁在这里如此无礼,去揍他。"一个体格强健的人在火盆里生着火,手里拿着木棍。他跑到跟前,[用棍子]敲了巴赛·巴哈杜尔一下,把他的手打折了。人们叫醒了米尔咱阿里-马尔丹伯克。阿里-马尔丹伯克叫巴赛·巴哈杜尔[到自己这来],赠给他全套的服装,认了错并请求原谅。巴赛·巴哈杜尔也不让人知道所发生的事。嫉妒者和诽谤者向海答尔伯克报告说,米尔咱阿里-马尔丹伯克的人打断了[他的]达鲁花的手。海答尔伯克被激怒了,开始骂起来。他也请巴赛·巴哈杜尔来,向[他]询问了[发生的事]。巴赛·巴哈杜尔给予了否定的回答。海答尔伯克不相信[他],派人告诉苏丹:"米尔咱阿里-马尔丹伯克对我们做出了什么样的事情。要么允许我们离开,要么揭露米尔咱阿里-马尔丹。"人们把海答尔伯克的话报告了苏丹。苏丹派阿里-马尔丹伯克到海答尔伯克那里认错并请求原谅,叫米尔咱穆罕默德-杜斯特·阿尔拉特、马斯乌迪·拜林、沙-噶赞法尔沙(他当时是英吉沙的行政长官,以喀尔鲁噶奇沙著名)、米尔咱拉提夫·楚剌思和米尔咱沙里夫比克奇克(бикчика,他的荣誉称号为塔瓦奇(тавачи))陪同米尔咱阿里-马尔丹伯克前往。

185　　上述艾米尔们一起来到海答尔伯克这里。海答尔伯克这时正骑在马上。米尔咱阿里-马尔丹伯克、他的兄弟沙曼苏尔伯克、米尔咱穆罕默德-杜斯特伯克、马斯乌迪伯克、沙-噶赞法尔沙、米尔咱拉提夫及米尔咱沙里夫商量后,下马站在海答尔伯克面前,表示歉意。海答尔伯克没有理会艾米尔们,离开他们向米尔咱阿里-马尔丹走去,痛骂和指责[他]。海答尔伯克的马头猛地压过来,阿里-马尔丹伯克的缠头巾掉在地上;海答尔伯克马[嘴里]的泡沫把阿里-马尔丹伯克的头弄脏了。海答尔伯克有个兄弟叫苏丹阿里,是个急躁性烈的人。他抽出利剑,举向阿里-马尔丹伯克,他兄弟阿布都·瓦里伯克责备[阿里-马尔丹伯克],使他感到难为情。米尔咱沙里夫塔瓦奇是苏丹的伊施喀噶,说:"艾米尔们,我们这就离开。我们的苏丹一作出决定,我们马上就秉承苏丹的意旨。"大家立即返回,来到苏丹这里。他们向苏丹汇报了楚剌思的艾米尔们

杀害艾米尔们和帖木儿苏丹事业的结局叙述

的言行,这对他特别奏效。他们打算杀掉海答尔伯克。他为恣惠沙的全家也这样,[苏丹]把他们从叶尔羌召来。

苏丹和自己的艾米尔们商量,决定由他们把[楚剌思的]艾米尔们一个一个地召来,挨个处置。苏丹在后宫,[在去后宫的]通道里有一间小修室。当一些大胆的人在这个小修室设好埋伏后,海答尔伯克来了。海答尔伯克刚进入通道,苏丹的人就从小修室里跳出来杀死了海答尔伯克。然后[也这样]带来阿尤甫伯克和阿布都·瓦里伯克并杀死。米尔咱苏丹阿里去吉尔吉斯。吉尔吉斯人送他去了无生之域[183]。海答尔伯克的另外两个兄弟从喀什噶尔逃跑,来到了叶尔羌。他们是米尔咱拉提夫和米尔咱穆罕默德-拉希木。舒贾·丁·阿赫马德汗对米尔咱拉提夫和米尔咱穆罕默德-拉希木稍事鼓励并安慰他们。他任命米尔咱阿里-马尔丹乌尔达比基担任喀什噶尔的行政长官。

同时,帖木儿苏丹是个天生的暴君和醉鬼。他妻子是图尔德-巴喀乌尔和费鲁兹-基拉克亚拉克[184]的姊妹。她生了两个儿子:帖木儿苏丹的长子——就是苏丹-阿赫马德汗,以夫拉德汗著名,幼子是苏丹-穆罕默德汗,以克雷奇汗著名。这个儿子还未出生时,喝醉的苏丹就骑在马上说:"我夫人的孕期已经过了。"平民和达官来到克孜尔河岸上。他认为当比吉姆经过磨坊时,将会分娩。当人们来到磨坊时,比吉姆早已经过磨坊返回宫廷了。宫廷的一个女仆掉了队;苏丹知道这件事后就返回了。那个女仆害怕苏丹,便逃到墓地;苏丹跟踪她。苏丹的马陷到墓穴里,于是,帖木儿苏丹便死在这里了。他杀死海答尔伯克后,在位一年[185]。然而真主才更清楚。

沙拉夫·丁苏丹·本·羽奴思苏丹·本·阿布都·热希德汗不臣服叙述

这句简短叙述的细节是这样的:当米尔咱穆罕默德-杜斯特-阿尔拉特、米尔咱马斯乌迪-拜林、喀尔鲁噶奇沙、米尔咱拉提夫·楚剌思和霍加穆斯塔法带着帖木儿苏丹的尸体从喀什噶尔来到叶尔羌时,沙拉夫·丁苏丹在叶尔羌。为了维持秩序,舒贾·丁·阿赫马德汗派沙-伊·法尔比赫去喀什噶尔。沙-伊·法尔比赫住在阿克-马斯吉德村。当时汗和艾米尔们忙于安葬苏丹,米尔咱沙里夫比克奇克、霍加穆斯塔法、海答尔伯克的兄弟拉提夫伯克和米尔咱穆罕默德-拉希木、阿里夫·巴哈杜尔、米尔咱穆罕默德-拉希木、米尔咱苏来曼沙、阿迪尔-霍加-伊·科派克和其他一些艾米尔们串通好,带着沙拉夫·丁苏丹从叶尔羌跑到喀什噶尔。

当大家带着帖木儿苏丹的尸体去[叶尔羌]时,他们把米尔咱阿里-马尔丹伯克及其兄弟米尔咱沙曼苏尔和米尔咱帖木儿·楚剌思、图尔迪-巴喀维尔和霍加费鲁兹-基拉克亚拉克留在了喀什噶尔。他们不知道上述艾米尔们深夜进了城,宣布沙拉夫·丁苏丹为汗。[这些艾米尔们]号召帖木儿苏丹的艾米尔们到自己这里来,之后抓住[他们]并抛进监狱。汗派米尔咱马纳克·楚剌思带着大量军队追击沙拉夫·丁苏丹。马纳克伯克进入喀什噶尔地区同沙-伊·法尔比赫联合起来,然后他们包围了喀什噶尔城。

背信弃义的艾米尔们建议沙拉夫·丁苏丹说:"我们烧死监狱里的在押犯吧!"[这个建议]正合苏丹的心,于是约好清晨放火烧死监狱的人。每人带着这些话回到自己规定的岗位。毛拉喀喇-伊·阿克苏伊了解到[这些情况]后把阿里-马尔丹伯克和其他艾米尔们从监狱里放了出来。艾米尔们动身去科克-萨莱。在那个地方,城堡的墙上有个相当宽的出入孔。艾米尔们经过这个口走出城堡,加入汗的艾米尔中,即与米尔咱马纳克·楚剌思和沙-伊·法尔比赫联合起来,指挥部队更顽强地攻城。沙拉夫·丁苏丹和背信弃义的艾米尔们陷入极度困难的境地。[于是]沙拉夫·丁苏丹、米尔咱穆罕默德-拉希木、拉提夫伯克和另一些人离开城堡逃跑了。艾米尔们追踪并捕获了[他们]。米尔咱沙里夫、米尔咱苏来曼沙和另外一些人藏在山里,因而未和苏丹联合起来。米尔咱沙里夫利用廓克纳尔人(кокнар),而廓克纳尔人马上就离开了。他派人跟着他们。有人认出了这个人,便抓住他强迫他带路,跟在他后面走,抓获了他们所有的人。召集起全体背信弃义者,在喀什噶尔绞杀了米尔咱苏来曼沙和阿里夫·巴哈杜尔,砍掉一些人的四肢和头。米尔咱马纳克伯克和沙-伊·法尔比赫把沙拉夫·丁苏丹、拉提夫伯克、米尔咱穆罕默德-拉希木、米尔咱沙里夫、霍加穆斯塔法、米尔咱穆罕默德-亚古柏·朵豁剌惕的儿子米尔咱穆赫欣、米尔咱海答尔·扎尔衮、米尔咱羽奴思·喀巴里、阿迪勒-霍加-伊·科派克和其他一些人带到汗这里,捆住米尔咱沙里夫、拉提夫伯克、米尔咱穆罕默德-拉希木和霍加穆斯塔法,把脸涂上黑色后,把他们吊死。放逐沙拉夫·丁苏丹、米尔咱穆赫欣、米尔咱海答尔和米尔咱羽奴思;打开了阿迪勒-伊·科派克和几个人的枷锁;还放逐了沙拉夫·丁苏丹的兄弟马赫迪苏丹,他还有两个兄弟叫库拉伊什苏丹和萨伊夫·穆鲁克苏丹。同他们有关的事件将在下面叙述,如果至高的安拉愿意的话[186]。

舒贾·丁·阿赫马德汗怎样派军队攻打高贵的叔父阿布都·拉希木汗叙述[187]

人们是这样讲述的:当帖木儿苏丹从这个非永恒的世界移居永恒的宫殿时,舒贾·丁·阿赫马德汗高贵的身心都为悲痛所充斥。他向自己的艾米尔们征求意见。他们的意见是这样的:"我们如果立刻出征焉耆和吐鲁番,那么阿布都·拉希木这位强大、勇敢、正直而公平的国君似乎就不会占上风。"他们竭尽全力征集军队。[这样做的]原因在于米尔咱阿布·古尔年初去了焉耆并遭到失败;帖木儿苏丹死时,他[以自己死去]似乎解除了[188]舒贾·丁·阿赫马德汗的武装。汗布置和装备军队,以米尔咱纳扎尔-穆罕默德·楚剌思为首率领一千人从叶尔羌出动。米尔咱穆罕默德-玉素甫伯克率军从和田出发。两支部队来到阿克苏。大米尔咱哈斯木伯克和米尔咱哈斯木·楚剌思召集阿克苏和乌什的人向焉耆和吐鲁番进发,[但是]所有人都到达库尔勒。得到情报的阿布都·拉希木汗装备军队截住了他们前进的道路。他们之间发生了战斗。哈萨克的伊斯坎达尔苏丹在阿布都·拉希木汗那里供职。他对汗说:"世界的主宰,一场残酷的会战开始了,时间紧迫,请派四十名勇士和我们一起阻挡敌人。假如我们活着,为了你的幸福,我们将不惜牺牲自己的生命。"伊斯坎达尔苏丹和四十名自愿同他一起前往的战士,堵住敌人的来路。伊斯坎达尔苏丹·本·胡达班德苏丹处于舒贾·丁·阿赫马德汗的艾米尔中。哈萨克的伊斯坎达尔苏丹的大多数同行者在棍棒的重击下扑倒在地。

　　阿布都·拉希木汗多次要发起猛攻,但穆罕默德-瓦里伯克·楚刺思阻止了[他]。当哈萨克伊斯坎达尔苏丹被重箭射倒时,穆罕默德-瓦里伯克说:"我们的国君,现在是举起我们旗帜的时候了,吹起号角让战马奔驰吧!"阿布都·拉希木汗查看手中的念珠,把它们塞到怀里,他向敌人冲去。大家立刻策马奔驰。舒贾·丁·阿赫马德汗的艾米尔们遭到了失败的命运。遭到失败的艾米尔们和伊斯坎达尔苏丹一起来到汗面前。哈萨克伊斯坎达尔苏丹在下一次战役中牺牲了。舒贾·丁·[阿赫马德]汗对艾米尔们稍加鼓励,派伊斯坎达尔苏丹去阿克苏,管理权则委任给米尔咱哈斯木伯克[189]。

以阿帕克汗著名的阿布都·拉提夫汗事业的开始叙述

阿布都·拉提夫汗是舒贾·丁·阿赫马德汗·本·穆罕默德汗（愿他光荣的圣礼洁净！）最后一个儿子。喀什噶尔的居民——贫穷的和富裕的、平民和贵族来到汗的面前，在表示臣服后，坚决请求派他去喀什噶尔。汗尊重他们的请求，派阿布都·拉提夫汗去喀什噶尔，任命米尔咱阿布·吉尔萨格里奇为阿塔伯克。

阿布都·拉提夫苏丹当时十一岁。艾米尔们把自己的子弟派到阿布都·拉提夫汗的宫廷。然而真主才更清楚真相。

伊斯坎达尔苏丹·本·胡达班德苏丹不臣服舒贾·丁·阿赫马德汗、汗出征阿克苏和乌什及伊斯坎达尔苏丹事业的结局叙述

由于舒贾·丁·阿赫马德汗把自己的女儿帕德沙哈尼姆嫁给了伊斯坎达尔苏丹,因此他派后者治理阿克苏领地。苏丹的亲信米尔咱里扎、米尔咱沙穆拉德、米尔穆罕默德-曼苏尔-沙、霍加阿布都·噶法尔、霍加穆罕默德-萨迪克图格比基(тугбиги)[190],以及一些在苏丹那里供职的著名勇士和光荣战士,暗中串通阿克苏和乌什的居民,准备尽杀艾米尔们,约定"在米尔咱纳西尔亚尔喀(йарки)的会议(маджлисе)上逮捕[他们]"。他们同时派人去米尔咱哈斯木·楚剌思那里。米尔咱纳西尔的马吉利斯是[召来的]借口。做完早祷后,米尔咱哈斯木伯克[191]、米尔咱沙里夫·楚剌思留在内城向苏丹说:"已是该前往米尔咱纳西尔家的时候了,须知我们是为了这件事才来[这里]的。"伊斯坎达尔苏丹回答说:"准备一只热鹅,让艾米尔们进去,尝一尝热味,我们去[米尔咱纳西尔那里]。"米尔咱哈斯木伯克、米尔咱沙里夫和米尔咱穆罕默德-萨亦德进入内城。米尔咱穆罕默德-萨亦德·楚剌思的老朋友霍加穆罕默德-萨迪克图格比基站在内城的城门口,向他做了个警告的手

势。米尔咱穆罕默德-萨亦德明白了,放了自己的隼,说:"我的隼飞走了,必须抓住它,等我抓住它就回来。"他边说边往回走,未能预先通知米尔咱哈斯木伯克和米尔咱沙里夫。苏丹的人[带来话说]:"喂,穆罕默德-萨亦德伯克,如果我们的苏丹需要[您],您就马上回来。"——他们去追踪米尔咱穆罕默德-萨亦德。米尔咱穆罕默德-萨亦德毫不迟疑地骑上马前往集市。米尔咱马里克-哈斯木伯克已经在城壕里了,他已明白[苏丹的意图],惊慌失措地备好马,他们就意外地相遇了。

一句话,他们走了不远就同从乌什召来的米尔咱哈斯木·楚剌思和米尔咱穆罕默德-杜斯特·楚剌思相遇了。米尔咱马里克-哈斯木伯克和米尔咱穆罕默德-萨亦德详细地讲述了所发生的事。米尔咱哈斯木·楚剌思和米尔咱穆罕默德-杜斯特前去乌什,而米尔咱马里克-哈斯木和米尔咱穆罕默德-萨亦德逃亡叶尔羌。接着,他们遇上了米尔咱马兹德伯克,[一起]继续赶路。伊斯坎达尔苏丹派自己的艾米尔去追赶逃亡者。他们分为两队:米尔咱里扎·希拉里、米尔穆罕默德-曼苏尔及一些[艾米尔们]追米尔咱哈斯木和米尔咱穆罕默德-杜斯特。米尔咱穆罕默德-杜斯特在库木-阿雷克[192]河岸上马失前蹄,于是被捕。米尔咱哈斯木伯克·楚剌思去乌什方向,想修备城堡进行防御,给敌人以应有的报复。

当他到达乌什城堡时,[原来]米尔咱沙穆罕默德·伊斯基塔基已经赶在他前面关闭了城堡。米尔咱哈斯木不得已去吉尔吉斯那里,他们杀死米尔咱哈斯木伯克·楚剌思,把他的马和武器据为己有。人们把俘获的米尔咱穆罕默德-杜斯特带到苏丹那里。苏丹命令阿克苏的居民把死亡的饮品给予米尔咱哈斯木伯克·拜林、米尔咱沙里夫·楚剌思及其兄弟米尔咱海答尔。伊斯坎达尔苏丹的另外一些艾米尔追击米尔咱马里克-哈斯木伯克、米尔咱马兹德伯克和米尔咱穆罕默德-萨亦德。他们,即米尔咱里扎、库尔班-库里·巴哈杜尔的儿子们等追上这些艾米尔们,进行了一场残酷的搏斗。伊斯坎达尔苏丹的人占了上风。米尔咱马兹德冲上前面进攻苏丹的人,立即有一支箭射中马兹德伯克的马,它负了伤。马兹德伯克改为徒步作战,世界对马兹德伯克来说,变得愈加恶劣。在那一瞬间,马兹德伯克的妻子艾舍-比基-阿咯看见丈夫在敌人的包围之中,于是她带了一匹空马,驰近他,把马交给他。马兹德伯克感谢真主,跳上马加入了战友们的行列。然后,他们来到设防的巴尔楚克(Баржук)[193]居民点。当时巴尔楚克的总督是米尔咱库尔班·楚剌思。[他们]举行了会晤,然后上述艾米尔们赶往汗那里。

　　汗仁慈地接见了米尔咱哈斯木伯克的儿子们,即米尔咱马里克-哈斯木、米尔咱伯克·哈斯木和米尔咱马斯乌德,给他们脱掉丧服,予以厚待。他安慰米尔咱马兹德、米尔咱库尔班和米尔咱穆罕默德-萨亦德——米尔咱哈斯木·楚剌思的兄弟们,给他各种荣誉和引人注目的标志。此后,他着手征集军队、装备和训练军队,率领军队去阿克苏攻打伊斯坎达尔苏丹。在舒贾·丁·阿赫马德汗来到阿克苏城下扎营时,伊斯坎达尔苏丹和城里的居民躲在城内进行抵抗。汗围攻阿克苏城堡,城内居民发生饥荒,他们陷入困境。人们抓住[他们的]一个人,捆住双手带到汗跟前。汗立即给他松绑,给予各种恩惠并释放了他,说:"这个国家是我们的世袭领地,他们走上这条路是由于艾米尔们的残暴。"他去围攻乌什城堡。米尔咱沙-穆罕默德·伊斯基塔基和一些[艾米们]躲在要塞里准备用它防御。因为[围困]使乌什的居民陷入极其困难的境地,汗又来到阿克苏城下。[阿克苏的]居民也陷入绝境。他们派人去汗那里说:"希望汗返回叶尔羌,因为我们现在害怕,不能去汗那里认罪。希望[他的]一个艾米尔来,我们服从他,然后出去屈服。"舒贾·丁·阿赫马德汗给阿克苏和乌什的居民规定了期限并警告他们后,返回叶尔羌,坐在宝座上派沙希木-库里基拉克亚拉格(киракйара)带许多人去阿克苏。

沙希木-库里基拉克亚拉格在阿卜德-伊·马里克扎营,派了一个人去阿克苏。陷入混乱状态和郁郁寡欢的阿克苏居民来到沙希木-库里基拉克亚拉格这里。后者告诉他们汗的仁慈和宽厚,占据了阿克苏城堡。伊斯坎达尔苏丹留在内城,围攻仍在持续。四十天后因被围攻而陷入绝境的苏丹出来了。沙希木-库里基拉克亚拉格俘获苏丹后前去叶尔羌。阿伊-科勒村[194]有个叫萨里格-阿卜达勒的地方。他们在那里停下并处死了伊斯坎达尔苏丹。人们就把他葬在那里[195]。苏丹临死时念了一首表明他处境的四行诗。它是这样的:

> 你有一匹马叫博拉克,胯下是绿宝石的鞍鞯,
> 但是你没有迷恋于瞬息即逝的幸福。
> 如果仅仅沉溺于短暂的幸福,
> 你将会看见——今天打破一只碗,明天会是一个罐。

沙希木-库里基拉克亚拉格和全军抵达叶尔羌,来到汗面前。汗表示厚待并委任沙希木-库里基拉克亚拉格担任慈善机关的监督官,把阿克苏的统治权赐给米尔咱马纳克伯克,他派后者去那里[196]。同年,阿克苏发生了饥荒,现在称为"米尔咱马纳克饥饿"。

沙-舒贾·丁·阿赫马德汗·本·穆罕默德汗（愿真主使其永远居住在天国的乐园里!）事业的结局叙述

人们是这样讲述的：舒贾·丁·阿赫马德汗是位贤明、温和而能自制的国君，[这些品质]在他的外表上反映出来。他出征返回阿克苏后，沙家族在他和阿布·萨亦德苏丹的儿子阿布喀苏丹之间播下了不和的种子，汗把阿布喀苏丹遣往巴里赫。阿布喀苏丹来到伊玛目库里汗（愿他的陵墓显出光彩!）那里，伊玛目库里汗尊敬他，赐为孔杜兹的艾米尔（эмирство Кундуза）[197]。

简言之，舒贾·丁·阿赫马德汗掌握喀什噶尔、叶尔羌、英吉沙、阿克苏、库车、和田、塞勒库尔直到巴达克山，独立统治了十年[198]。米尔咱阿布-哈迪·马克里特连续几年为汗服务。汗派他治理库车。当米尔咱穆罕默德-玉素甫伯克·拜林从和田来到[汗这里]时，喀什噶尔的达官显贵也来到汗这里，报告来的目的，并请米尔咱穆罕默德-玉素甫伯克去喀什噶尔。汗满足了他们的请求，委任米尔咱穆罕默德-玉素甫为阿布都·拉提夫汗的阿塔伯克（атабеком），派米尔咱阿布·古尔伯克治理和田。舒贾·丁·阿赫马德汗爱好游猎，但是他尤其喜爱猎鹰。米尔咱沙的儿子阿布-马阿尼沙是汗的伊施喀噶，塞勒库尔的统治权属于米尔咱沙的儿子穆罕默德-哈斯木沙。放荡的阿布·马阿尼沙和卑劣的穆罕默德·哈斯木沙起来反对汗。这些背信弃义的人将近有五百名,并且他们对自己的兄弟阿里-阿斯噶尔沙(以沙-伊·法尔比赫著名)什么也没说。阿里-阿斯噶尔沙是叶尔羌的阿奇木。他预先决定把一切都告诉汗,于是说:"世界的君主啊,阿布·马阿尼使我不安,让他消失是合理而且必须的。"汗回答沙说:"我的沙啊,暂时您这样做没有必要。"[当时]沙-伊·法尔比赫跪下说:"世俗人的君主啊,要么我们处决阿布·马阿尼和穆罕默德·哈斯木,要么我们驱逐[他们]。"汗指望真主的仁慈,回答说:"我们抚养沙阿布·马阿尼和穆罕默德·哈斯木长大,给[他们]很多好处。如果他们现在蓄意反对我们,那么至高的真主就是[这件事的]见证人和目睹者。"他这样说后,不再关注[这件事]。

　　汗去打猎,游历了很多地方并在每处停留。有一次他前去巴尔楚克,停留在沙纳扎尔米拉卜(мираба)[199](以喀巴里米拉卜著名)的住宅,汗和几位亲信,即霍加穆扎法尔、霍加瓦伊斯、胡达比尔迪巴赫施(бахщи)[200]、霍加沙鲁赫,及另外一些人被安置在喀巴里米拉卜的大房子里,而艾米尔们——霍加拉提夫霍加、米尔咱马里克-哈斯木、米尔咱拉提夫·楚剌思和其他一些人在住宅旁的花园里露宿。放荡的阿布·马阿尼沙和卑劣的穆罕默德·哈斯木沙率领两百名武装骑兵深夜袭击汗。不论哪个艾米尔抬起头,都被箭射穿。艾米尔们僵尸般地倒下。汗在喀巴里米拉卜的大房子里。沙的人包围了住宅。汗命令霍加瓦伊斯米拉胡尔(мирахуру)[201]关闭大门。他们关上了大门。霍加穆扎法尔说:"让我们到冰窖去吧。"有个坏蛋把灯扑灭了,原来有光的住宅陷入一片漆黑。汗下到冰窖里。沙的人潜入住宅，在黑暗中又伤了一些人。他们打伤了汗的亲信霍加穆扎法尔·阿尔图吉。当时委任[他]为米拉卜[202]……汗看到在黑房子里每个人都有遭杀的危险。他心里想："这些背信弃义的人在寻找我。不能为了一人平安而让千人殉难。我还冻在这里干什么？"他这样想后，大声喊道："如果你们需要汗，那么汗就是我。同你们想找的人谈吧。"他边说边从藏身的地方走了出来。阿布·马阿尼沙走上前抱住汗的头说："我的国君，不要害怕，什么也不会发生。"一个[名叫]纳迪木的恶棍认为这是一个适当的时机，刺了汗一剑。汗什么也没说，心里诵着忏悔的祷告。阿布·马阿尼沙的膳食官玉素甫结束了汗的事业。卑鄙的阿布·马阿尼沙和卑劣的穆罕默德·哈斯木沙摆脱了对汗的恐惧，返回城里。汗的遗体倒在血泊中。

教会的王公们知道这件事后来了，抬起极其幸福的汗的遗体送到了阿勒墩。教会王公中的长者们召来穆罕默德-亚希亚霍加木（愿真主宽恕并祝福他！）、阿訇德哈费兹·穆拉德（愿真主宽恕他！）、哈里发舒图尔、阿訇霍加纳西尔、阿訇毛拉萨里赫、哈孜纳吉木·丁、哈孜米尔穆罕默德-里扎和米尔哈斯木霍加。他们为了查清杀害汗的凶手，前往沙们那里。沙们在穆罕默德汗宗教学校里安置好后，把汗的艾米尔们一个个地召来，让他们宣誓效忠。一部分人自愿服从了，另一部分人则是强迫的。阿訇哈费兹·穆拉德勇敢地问沙们："谁是杀害汗的凶手？"阿布·马阿尼沙回答说："我是杀害汗的凶手。"大阿訇（愿真主的仁慈降临于他！）又问："准确地指出杀害汗的凶手。"阿布·马阿尼沙愤怒起来，说："我杀了汗，你们还费什么心？"阿訇回答说："我们的沙，我们感兴趣的是[一切]符合教规。须知汗的殉难必定人人皆知。"教会的王公们再次返回阿勒墩,在它上面做了安灵祈祷,把他葬在他高贵父亲的脚下[203]。

　　沙-舒贾·丁·阿赫马德汗在位十年,活了五十岁[204]。[有一次]自己高贵的父亲允许他读五遍[第一]章叙述可以外出。[穆罕默德汗]的习惯也是这样:如果谁想在他这里获得外出的许可,他便手拿缠头巾站在汗面前。汗和他们诵读法蒂哈并给予允许。然而真主才更清楚。

阿布都·拉提夫汗怎样率军攻打背信弃义的沙们及其不幸的汗库拉伊什苏丹·本·羽奴思苏丹叙述

人们是这样讲述的:阿里-阿斯噶尔沙不知道所发生的事。卑鄙的阿布·马阿尼沙和卑劣的穆罕默德·哈斯木沙报告自己的哥哥,即阿里-阿斯噶尔沙。他震惊了。沙的夫人这样劝自己的丈夫:"让我们告诉阿布·马阿尼和穆罕默德·哈斯木,我们想为他们提一个实际的建议,邀他们来。当他们来时,我们就捉住他们杀掉。然后您把他们的头送给阿布都·拉提夫苏丹。"沙-伊·法尔比赫对自己的妻子说:"阿布·马阿尼和穆罕默德·哈斯木的人数将近五百,我们的人要少得多。我们能胜利吗?"沙-伊·法尔比赫疑虑地说完,他的妻子沉默了。

简言之,卑鄙的沙们勾结其他一些人,宣布库拉伊什苏丹为汗,用他的名义发布一项命令,[它]由几段组成,以哈孜米尔穆罕默德-里扎为使者送往喀什噶尔。以下是该命令的内容:"依据古代的习惯我们被宣布为汗。用我的称号装饰虎图拜和制币。你们也用[我的]名字装饰虎图拜和制币,你们应该像该做的那样,都臣服于我们。根据常规,我将重新任命喀什噶尔和英吉沙的行政长官,令艾米尔们留职或者离开国境。"哈孜米尔穆罕默德-里扎带着库拉伊什苏丹的命令前往喀什噶尔。他经过长途跋涉来到喀什噶尔履行自己的使命。[当时]米尔咱穆罕默德-玉素甫伯克是喀什噶尔的阿奇木,而米尔咱哈孜·巴尔拉斯是英吉沙的阿奇木。他们一致行动,派哈孜米尔穆罕默德-里扎带回[这样的话]:"我的兄弟库拉伊什苏丹发来了仁慈的命令。他比我大,因此,对我们来说,他像父亲一样。我们真心诚意地臣服于他。同时,因为我们的父亲就是我们的兄弟库拉伊什苏丹的父亲,而他及其亲信被卑鄙、恶劣地杀死,那么让他们向我们交出嗜血者。此外,我们那些真正的兄弟们[205]必须为父报仇。"

这位艾米尔返回叶尔羌,把阿布都·拉提夫汗的话转告了库拉伊什苏丹。他们(沙们)派穆罕默德-里扎回去,同喀什噶尔和英吉沙的艾米尔们进行谈判。米尔咱穆罕默德-玉素甫伯克,这位明智的军人知道有些人倾向于沙们。[他]对自己说,这件困难的事应该用巧妙的策略来解决。他单独对汗说:"我们的国君啊,事情变得困难了,要挽救它很不容易。"阿布都·拉提夫汗温和地对伯克说:"我们来商量商量,着手解决这件复杂的事。"米尔咱穆罕默德-玉素甫伯克报告汗:"为了解决这件麻烦的事,我们把[它]告诉米尔咱胡达亚尔·喀鲁奇、米尔咱阿里-施尔与甫拉德霍加——沙亚里伯克·喀鲁奇的儿子们、胡达亚尔霍加——纳迪尔·巴哈杜尔·拜林的儿子,命他们昼夜都在汗[身边],建议他缔约和结盟。我不相信他们的父兄。"

汗立即召来米尔咱海答尔、米尔咱阿里-施尔、甫拉德霍加和胡达亚尔霍加,举行会议,并说:"艾米尔的孩子们啊,在[我们]幸福的时候,每个人都不止一次地对我说:'我们将为你献出生命。'

而现在黑暗的日子降临到了我的头上,我希望你们无论谁都不要把我们出卖给敌人。"

米尔咱海答尔、米尔咱阿里-施尔、甫拉德霍加和胡达亚尔霍加站起来又跪下说:"当我们的体内还有一个灵魂之时,我们都将为汗服务并恪守忠诚[于汗]!"这样说罢,他们宣誓要残酷而严厉地对待敌人。汗高兴而心满意足地着手召集喀什噶尔和英吉沙的人民。一句话,人民集合起来了。人们交换意见后缔约和结盟。纳迪尔·巴哈杜尔和沙亚里伯克没有表现出特别的热心,试图表示反对。米尔咱胡达亚尔、米尔咱阿里-施尔、甫拉德霍加与胡达亚尔霍加举起出鞘的剑说:"长者们啊,你们听见并知道,我们签订了条约和协定:谁不服从阿布都·拉提夫汗,我们必须用钢剑砍死他。"沙亚里伯克和纳迪尔·巴哈杜尔从[自己的]子弟口中听到这些话后,不情愿地说:"年轻人啊,我们的秘密意图正是用表面上的玩忽职守来试探你们。除了[对汗]表示好意和努力服务外,我们不可能有其他的目的。"他们说完之后,签订了条约与协定并宣誓效忠。

当时为阿布都·拉提夫汗服务的艾米尔们是米尔咱穆罕默德-玉素甫伯克、米尔咱哈孜·巴尔拉斯、米尔咱库尔班、米尔咱沙曼苏尔乌尔达比基(урдабиги)、米尔咱穆罕默德-杜拉斯·阿尔拉特、米尔咱达拉卜·巴尔拉斯,他的儿子米尔咱贾法尔、米尔咱桑贾尔和米尔咱喀玛儿·巴尔拉斯、米尔咱阿布都·萨塔尔·阿克巴拉克,萨亦德家族的科派克霍加、贾勒马霍加、哈孜穆罕默德-玉素甫霍加、穆罕默德-沙霍加,来自部落的艾米尔有纳迪尔·巴哈杜尔、沙亚里伯克、阿里木-米拉克、霍加帕德沙-库里,他们进行了整顿，组织起军队前往叶尔羌。

当时恰巧阿布-马阿尼·巴喀乌勒从叶尔羌逃出，来到喀什噶尔。他转达了一个可信的情报：阿布都·拉提夫汗在叶尔羌的拥护者米尔咱阿布都-噶法尔·阿拉巴拉克、米尔咱胡斯莱劳·拜林与霍加拉提夫从背信弃义的沙们那里获得了让穆罕默德-阿里亚萨乌勒（йасавула）[206]离开的许可，派〔他〕去喀什噶尔。他们对沙们说："穆罕默德-阿里亚萨乌勒是喀什噶尔人。命他去那里，在喀什噶尔居民中挑起不和，让他们捉住阿布都·拉提夫苏丹，使其屈服。"卑鄙的沙们高兴起来，说艾米尔们是竭力为我们着想的。但是他们（艾米尔们）这样对穆罕默德-阿里亚萨乌勒说："让喀什噶尔的艾米尔们快些同阿布都·拉提夫汗一起来，我们在等候〔他们〕，盼望〔他们〕，因为卑鄙的沙们的作为〔使我们〕陷入了极困难的境地。"

总而言之，穆罕默德-阿里亚萨乌勒前往喀什噶尔，促动并激励汗采取行动，然后返回。阿布都·拉提夫汗和喀什噶尔的艾米尔们向叶尔羌进发。他们在英吉沙城堡前扎营。米尔咱哈孜·巴尔拉斯率领先锋队出发了。他来到克孜尔村并没有发现敌人的任何踪迹。他经过克孜尔村来到乌图拉-哈米德堡垒前。他在这里离开道路，转入草原，走上科克-拉巴特和喀喇-哈贾吉之间的〔路〕，从喀喇-哈贾吉方面来到科克-拉巴特。米尔咱喀伊-喀乌斯·朵豁剌惕带领十八名战士在科克-拉巴特放哨。当米尔咱哈孜·巴尔拉斯包围他们的时候，他们盯着道路，慢慢地拉紧廓克纳尔（кокнар）。米尔咱喀伊-喀乌斯和他的同伴被抓住了。开始，米尔咱喀伊-喀乌斯以为，有人会从叶尔羌来接替他。结果他们成为了俘虏。[米尔咱哈孜·巴尔拉斯]把哨兵们送到阿布都·拉提夫汗那里。在这之后,他经过科克-拉巴特来到喀喇-哈贾吉村[207]。在喀喇-哈贾吉有十二名哨兵站岗。哈孜伯克亲兵的七名勇士[一下子]被捉住,其余五名逃跑,加入了沙们的队伍。哈孜伯克同时派他们到汗那里。汗审问俘房们,于是他们说:"阿里·阿斯噶尔沙、阿布·马阿尼沙和穆罕默德·哈斯木沙带领侍役和亲信,还有霍加阿布都·拉扎克及其儿子沙霍加、穆罕默德-阿布达拉赫霍加、伊卜拉欣苏丹、他的兄弟穆罕默德-阿里苏丹、米尔咱穆扎法尔亚尔基和米尔咱穆赫欣·朵豁刺惕——共约两千人为这样和那样的感情所激励,结为一体。但是像米尔咱阿布都·噶法尔·阿克巴拉克、米尔咱胡斯劳·拜林、霍加拉提夫、米尔咱马里克·哈斯木和米尔咱马斯乌迪这样一些艾米尔和萨达尔对他们不满意。"

　　汗急忙出发了。他在喀喇-哈贾吉村分编为左翼、右翼、中军和侧卫队。从喀喇-哈贾吉村出来后,他派穆罕默德-玉素甫伯克和哈孜伯克作为警戒部队走在最前面,把一千人的精锐部队交给艾米尔们。艾米尔们同沙们在马潘相遇了。米尔咱穆罕默德-玉素甫伯克和哈孜伯克派人给汗[送来情报]。汗很快同艾米尔们联合在一起。沙们也派人去他们那位在塔瓦吉村扎营的不幸的汗那里。沙们的急使到达后,库拉伊什苏丹急忙上路。米尔咱阿布都·噶法尔、霍加提拉夫和米尔咱胡斯劳说:"沙们率领着由三千名勇士组成的先锋队迎面来了。我们集合军队动身吧,因为沙们不难扮演敌人的角色。"总之,沙们胆大起来,挡住了汗的路。战斗开始了。塔西尔·米拉胡尔俘获穆罕默德-阿瓦兹沙,把[他]带到汗那里。汗想饶恕[他的]错误,但米尔咱穆罕默德-玉素甫伯克反对,并杀了[他]。米尔咱库尔班伯克把捆起来的穆罕默德·哈斯木沙带到汗那里。汗和艾米尔们高兴,欢呼起来。米尔咱穆罕默德-玉素甫伯克来到穆罕默德·哈斯木沙跟前,对他说了这样的话:"你使我们的祖父蒙受耻辱,做出如此卑鄙的事情。"诗曰:

> 粗鲁的人刚要尝一尝面包和盐,
> 马上就会打碎一只碗。

穆罕默德·哈斯木沙终于辱骂了米尔咱穆罕默德-玉素甫伯克。穆罕默德-玉素甫伯克下令斩断了沙的双脚。穆罕默德·哈斯木沙抓住自己[砍断的]双脚,骂着粗野的下流话把双脚扔向伯克。当时[伯克]命令杀掉穆罕默德·哈斯木沙。

失败的命运降临到沙们的头上。当阿里·阿斯噶尔沙意识到事情失败时,他想起了米尔咱穆罕默德-玉素甫伯克,并向那个圈子跑去。米尔咱穆罕默德-玉素甫也到了那里,同他面对面站着。沙双手拿着利剑,米尔咱穆罕默德-玉素甫拿着一把小战斧迎了上去。沙向伯克提出[刺杀的权利],伯克也反过来向沙提出。沙挥起闪光的利剑刺向米尔咱穆罕默德-玉素甫,剑砍在伯克的马头上。米尔咱穆罕默德-玉素甫抡起战斧向沙砍去;沙为迎击,用盾牌挡住头。[就在这时]沙马失前蹄,盾牌边击落了沙头上的头盔和缠头巾。米尔咱穆罕默德-玉素甫如此有力地砍向沙的头,致使他脑浆四进,他[本人]从马上栽了下来。沙有个亲兵叫做霍加贾鲁卜,他是一个勇敢的人,挡住了伯克的路并向他进攻。米尔咱穆罕默德-玉素甫这样规劝[他]说:"霍加啊,你已经做了自己的事,表明了自己的忠诚。可怜可怜自己和自己的孩子吧。我们将比沙给予你更高的荣誉和尊敬。"贾鲁卜[回答]伯克的是粗野的责骂，同时走近他。伯克不得已冲向贾鲁卜。用沙举过的剑刺杀，伯克的马面受伤出血。因此贾鲁卜的马直立起来蹲到后腿上，贾鲁卜因噩运栽下马来。伯克认为时机已到，把他送往无生之地。米尔咱穆罕默德-玉素甫伯克受到至高的赞扬。

库拉伊什苏丹逃跑了[208]，阿布·马阿尼沙离开战场，像不死鸟一样消失了。艾米尔和达官们获得亲吻汗的脚的荣誉。然而，只有真主才更清楚[209]。

阿布都·拉提夫汗登上汗位与[他]治理国家的习惯叙述

人们是这样讲述的:穆罕默德-亚希亚(愿真主的仁慈和幸福降临于他!)、达官显贵和艾米尔们按照古代的习惯,把阿布都·拉提夫汗扶上汗位[210]。用他的称号装饰虎图拜和制币,学者们给他献上[自己的]著作,诗人们为祝贺他编写出诗歌。其中霍加纳西尔[211]写了这样一首四行诗。诗曰:

> 国君啊,你的宝座是天空,停留的地方是太阳。
> 由于你的保护,宇宙才有两个世界。
> 我全心全意地祈求世界的主宰——
> 愿你做一百年的汗,而我也永[为你]祈祷。

霍加阿布都·拉扎咯是霍加阿赫拉尔的后裔,舒贾·丁·阿赫马德汗曾委任他为纳基卜[212],汗把他同孩子们一起放逐。霍加的长子沙霍加曾和阿布都·拉提夫汗亲近。他从巴达克山给汗写了一首四行诗,它是这样的:

> 夜莺关在笼子里受苦,乌鸦却在草地上飞翔;
> 西穆尔格在异乡流浪,鸢却生活在故乡;
> 瞪羚在废墟里栖息,狗却住在舒适的地方;

外来者住进朋友的官殿,我却在踟蹰,找不到安身的地方。

艾米尔们给予赞扬。

但是阿布都·拉提夫汗是位拥有漂亮仪表、优美、强壮身躯、语言甜蜜和令人喜爱的王子。他像鹰隼一样捉了一只人们有好感的鸟。不论是出身卑贱还是高贵的人们读了一首适宜于汗的诗。这就是:

人们告诉[我]:"根据自己的品格,你是第二个最漂亮的约瑟夫。"

你应清楚明白,我虽然是坏的,也真的被认为是好的。

汗把米尔咱穆罕默德-玉素甫伯克作为[自己的]阿塔里克。霍加拉提夫同以前一样,是宰相。他任命米尔咱哈孜·巴尔拉斯统治喀什噶尔,他把廓什比基的职务赐给了米尔咱阿布都·噶法尔,萨里库尔的统治权赐给米尔咱库尔班·楚剌思。他决定把图蒙的米拉卜[213]职务给艾米尔胡斯劳·拜林,他任命米尔咱阿布都·萨塔尔·阿克巴拉克为伊施喀噶,塔希尔-米拉胡尔担任穆塔瓦里[214]一职。国家稳固了,(汗)用他的努力使国家成为天国嫉妒的对象。

当沙们杀死[舒贾·丁·阿赫马德]汗时,米尔咱阿布·古尔·萨格里奇从和田逃跑,去了吐鲁番和焉耆。[现在]阿布都·拉提夫汗巩固了汗位,米尔咱阿布·古尔向汗朝拜。汗用很高的礼遇接见他,重新派他去统治和田。诽谤者预谋作恶,在米尔咱穆罕默德-玉素甫和米尔咱阿布·古尔之间挑起争端。[事情是这样的]喀什噶尔最初的统治权与担任阿布都·拉提夫汗阿塔里克的职务属于米尔咱阿布·古尔,致使连水都不能安静地咽下去。为了抓住米尔咱阿布·古尔,他急忙派遣了艾米尔们。他派去了米尔咱阿布都·萨塔尔乌尔达比基、米尔咱阿里-施尔、米尔咱哈比卜-楚刺思、米尔咱阿布都·拉赫曼-朵豁刺惕和塔希尔米拉胡尔所率领的部队。上述艾米尔们出发了,并带回了米尔咱阿布·古尔。米尔咱阿布·古尔是强大的艾米尔之一,因此把[他]流放到吐蕃。他到达桑株[215]地方,在那里得病后返回。米尔咱穆罕默德-玉素甫派人来杀死了他。把米尔咱阿布都·萨塔尔作为艾米尔派往和田。阿克苏的阿奇木米尔咱马纳克-楚刺思去世[216],他的儿子们——米尔咱穆罕默德-里扎和米尔咱萨里木来到宫廷向汗朝拜。汗任命米尔咱穆罕默德-里扎为廓什比基。

201　　汗登基时十四岁[217]。在米尔咱阿布·古尔被杀后,统治权落入米尔咱穆罕默德-玉素甫手中,他成为高级艾米尔。高傲自大占据了他的心灵,他把像乌鲁斯霍加、纳乌鲁兹-穆罕默德·库克、哈迪-萨里木·基拉克亚拉克和霍加萨里木·巴巴乌勒这样一些[自己]如此亲密的朋友放逐到巴里赫,汗和他的母亲哈尼姆·帕德沙为伯克的这种行为担心。哈尼姆是吐尔逊汗喀塔金[218]的姊妹,是[自己]时代最聪明的妇女。她同[宫廷的]艾米尔们商量——他们也受到了欺侮。她派人对喀什噶尔的艾米尔们[说],米尔咱穆罕默德-玉素甫越出了自己的权限。喀什噶尔的艾米尔们也对伯克不满。因此,大约有五百人在米尔咱胡达亚尔·喀鲁奇、米尔咱阿里-施尔和夫拉德霍加的率领下从喀什噶尔来到叶尔羌。他们在阿尔穆德鲁克村抓住了米尔咱穆罕默德-玉素甫并送到汗宫,还抓住了米尔咱胡斯劳并投入监狱。米尔咱库尔班·楚剌思带着伺役及亲信逃往阿克苏方向。这个情报一传入米尔咱阿里-施尔耳中,他立即报告了汗和哈尼姆。这样决定:"如果我们饶恕米尔咱穆罕默德-玉素甫,而不像从前那样命他做[叶尔羌的]统治者和阿塔里克,那么这场骚乱便不能平息。"他们立即从监狱里放出米尔咱穆罕默德-玉素甫,叫到自己这里并表示歉意。汗走近进伯克,靠在他的胸上安慰[他]。派米尔咱阿布都·拉赫曼·朵豁剌惕和米尔咱胡达亚尔去找米尔咱库尔班伯克,他们请回了楚剌思的艾米尔们。把[穆罕默德-玉素甫]伯克的过错移到米尔咱胡斯劳伯克身上,并[把他]放逐到巴里赫。米尔咱胡斯劳是米尔咱穆罕默德-玉素甫的叔叔,他杀了反对这场骚乱的塔西尔米拉胡尔。去朝圣的艾米尔胡斯劳·拜林死在巴格达。哈吉阿里把他的尸体埋在巴基墓地[219]。然而真主才更清楚真正的情况。

阿布都·拉希木汗的一些情况、汗怎样率军队去库车和阿克苏、怎样未达到目的而返回、米尔咱阿布-哈迪·马克里特怎样俘获阿布达拉赫汗叙述[220]

一些值得信任的人们这样证明：早在穆罕默德汗在位时期阿布都·拉希木汗在焉耆和吐鲁番统治就享有与曼苏尔汗相同的特权。不可胜数的光荣的勇士和著名的战士在为汗服务，其中有像米尔咱穆罕默德-瓦里·楚剌思、米尔咱羽奴思·楚剌思、沙亚里伯克、阿拉卜伯克、米尔咱费鲁兹·朵豁剌惕、沙-塔希尔沙、米尔咱图拉克·朵豁剌惕、米尔咱纳西尔·楚剌思、米尔咱穆罕默德-沙、米尔咱喀、霍加谢皮·巴哈杜尔、米尔咱库里伯克与阿布都·喀哈尔伯克这样强大的艾米尔们。当时汗的军队达到近四万人。他准备出征库车和阿克苏。米尔咱阿布-哈迪·马克里特是设防的库车居民点的阿奇木。汗围攻库车城堡。米尔咱阿布-哈迪盘踞在堡垒里，派人前往汗那里，并写了一份呈文："我们是汗陛下为时甚久的奴隶，但是害怕他，没有去朝拜。如果把阿布达拉赫汗派进城堡，那么，我，一个渺小的奴仆，就让汗的儿子坐在肩上立即去朝拜汗。"阿布都·拉希木汗向国家支柱征求意见。有人说："派阿布达拉赫汗去米尔咱阿布-哈迪那里不合适。"而另一些人则

阿布都·拉希木汗的一些情况、汗怎样率军队去库车和阿克苏……　　**87**

认为派去是正确的。最后,汗派阿布达拉赫汗到米尔咱阿布-哈迪那里去。[阿布都·拉希木]汗没有尽量诉诸真主的证明,[米尔咱]没有同他会面。他达到了自己的目的:得到了阿布达拉赫汗,不离开原地,也不去朝拜汗[221]。汗带着所有国家支柱和大臣、显贵途经设防的库车居民点来到阿克苏城下。阿克苏的居民躲在自己的堡垒里。汗围攻阿克苏城堡。阿拉卜伯克攻打[城堡的]大门。阿克苏的保卫者们俘获了阿拉卜伯克,伯克的战友们脱了险。因为汗未夺得阿克苏和乌什领地,于是他返回了自己的大本营。

在沙-舒贾·丁·阿赫马德汗离开这个世界时,阿布都·拉希木汗重新来到阿克苏和乌什。他这次回到了家。哈萨克伊什木汗·本·施盖汗[222]从塔什干来到阿布都·拉希木汗这里,并成为穆拉兹木(мулазимом)。汗给予他应得的荣誉和尊敬,然后率军去阿克苏[223]。米尔咱阿布-哈迪给汗送来了适合[他的地位]的礼物,但他本人未出堡垒,而是从城墙上把阿布达拉赫汗指给他看。汗不得已经过库车来到设防的拜城居民点。苏卜汗-库里伯克是拜城的阿奇木。根据必要,他和拜城的居民一起去朝拜汗,汗给予[他们]优厚的待遇[224]。汗和伊什木汗来到阿克苏城下。米尔咱马里克-哈斯木伯克、米尔咱阿里·马尔丹伯克、米尔咱曼苏尔及其儿子米尔咱库尔班伯克、米尔咱喀拉·巴哈杜尔和米尔咱拉提夫这样一些高官更早地从叶尔羌来到阿克苏救援。他们把武器装备整理就绪,预备了对付阿克苏城堡的防御,并准备战斗。阿布都·拉希木汗驻扎在亚尔-巴施,伊施木汗则在萨乌克-布拉克[225]扎营。围攻加紧了。昆-巴什、阿拉尔和阿克-亚尔[226]的居民同阿布都·拉希木汗扭打起来,发生了一场残酷的搏斗。[正在这时]米尔咱帖木儿·楚剌思带领其他兄弟们:米尔咱穆罕默德-阿明伯克·楚剌思、米尔咱图拉克·楚剌思和米尔咱塔里卜·楚剌思、霍加穆罕默德-巴基·图买、哈孜·巴哈杜尔·拜林和另外一些人从阿克苏城堡出来并向敌人进攻。阿布都·拉希木汗方面的人米尔咱哈斯木、米尔咱沙木西、米尔咱阿布都·拉赫曼·乌尔达比基、霍加谢皮·巴哈杜尔及其他人投入了战斗。米尔咱阿布都·拉赫曼伯克杀死了米尔咱帖木儿,米尔咱塔里卜被俘——失败的噩运降临到阿布都·拉提夫汗的艾米尔们头上。阿布都·拉希木汗允许米尔咱塔里卜去阿克苏。围攻持续了三个月,当阿布都·拉提夫汗的拥护者如:米尔咱阿里-马尔丹乌尔达比基、米尔咱马里克-哈斯木·拜林及其兄弟米尔咱伯克-哈斯木、米尔咱马斯乌迪、米尔咱库尔班·楚剌思和米尔咱拉提夫·楚剌思达成协议后,派人去阿布都·拉提夫汗那里,向汗报告居民的情况。从艾米尔们那里派来这个人到达宫廷并向汗报告了[阿克苏]人的情况。阿布都·拉提夫汗同国家的支柱和大臣们商量了一下。决定由汗和霍加穆罕默德-亚希亚去阿克苏。汗征集大军领兵去阿克苏[227]。他们日夜兼程,到达焉耆渠,并[在此]扎营。阿布都·拉希木汗得知阿布都·拉提夫汗[前来]很不安。伊施木汗向汗汇报说:"这次出征,我们有不少首领和军队,军队里有足够的勇士。如果我们和阿布都·拉提夫汗突然交锋,没有比这更好的了。"阿布都·拉希木汗回答说:"人们把阿布都·拉提夫汗称为体魄健壮的美男子,他们会仅仅为其一种主张献身。此外,让无数叶尔羌和喀什噶尔军同他们作战不合适也不合算。"伊什木汗同意,于是他们便返回了。他们到拜城境内扎营。

苏卜汗-库里伯克从阿布都·拉希木汗那里逃跑,待在贾里德要塞。[阿布都·拉希木]汗经过拜城到库车城堡时,米尔咱阿布-哈迪仍旧关闭[城堡]大门,躲在里面。阿布都·拉希木汗和伊什木汗经过库车地区返回焉耆和吐鲁番的中心城。阿布都·拉提夫汗到达设防的拜城居民点,鼓励居民,安排米尔咱阿里-马尔丹伯克做阿克苏的阿奇木,然后返回都城。然而真主才更清楚[228]。

穆罕默德-亚希亚（愿至高的真主使其圣礼洁净！）启程，当时发生的事件叙述

穆罕默德-亚希亚（愿其圣礼洁净！）想去撒马尔罕，向阿布都·拉提夫汗请假。汗长时间不同意，但这并未生效，为了瞻仰伟大父亲闪光的麻扎[229]，穆罕默德-亚希亚动身去撒马尔罕。他途经安集延到达撒马尔罕，得以瞻仰在包孜里长眠的伟大父亲的麻扎，这之后他怨诉过哈里发舒图尔和米尔咱穆罕默德-玉素甫。他把哈里发留在外面，和伊斯玛伊勒苏菲一起在麻扎里陵墓周围单独举行宗教仪式。从霍加伊斯哈克陵墓里传出福音，穆罕默德-亚希亚和伊斯玛伊勒苏菲弄清楚福音后走出了麻扎。哈里发中，喀什噶尔的哈里发哈费兹-纳西尔在场。真主有什么启示降临穆罕默德-亚希亚，哈费兹-纳西尔哈里发都会知道。[因为这次]哈费兹-纳西尔哈里发向哈里发宣布：穆罕默德-亚希亚战胜了哈里发舒图尔和米尔咱穆罕默德-玉素甫。[这样]哈费兹-纳西尔哈里发没有受惩罚，而正是在人民中宣扬穆罕默德-亚希亚秘密的伊斯玛伊勒苏菲三天后便转入永恒之世。

霍加穆罕默德-亚希亚返回喀什噶尔。他们在通过沙尔特山口时，得到舒图尔哈里发和米尔咱穆罕默德-玉素甫死亡的消息[230]。穆罕默德-亚希亚到达乌克-萨拉尔，喀什噶尔居民在此迎

接。穆罕默德-亚希亚在喀什噶尔停留。他在此住了几天后前往叶尔羌。阿布都·拉提夫汗在国家支柱和大臣陪同下迎接穆罕默德-亚希亚,后者在城里住下了。汗召集库里勒台,把叶尔羌的统治权赐给米尔咱库尔班·楚剌思[231],然而真主才更清楚。

米尔咱阿里-施尔怎样在吉尔吉斯人手下殉难叙述

吉尔吉斯人毁灭沙河纳兹村[232]时,阿布都·拉提夫汗派哈孜伯克、米尔咱阿里-施尔、乌鲁斯霍加、米尔咱阿布都·拉赫曼乌尔达比基、鲁特夫-阿里·巴赫施、米尔咱穆罕默德霍加和努尔-穆罕默德霍加·本·侯赛因沙(愿真主的仁慈降临给他!)袭击沉溺于恶习的吉尔吉斯人。当艾米尔们追上吉尔吉斯人时,吉尔吉斯军队已经设好埋伏。米尔咱阿里-施尔停止不前。汗最亲近的鲁特夫-阿里·巴赫施扔给他一句刻薄话后向敌人进发。米尔咱阿里-施尔又向前行进。艾米尔们在哈孜伯克到来之前发生了分歧。那些埋伏好的吉尔吉斯人向军队进攻。米尔咱阿里-施尔即刻栽下了马,鲁特夫-阿里给人们作出了榜样,逃离了吉尔吉斯人,米尔咱阿里-施尔被杀[233]。大约有七十人阵亡,其中包括一部分[吉尔吉斯人]。哈孜伯克躲在某处幸免于难。一部分军队加入了哈孜伯克的行列,由于鲁特夫-阿里的胆怯,哈孜伯克在汗面前是个胜利者。

苏丹-马赫穆德汗·本·兹亚·丁·阿赫马德苏丹事业的开始、阿布都·拉提夫汗[事业]的结局、他的在位时间及高贵的寿命叙述[234]

一些值得信任的人是这样讲述的：吐尔逊汗的儿子从塔什干到来，他是汗的母亲的外甥[235]。人们收回米尔咱库尔班[楚剌思]喀什噶尔阿奇木的职务并交给了他。喀什噶尔居民赶走了苏丹。当时阿布都·拉提夫汗派自己的侄儿苏丹-马赫穆德汗·本·帖木儿苏丹任喀什噶尔的艾米尔，该地的统治权则赐予了米尔咱库尔班·楚剌思。阿布都·拉提夫汗在设防的库车居民点至巴达克山边界[土地上]独裁统治了十二年，终年二十六岁[236]。阿訇毛拉穆拉德、阿訇霍加、哈孜纳吉木·丁和达伊·马尔瓦兹被认为是当时的权威人士和大学问家。人民由于阿布都·拉提夫汗去世而悲痛不已。然而真主才更清楚。

苏丹-阿赫马德汗登上君王的宝座叙述

当阿布都·拉提夫汗从尘世移居永恒之世时,如下威武的艾米尔们:米尔咱哈孜·巴尔拉斯、霍加拉提夫、米尔咱库尔班·楚剌思、米尔咱喀喇·巴哈杜尔·楚剌思、米尔咱马里克-哈斯木·拜林、米尔咱马斯乌迪·拜林、米尔咱沙-曼苏尔乌尔达比基、米尔咱阿布都·萨塔尔乌尔达比基、米尔咱拉提夫哈比卜·楚剌思及国家的大臣们商量后,派米尔咱马斯乌迪伯克去阿克苏传苏丹-阿赫马德汗。马斯乌迪伯克前去邀请汗。苏丹-阿赫马德汗和米尔咱阿里-马尔丹伯克立即动身去叶尔羌,米尔咱马斯乌迪则留下统治阿克苏[237]。

总之,他们来到了叶尔羌。艾米尔和达官显贵们前来迎接,把[苏丹-阿赫马德]引入城中,宣布为汗,用其名称虎图拜、制币。阿里-马尔丹伯克护送汗到达。米尔咱阿布都·萨塔尔任伊施喀噶,沙-曼苏尔伯克任喀喇-喀什[238]阿奇木。[这样]国家事务就由乌尔达比基[家族]的艾米尔掌握。艾米尔们[对这种情况]强烈不满。他们最终逮捕了阿里-马尔丹伯克,抢劫和大肆散发了[他的]财产,便动身去了阿克苏,派米尔咱阿布都·萨塔尔伯克去巴勒提,但米尔咱阿布都·萨玛特乌尔达比基离开喀什噶尔,在途中抓获了他并带往喀什噶尔。沙-曼苏尔伯克从喀喇-喀什居民点逃往库车，一段时间后他又成为苏丹-马赫穆德汗的侍从。(汗)免去了米尔咱哈孜·巴尔拉斯的叶尔羌阿奇木职务，转交米尔咱库尔班·楚剌思。这次[行动]同样给苏丹-阿赫马德汗带来了不幸。

与这种情况相符，有首诗云：

> 拿去吧！世界失去了宁静，
> 哀号从我心中升起。
> 不幸最终把你推翻，
> 内乱把怜悯留给虚伪。

苏丹-马赫穆德汗出征自己兄弟苏丹-阿赫马德汗与他登上君王的宝座叙述

原话是这样说的：当苏丹-阿赫马德汗的艾米尔们彼此争吵时，苏丹-阿赫马德汗试图攻占叶尔羌。到达叶尔羌后，他向霍加拉提夫的女儿求婚，在举行婚礼时苏丹-阿赫马德汗带走了[她]。苏丹-马赫穆德汗抱怨自己的兄弟，娶霍加哈斯木的女儿为妻，返回后，便率军去叶尔羌。阿克苏的艾米尔和吉尔吉斯人[239]来增援他。苏丹-马赫穆德汗征集和装备军队，向叶尔羌进发，驻扎在廓克库木。他围攻了近二十天后返回。一年后他再次去叶尔羌。像米尔咱穆罕默德-杜斯特·阿尔拉特、米尔咱喀玛尔·巴尔拉斯、沙夏利伯克喀鲁奇、霍加帕德沙库里·萨格里奇、哈孜科彼克、米尔阿扎木沙、米尔咱阿布都·萨玛德·楚剌思、沙-曼苏尔伯克和米尔咱阿布都·萨塔尔伯克这样一些强大的艾米尔阻止汗，但这也无效。他最终率军出征自己的兄弟。

艾米尔和苏丹[阿赫马德]举行了会议。米尔咱喀喇·巴哈杜尔和米尔咱马里克-哈斯木建议道："让我们出去应战。"霍加拉提夫和米尔咱库尔班巴哈杜尔伯克说："我们最好加固城池，让它来战。"多数艾米尔站在米尔咱喀喇·巴哈杜尔和米尔咱马里克-哈斯木一边。艾米尔们出去应战的意见占了优势。苏丹-阿赫马德汗让米尔咱喀喇·巴哈杜尔和米尔咱马里克-哈斯木加固右翼,米尔咱哈孜伯克和米尔咱阿布都·拉赫曼朵豁剌惕被派往右翼,他委任米尔咱库尔班伯克去中部。他装备大军,率兵出城去顿巴格,为战斗做好一系列准备。苏丹-马赫穆德汗同国家的支柱和大臣一起在兄弟对面作了一系列安排。战士们开始作战。右翼的米尔咱喀喇·巴哈杜尔在队形混乱后逃回去了,米尔咱阿布都·拉赫曼也在扰乱右翼后跑了。苏丹-阿赫马德汗返回,去阿克苏,米尔咱库尔班·楚剌思和仆从亲信挡住苏丹-马赫穆德再战。苏丹-阿赫马德汗在正午乃玛孜时到达了阿克苏,米尔咱库尔班则战斗到晚上乃玛孜的时候[240]。霍加拉提夫·喀鲁奇是库尔班伯克的亲属,他让后者到自己这里来,后者便来了。霍加拉提夫把库尔班伯克推荐给苏丹-马赫穆德汗。

　　苏丹-马赫穆德汗得意洋洋地确立了王位。他把天堂似的叶尔羌城长官职务委任给米尔咱穆罕默德-杜斯特·阿尔拉特,安置米尔阿扎木-沙为掌印者、宰相,把各地区分配给艾米尔们。他把苏丹-阿赫马德汗的艾米尔,如霍加拉提夫、米尔咱库尔班·楚剌思、米尔咱喀喇·巴哈杜尔·楚剌思、米尔咱拉提夫·求莱斯和米尔咱利扎伊·希拉里逐往巴里赫;他派哈孜伯克统治设防的克里雅居民点。国家稳定了[241]。

阿布都·拉希木汗事业的结局和这位君主——值得称赞的品质的拥有者——的儿子们的数量叙述

人们是这样讲述的:在穆罕默德汗时期阿布都·拉希木汗就被任命为焉耆和吐鲁番总督[242]。他独裁统治了四十年。当他高寿跨过七十岁的界线时,便离开了这个世界[243]。他留下九个儿子:长子阿布达拉赫汗,次子阿布·穆罕默德汗、三子伊卜拉欣苏丹、四子伊斯梅尔汗陛下、五子巴巴汗、六子阿帕克苏丹、七子沙苏丹、八子曼苏尔苏丹[244]、九子皮钦苏丹。阿布达拉赫汗七岁时到米尔咱阿布勒-哈迪那里,在其跟前长大。

阿布都·拉希木汗的高级艾米尔米尔咱尤努斯伯克死在设防的哈密居民点,他的儿子米尔咱阿布达拉赫和米尔咱穆尼斯开始不服从汗。汗派阿布·穆罕默德汗去对付他们。他刚到吐鲁番[阿布都·拉希木]汗就离开了尘世。阿布·穆罕默德在那里坚持[245]。米尔咱阿布勒-哈迪带着阿布达拉赫汗来到焉耆。他杀了阿布都·拉希木汗几个艾米尔,抢劫了一些人。为了抓获阿布·穆罕默德汗,他率军袭击。他暗自盘算消灭阿布都·拉希木汗的儿子和氏族,因为米尔咱阿布·哈迪的女儿为阿布达拉赫汗生了两个儿子,尤勒巴尔斯和阿尔斯兰汗,以便他们中的谁能进入汗国。米尔咱阿布勒-哈迪的一个妻子向阿布达拉赫汗吐露了这一想法。汗与艾米尔们商量后,杀了米尔咱阿布·哈迪[246];在得到国家支柱和大臣们的支持后,去了库车。阿布达拉赫汗出发不久,来自阿克苏的苏丹-阿赫马德汗毁掉库车后返回。阿布达拉赫汗的高级艾米尔苏卜汗-库里伯克怂恿汗率军出征。然而真主才更清楚。

阿布达拉赫汗在阿克苏领地的统治、苏丹-马赫穆德汗去世和苏丹-阿赫马德汗事业的结局叙述

当苏丹-阿赫马德汗从库车返回阿克苏时，阿布达拉赫汗率军进攻他，来到设防的拜城居民点扎营。苏丹-阿赫马德汗在阿尔巴特。他离开阿尔巴特在贾木村[247]停留。阿布达拉赫汗途经拜城到达阿尔巴特。苏卜汗-库里伯克[248]派人去哈孜沙那儿，他们商量了全部事宜。哈孜沙、霍加穆罕默德纳施尔拜林、纳屋鲁兹迪万[比基]和苏丹亚尔图格比基脱离苏丹-阿赫马德汗，归顺阿布达拉赫汗。苏丹-阿赫马德汗离开阿克苏来到叶尔羌。苏丹-马赫穆德汗下令驱逐自己的兄弟苏丹-阿赫马德汗。霍加穆罕默德-亚希亚和君王的母亲[249]求[汗]："他逃离阿布达拉赫汗到您这寻求保护，驱逐他，这太残忍了。"苏丹-马赫穆德汗取消命令并释放了[他]，亲切地对待他，尊敬地把沙马勒巴格[250]给了[他]。他公开声明，三个月后出征阿克苏。但是阿布达拉赫汗很幸运。

简言之，阿布达拉赫汗在阿克苏巩固了地位，苏丹-马赫穆德汗则开始准备军队出征。但他没有实现预言，背信弃义之命不怜悯他这个青年。遵循全民之首的旨令，他在痛饮后一个夜里的酣睡中被围。烂醉的王子从容地走进尘世的小礼拜寺，以便在末日

早晨羞愧地在法庭上同其他寻找醉后不舒服感的人起事,并向司酒官请准——[遵循这句名言]"他们的真主,将以纯洁的饮品赏赐他们"——醉酒醒后再喝一大碗"和满满一大杯"[251]。1045年(=1635—1636)的某月,苏丹-马赫穆德汗在都城叶尔羌遭遇噩运[252]。他终年二十二岁,在位近三年[253]。然而真主才更清楚。

苏丹-马赫穆德汗离开尘世后,达官显贵一致同意按古老习惯法宣布苏丹-阿赫马德汗为汗。他把苏丹-马赫穆德汗的艾米尔们留在原位。苏丹-阿赫马德汗卑弱而不明智,军队和臣民都厌恶[他]。当阿布达拉赫汗向喀什噶尔出发后,苏丹-阿赫马德汗也去喀什噶尔作战,两军在图尔该相遇。苏丹-阿赫马德汗占据上风。霍加穆罕默德-亚希亚对阿布达拉赫汗怀有好感[254]。因此,由于他[在宗教上的]支持,阿布达拉赫汗安然无恙地返回了阿克苏。

和田的米尔咱沙-曼苏尔伯克和米尔咱阿布都·萨塔尔伯克脱离苏丹-阿赫马德汗,派米尔咱阿布都·拉赫曼伯克去阿克苏。有名望的巴哈杜尔们也逃离喀什噶尔和叶尔羌,和阿布达拉赫汗联合。阿布达拉赫汗更加强大了。他重新考虑喀什噶尔,召集国家的支柱开会。阿布达拉赫汗有这样一些强大的艾米尔:苏卜汗-库里伯克、阿拉卜伯克、沙力克、穆罕默德-曼苏尔伯克、阿布都·萨塔尔伯克、米尔咱库里伯克、米尔咱库奇科·楚剌思及其兄弟米尔咱沙巴兹伯克和米尔咱达乌拉特沙、米尔咱沙希德·楚剌思和兄弟米尔咱法兹勒[·楚剌思]、米尔咱穆罕默德·阿明·楚剌思和兄弟图拉克伯克、米尔咱伊斯梅尔、米尔咱沙·哈斯木乌尔达比基和米尔·扎希德伯克,还有这样一些达官显贵:如帕德沙霍加[255]、哈孜沙、塔特里克霍加、米尔·阿布达拉赫霍加、霍加穆罕默德·扎基尔及其他人。他们这样劝汗："我们先把阿布-穆罕默德汗叫出吐鲁番,然后再一起要求继承权。"汗认为艾米尔的建议可行。他派帕德沙霍加、米尔·阿尔达拉赫霍加和米尔咱穆罕默德·阿明伯克去吐鲁番向阿布-穆罕默德传达他的信函。阿布-穆罕默德向阿克苏出发了。他日夜兼程到达阿克苏,获得吻其兄弟阿布达拉赫汗脚跟的荣誉。阿布-穆罕默德汗政权的柱石米尔图拉克·朵豁剌惕也和他一起来到阿克苏。

总之,阿布达拉赫汗和阿布-穆罕默德汗率军去喀什噶尔。当时喀什噶尔的统治者是阿扎木沙。两位汗到达并围攻喀什噶尔城堡。勇士们进攻[城]门,攻占了城堡的外墙后返回坚固的大本营。当苏丹-阿赫马德汗知道大部分艾米尔都站在阿布达拉赫汗一边时,他抛弃该国前去巴里赫。他途经巴达克山进入河中地区[256]。他到达后,伊玛目库里汗敬重他,派纳扎尔·布鲁特率领近七万名战士同苏丹-阿赫马德汗一起去喀什噶尔,苏丹-阿赫马德汗在乌孜别克军陪伴下到达安集延。当时安集延居民没有表示臣服伊玛目库里汗。苏丹-阿赫马德汗打算攻下安集延,遂开始军事行动。遵循真主的劫运,他在安集延被杀,乌孜别克军也返回了[257]。苏丹-阿赫马德汗统治近五年[258],终年二十六岁。然而真主才更清楚。

阿布达拉赫汗登上汗位
和可汗宝座叙述

详情是这样的：当苏丹-阿赫马德汗离开叶尔羌后，喀什噶尔和叶尔羌的艾米尔们臣服了阿布达拉赫汗。阿布达拉赫汗试图出征叶尔羌，在延吉-阿雷克（Йанги-Арыке）扎下大营，艾米尔们获得向汗自荐的荣誉。汗高兴地派穆罕默德-阿明苏丹、穆罕默德-曼苏尔伯克、米尔咱哈吉伯克乌尔达比基和米尔咱扎基尔·亚尔基去和田，说："你们去后要同沙·曼苏尔伯克和阿布都·萨塔尔伯克一起再［由此］去叶尔羌。"艾米尔们奉旨到达和田，［这里的］沙·曼苏尔伯克、米尔咱阿布都·萨塔尔伯克、米尔咱阿布都·萨玛德·楚剌思和米尔咱沙里夫比克奇克同上述艾米尔联合起来。［在这里］过了一段时间后，他们动身去了叶尔羌。汗从延吉-阿雷克出来后，胜利地进入天堂般的叶尔羌。

霍加穆罕默德-亚希亚、阿訇霍加纳施尔、阿訇毛拉萨里赫和国家的大臣们出来迎接汗，在凯马克奇举行了会晤。按古老习俗，人们把他扶上汗位[259]。汗命沙·曼苏尔伯克作为自己的阿塔里克，他派米尔咱沙希德·楚剌思统治英吉沙，他把喀什噶尔的统治权赐给苏卜汗-库里伯克，他把阿克苏的艾米尔职务授予米尔咱阿布都·萨塔尔伯克，乌什的统治权给了米尔咱库奇科·楚剌思。

汗委任沙伯克为宰相,巴巴克伯克为米拉卜。他把军队左翼乌奇比基[260]职务赐给米尔咱伊斯梅尔·乌尔达比基,右翼的赐给米尔咱法兹勒·楚剌思。他把萨雷阔勒委任给米尔咱沙巴兹·楚剌思。他任命伊卜拉欣苏丹统治和田领地,穆罕默德-曼苏尔伯克作为他的阿塔里克。汗派阿拉卜伯克去设防的喀喇喀什居民点。按照旧习,他委任阿布-穆罕默德汗为焉耆和吐鲁番总督[261]。汗自己选择了设防的拜城与阿克苏城居民点之间的派坚-菩里(Пайджан-Пули)。汗稳固了地位。他[从国内]驱逐了米尔咱穆罕默德-杜斯特·阿尔拉特、米尔阿扎木沙、米尔咱图拉克·阿尔拉特、米尔咱阿拉赫杜斯特·阿尔拉特、米尔咱沙希德·伊斯基塔基、米尔咱科彼克·楚剌思、贾勒马霍加、米尔咱阿布都·拉赫曼沙和米尔咱亚德噶尔·乌施。艾米尔们去了印度斯坦[262]。当苏丹-阿赫马德汗从撒马尔罕来到安集延时,关于他的消息传到了阿布达拉赫汗耳中。汗怀疑达官显贵们,在喀什噶尔处死了霍加米尔、霍加穆罕默德-拉乌弗、米尔咱喀玛尔·巴尔拉斯、米尔咱阿布都·萨玛德·楚剌思、米尔咱阿利弗·比克奇克——[总共]约二百名有名望的人。他还在叶尔羌[处决了]阿訇霍加纳施尔(愿真主宽宥他)、米尔咱利扎-伊·希拉里、米尔咱沙-穆罕默德-伊斯基塔基和塔西尔霍加·拜林——他处死的共约一百人,正在这时,传说苏丹-阿赫马德汗去世,内乱便平息下来。喀什噶尔和叶尔羌发生这些事件时正是1048年(=1638—1639年)。

汗去英吉沙狩猎时,卡尔梅克的孔金(Конджин)、塞林(Серен)与苏迈尔(Сумэр)[263]到来,并攻打和田领地。穆罕默德-曼苏尔伯克率军出城,敌对双方展开了一场搏斗。穆罕默德-曼苏尔伯克和米尔咱沙巴兹·楚剌思被杀。由于勇敢的伊卜拉欣苏丹，和田领地得以摆脱异教徒。汗命沙-曼苏尔伯克和苏卜汗-库里伯克率领军队，派［他们］追击卡尔梅克人。艾米尔们未能追上卡尔梅克人，于是途经巴基敦（Баки-Дун）返回。次年塞林与苏迈尔又攻打阿克苏，掠夺俘虏和战利品后返回。米尔咱沙-哈斯木乌尔达比基是库车的阿奇木，汗-库里伯克在设防的拜城居民点。当塞林[264]与苏迈尔出现时，沙-哈斯木伯克从库车到达拜城。同汗-库里伯克一起巧妙地抓获了塞林与苏迈尔，他们的人也被掠和杀光。沙-哈斯木伯克把苏迈尔托给汗-库里伯克，带着塞林返回库车。留在库车的米尔咱施尔-穆罕默德［在他返回时］公开叛乱。米尔咱沙-哈斯木向汗写信汇报这件事后，去了阿克苏。米尔咱施尔-穆罕默德叛乱的消息一传来，汗立即着手征募军队，率军讨伐库车，顺利地进入库车地区。米尔咱施尔-穆罕默德和米尔咱舒库尔率领库车居民盘踞在城堡里，并进行加固。汗、有名望的艾米尔和勇士们开始攻城堡，最终攻下了库车城堡，根除了叛乱者。［汗］任命米尔咱阿布都·萨塔尔伯克治理库车后，凯旋返回都城。

　　他贪图勃律[265]和巴达克山[266]，在国家支柱和大臣的陪同下向勃律进发，来到设防的萨雷阔勒居民点[267]。可萨人首领荣幸地吻了汗的脚[268]。汗下令：先让巴达克山的可萨人首领为艾米尔们服务，然后向汗自荐。他们为如下有影响力的艾米尔们服务：米尔咱沙·曼苏尔、沙伯克、米尔咱沙巴兹·楚剌思、米尔咱法兹勒·楚剌思、米尔咱信德伯克·亚尔基、米尔咱伊斯梅尔·乌尔达比基、米尔咱阿布都·拉赫曼·乌尔达比基、米尔咱库里伯克与米尔咱阿布都·卡哈尔伯克。可萨人首领做向导，［艾米尔们］兼程来到勃律地区[269]。当时勃律的拥有者是沙巴布尔,他把自己的氏族上溯到亚历山大·德乌罗高木(Искандару Двурогому)[270]。沙巴布尔害怕[汗]军,派自己的阿塔里克伯克-阿里在前,他自己在后抵抗。当战无不胜的汗军接近时,沙巴布尔退回城堡,闭门不出。[汗]处死伯克-阿里,包围了沙巴布尔。沙巴布尔觉得已无路可走,便派自己的儿子沙拉伊斯带着丰厚的礼物战战兢兢地向汗请求宽恕。汗饶恕了他的罪过,便返回了。汗这次征伐用将近三个月时间征服了巴达克山,并返回都城。然而只有真主才能清楚。

阿布达拉赫汗出征设防的奥什居民点，汗攻占奥什，他从另一条路返回，艾米尔们继汗之后的出征与他们被吉尔吉斯打败叙述[271]

原话是这样讲述的：苏卜汗-库里伯克被任命统治喀什噶尔。汗[预先]派巴巴克伯克带去圣旨："一定要严密巡察道路，我们就要进军奥什。"巴巴克伯克在一天内[从叶尔羌]赶到了喀什噶尔，同苏卜汗-库里伯克见面。苏卜汗-库里伯克问："你何时离开的叶尔羌？"巴巴克回答说："[昨天]晚上很晚才离开。"苏卜汗-库里伯克异常恐慌地向巴巴克伯克打听[这样匆忙的]原因。巴巴克伯克听出伯克问话的含义，回答说："除了巡视道路外，没有其他任务。"苏卜汗-库里伯克十分匆忙地研究了这一重要事情。

简言之，汗率大军进驻了喀什噶尔领地。尤勒巴尔斯汗和苏卜汗-库里伯克出外迎接汗。汗派哈孜沙-玉素甫霍加去召集阿克苏、乌什、库车和拜城军队，自己去了安集延。他途经萨尔特山隘到达奥什山隘[272]。奥什居民出来迎接汗，汗进入奥什，[对城]进行肆意毁坏后返回喀特曼-丘别（Катман-Тюбе）隘口。

哈孜沙-玉素甫霍加把汗的谕旨传达给艾米尔们。这些达官显贵和艾米尔们：如哈孜沙伯克、米尔咱库奇克伯克、米尔咱哈吉伯克、阿布都·卡哈尔伯克、汗-库里伯克、哈孜穆罕默德-扎基尔与沙基尔伯克,召集阿克苏、乌什、库车和拜城的人随汗之后出发了。追捕汗的吉尔吉斯人没有追上他,但琼堪·库什奇在卡普兰-库勒科勒[273]追上了汗,投入了战斗。蒙古称为巴兰噶尔(барангар)的右翼艾米尔们与琼堪展开了搏斗。如下一些艾米尔军事首领:沙伯克、弗兰德伯克,他出身于阿尔沙德·丁(愿其圣礼洁净!)氏族,蒙古人的信任也[交]给了这位毛拉纳[274]——完美的拥有者,沙-巴兹伯克、米尔咱沙·穆罕默德伯克及其兄弟米尔咱法兹勒、米尔咱穆罕默德·阿明伯克、米尔咱图拉克伯克,还有如下一些达官:米尔·阿布达拉赫霍加、哈孜巴迪·扎曼霍加、萨利格霍加与米尔咱沙-穆罕默德伯克[在战斗中]负伤。琼堪返回了。吉尔吉斯的艾米尔们已经集合,在琼堪返回后,他们同他联合起来了。[汗的]艾米尔率领阿克苏、乌什和拜城的军队来到,这些军队约两千人。哈孜沙霍加是阿克苏阿奇木,阿布都·卡哈尔伯克是库车阿奇木,米尔咱库奇克伯克是乌什阿奇木,库勒丰(Кулфина)与英吉-希沙里克(Йанги-Хисарика)[275]的阿奇木由米尔咱哈吉伯克担任,并奖了一面旗帜。汗-库里伯克是拜城阿奇木,霍加穆罕默德-扎基尔是乌什和阿克苏的哈孜——拥有训练好的军队。但遵真主之命,艾米尔之间产生了分歧。吉尔吉斯人奋起攻打艾米尔,他们厮杀了五个昼夜。伊斯兰军队最后遭到失败,吉尔吉斯人获胜[276]。哈孜沙霍加与汗-库里伯克被俘,米尔咱库奇克伯克和阿布都·卡哈尔伯克被杀。米尔咱哈吉伯克、哈孜穆罕默德-扎基尔霍加、米尔咱沙基尔伯克和霍加马纳克·萨格里奇率领一支近一百五十人的[部队]摆脱了这场灭亡的旋涡,吉尔吉斯人把其余的人送入了往生之地。吉尔吉斯的艾米尔释放了汗-库里伯克。汗-库里伯克回来向汗汇报了军队作战和哈孜沙霍加被俘及怎样被杀的情况。米尔咱哈吉伯克、米尔咱沙基尔伯克、哈孜穆罕默德-扎基尔霍加和霍加马纳克逃脱吉尔吉斯人上了山。吉尔吉斯的勇士们追上了他们。他们同吉尔吉斯人进行战斗，逃脱。他们在萨利格-亚兹下［山］，来到喀什噶尔。

汗把阿克苏赐给沙伯克统治，他把库车的艾米尔职务委任给阿拉卜伯克，巴巴克伯克担任设防的乌什居民点的阿奇木，阿克苏和乌什的哈孜［相应地］委任给哈孜巴迪-扎曼霍加和哈孜沙-玉素甫霍加，汗派米尔咱穆拉德·楚剌思及其他一些人去阿克苏。几天后，哈吉伯克、哈孜穆罕默德-扎基尔霍加、沙基尔伯克、霍加马纳克和米尔咱穆拉德·喀尔噶来到叶尔羌向汗自荐。汗重视［他们］，按照原先的指示，派往阿克苏。哈吉伯克、沙基尔伯克和其他一些人行进在贾吉拉（Джакиру）和纳基（Наги）途中。而哈孜穆罕默德-扎基尔行进在库尔喀克里克（Куркаклик）途中，吉尔吉斯人预先在乞兰[277]河边设防。当哈孜穆罕默德-扎基尔在河岸停留时，他们向他发起攻击并击溃了他。他们杀了哈孜穆罕默德-扎基尔霍加及其侍从和亲信。［因此］阿克苏和乌什的哈孜之职又被委任给哈孜巴迪·扎曼霍加和哈孜沙-玉素甫霍加。吉尔吉斯人向阿克苏和乌什发起进攻，以著名的沙伯克的沙-阿迪勒伯克、巴巴克伯克、哈吉伯克、沙基尔伯克和一些艾米尔联合，共同努力，使［阿克苏］领地进入了原来的地位。一年后汗率军攻打了吉尔吉斯人[278]。提拉卡比的儿子科伊萨雷和尤勒-博勒迪来到阿克赛，［在此］打了一仗。这次出征被称做"阿克赛进军"。

阿布达拉赫汗怎样放逐自己的兄弟伊卜拉欣苏丹与伊斯梅尔汗陛下叙述

人们是这样讲述的：汗途经布嘎奇，在阿克赛扎营。有一天早晨汗不知为什么把艾米尔们留在喀达尔库（Кадарку），备马出发了。在喀达尔库留下了这样一些知名艾米尔：沙-曼苏尔伯克、沙伯克、弗拉德伯克、米尔咱沙希德伯克、他兄弟米尔咱法兹勒伯克、米尔咱穆罕默德·阿明伯克、他兄弟图拉克伯克。米尔咱伊斯梅尔伯克、米尔咱哈吉伯克、巴巴克伯克、米尔咱阿布都拉赫曼伯克、米尔咱库里伯克、汗-库里伯克、穆罕默德-阿布达拉赫-米拉卜和哈桑霍加。当吉尔吉斯人迫近的消息传来时，艾米尔们一致决定阻止他们前进，于是，一场顽强而残酷的搏斗发生了。吉尔吉斯人占了上风，艾米尔们逃跑了，逃到汗那儿去了。穆罕默德-阿布达拉赫-米拉卜、米尔咱穆罕默德·阿明乌尔达比基和哈桑霍加阵亡。艾米尔们在汗那里集合。虽然尤勒巴尔斯汗被任命为喀什噶尔的艾米尔，但他什么也没做。当时他的阿塔里克米尔咱沙-巴孜伯克整顿好右翼军队的战阵后又投入了战斗。统治和田的伊卜拉欣苏丹在左翼，装备好[自己的]军队后向吉尔吉斯人进发，把他们赶跑了。伊卜拉欣苏丹是个勇敢而英俊的君王。正是他在吉尔吉斯人迫近汗的危急时刻拯救了汗。

阿布达拉赫汗怎样放逐自己的兄弟伊卜拉欣苏丹……

霍加穆罕默德·亚希亚（愿真主的仁慈降临他！）在那次出征中陪伴着汗。不论是出身低下或高贵的人，还是大人小孩都目睹了霍加创造的一些奇事。其中有一件是这样的：正当吉尔吉斯人占了上风时，他下马陷入冥想之中。之后勇士们便战胜了吉尔吉斯人。

简言之，英勇的伊卜拉欣苏丹在阿布达拉赫汗面前呈现出如下形象：胆小多疑充满了他的心灵。出征返回后他对自己的兄弟无限仁爱，把和田人召集在一起，委任兄弟们，派往和田。哈桑伯克是[伊卜拉欣]苏丹的阿塔里克，伊斯梅尔伯克是喀喇-喀什的阿奇木，米尔咱图拉克伯克是玉龙喀什[279]的阿奇木。喀谭伯克是伊施喀噶。汗派阿尤卜伯克和萨利格伯克带着命令从叶尔羌去和田。命令内容如下："让他们务必逮捕伊卜拉欣汗和伊思玛因汗并放逐。"哈桑伯克当时已抵达叶尔羌。人们正好用妥当的借口提出了这一点，说服他，然后带往和田。伊思玛因伯克见到他们后，他们把他带到阿明勒-伊奇。米尔咱图拉克[伯克]·楚剌思也与他们联合。他们将汗的命令通知苏丹，他便顺从长兄之命，出发去焉耆。上述艾米尔在肆意抢劫毁坏[苏丹们的]钱财后回到叶尔羌。在苏丹们手下有哈桑伯克、喀谭伯克、米尔咱穆罕默德-扎利弗、米尔咱纳乌鲁兹、达乌拉特-穆罕默德土格比基、米尔咱巴巴克·楚剌思及他们的亲信。[艾米尔们]把米尔咱巴巴克带往阿克苏。当时阿克苏的阿奇木是米尔咱沙希德·楚剌思。他惧怕阿布达拉赫汗便放逐了米尔咱。后者死于途中。关于伊卜拉欣汗和伊斯梅尔汗的情况和叙述将[在下面]讲述，如果至尊的真主愿意的话。

哈孜拉特-伊·阿兹赞，即霍加穆罕默德-亚希亚（愿至高的真主使其灵魂圣洁！）去世叙述

[我们]从值得信任的人们那里听到的就是这样：穆罕默德-亚希亚是霍加穆罕默德-伊斯哈克（愿真主使其灵魂洁净！）的三儿子。霍加穆罕默德-伊斯哈克的二儿子是霍加沙·巴兹[280]。他们两人为母所生。[霍加沙·巴兹]七岁时迁居阿克苏城，从尘世进入了永恒的天国。妇女儿童因为马赫杜木扎德的去世痛哭不已。霍加伊斯哈克说："不要伤心了，如果沙·巴兹要离去，那么沙迪就要来了。"另一个小孩很快就出生了。人们给这个高贵的小孩取名叫霍加沙迪。关于他（霍加穆罕默德-亚希亚）的各种情况前面已经讲了一些。人们这样转述他的一些行为和高贵的品质，在自己的全部威武庄严中，他是如此礼貌谦逊，恭敬地规劝每一个来见他的人。他认为尘世没有多少自己购置的珍品。他得到穆罕默德汗（愿真主的宽恕和仁慈降临他！）的一般培养教育，由他的哈里发和代理人——舒图尔哈里发（愿真主的仁慈降临他！）的儿子霍加萨亦德-穆罕默德哈里发担任。霍加穆罕默德-亚希亚（愿其圣礼洁净！）有两个儿子。长子叫霍加穆罕默德-阿布达拉赫，次子叫霍加疆。关于这些马赫杜木扎德的各种情况和行为的故事，将[在下

面]叙述,如果真主愿意的话。

一些人说,霍加穆罕默德-亚希亚终年六十三岁。他与真主的仁慈融为一体是在 1055 年(＝1645—1646)年[281]。然而真主才更清楚。

我现在就转述自己父亲的话,他说:"我担任军队右翼的库什比基和乌奇比基[282]。霍加穆罕默德-亚希亚成为拉伊亚特一个企业的经纪人后,派到[我这里]一个人。然而我的无礼占了优势,我没有同意[他]。这件事正是我为什么失去优势衰落下去的原因。"他还说:"有一次我去打猎。当我经过霍加萨亦德-穆罕默德哈里发的住处(礼拜寺)时,传出了哀歌和哭声。我看见这个叫达古尔苏菲的苏菲派在霍加穆罕默德-亚希亚的苏菲中。我有一个叫米尔萨亦德·和塔尼的仆人说:'这些强盗在大声通知同伙。'我沉默了,没有反驳这些话。就在同一天夜里,我做了一个梦,梦中仿佛看见达古尔苏菲举着一面大旗向我的住宅走来。我在火光前恐惧地急忙去寻找霍加萨亦德-穆罕默德的住宅避难。哈里发[住宅]的墙壁裂开了,十二个黑色的古里亚木①手举大刀向我迎来。我害怕他们,躲进了舒图尔哈里发(愿真主的仁慈降临他!)的陵墓中避难[283]。霍加萨亦德-穆罕默德(愿其圣礼洁净!)把我从古里亚木手中救了出来。这时我醒来了。天已渐明,我立即净洗,边祈祷边往霍加穆罕默德-亚希亚的礼拜寺走去。去祈祷时我见到了霍加穆罕默德-亚希亚。他对我笑了一下,看了看哈里发,说:'我并没有因为米尔咱法兹勒没有拜访[我们的]礼拜寺而且不信服我们,

---

① 古里亚木(черный гулям),"黑奴"。——汉译者注

便去压制他吧?'哈里发回答说:'是,是这样。'"我父亲十分恐惧,他晕了过去。霍加穆罕默德-亚希亚对着我父亲,为他的健康祈祷[284]。然而真主才更清楚。

阿布达拉赫汗出征安集延
和征服该地叙述

人们讲述说：当阿布达拉赫汗威武之星升上天空之时，他率军出征安集延。他的征集大军从叶尔羌向喀什噶尔进发了。所有最知名的乌列木、晒赫和萨亦德同米尔咱沙-曼苏尔伯克乌尔达比基、弗拉德伯克、米尔阿布达拉赫伯克、巴巴克伯克、萨利格伯克、米尔咱杜斯特-穆罕默德伯克、米尔咱阿布都·拉赫曼伯克和米尔咱图拉克伯克集合在汗的旗帜下。努尔·丁·苏丹的艾米尔——沙阿季勒伯克、布古奇伯克、米尔扎希德伯克、阿尤卜伯克和米尔咱羽奴思·楚剌思同和田军一起来到他这里。尤勒巴尔斯汗在喀什噶尔的达官和艾米尔陪同下来迎接汗。阿克苏的阿奇木米尔咱沙希德伯克和乌什阿奇木米尔咱穆罕默德·阿明·楚剌思率领阿克苏和乌什的军队出发了。巴尔楚克的阿奇木米尔咱法兹勒·楚剌思[也]集中在自己兄弟的旗帜下。上述艾米尔在喀什噶尔向[阿布达拉赫]汗做了自我介绍。喀什噶尔阿奇木沙·巴兹伯克楚剌思盛情款待汗、苏丹和全军战士。休息后，他们[全部]向安集延出发。汗军当时计有四万人。

总之，他们越过设防的奥什居民点，在[安集延]城周围驻扎下来，秩序是这样的：汗在哈堪大门对面扎营，尤勒巴尔斯汗和沙·

巴兹伯克在米尔咱门对面扎营。当安集延居民了解到汗的强大阵容后，他们惊慌失措了。

　　[哈堪（Хакан）]大门前有座叫葛尤勒-丘别（Гюл-тюбе）的小山丘。米尔咱沙希德和米尔咱法兹勒同楚剌思的艾米尔们一起英勇地占据了葛尤勒-丘别[285]。汗一了解到正在葛尤勒-丘别上出现的是支叶尔羌军队，他很高兴，心情愉快地亲自在此扎营。一支箭射中了米尔咱羽奴思·楚剌思，他也被葬在那里。米尔咱羽奴思死后，人们更顽强地围攻城堡。米尔咱沙巴兹伯克全力占据了米尔咱大门。军队立即穿过哈堪和米尔咱的门攻进城里，进行抢劫，消灭穆斯林。他们在这里过了三天才返回奥什。回到喀什噶尔后，尤勒巴尔斯汗和沙·巴兹伯克大摆庆功宴。汗从喀什噶尔回到了自己的都城。

努尔·丁苏丹·本·阿布达拉赫汗事业的开始与任命他为阿克苏总督叙述

人们委派阿克苏阿奇木米尔咱沙希德伯克去克里雅,批准努尔·丁苏丹由沙伯克陪伴去阿克苏。人们叙述道,把阿克苏、乌什和拜城总督辖地授予努尔·丁苏丹[286]。安排沙阿迪勒伯克为阿塔里克,沙巴基伯克去设防的拜城居民点,米尔咱穆罕默德伯克做乌什阿奇木。苏丹一到阿克苏,就派正在搜捕居民的科奇喀尔伯克在三个城的[居民中]征集大小牲畜,交给苏丹。然而真主才更清楚。

阿布达拉赫汗怎样二次率军攻打安集延与他怎样未达到目的而返回叙述

人们叙述说，[阿布达拉赫]汗刚从安集延返回，安集延的居民重新开始做自己的事。汗因此重新装备军队，率领全体吉尔吉斯人和蒙古人出征了。尤勒巴尔斯汗率喀什噶尔军队，英吉沙阿奇木萨提木比克率领该城民兵[在途中]加入了汗的队伍。汗途经沙尔特山口，在纳雷克扎营，并下令派支分队去袭击拉雷克。布特-喀喇正在该地。崇-巴吉施氏族[287][和]钦察的人杀了他，[同时]洗劫了布特-喀喇的人。其中一些人逃脱了。安集延的居民听说这件事后，他们躲进了城里。汗来到哈堪大门前，在葛尤勒-丘别（Гюл-тюбе）扎营。安集延居民经过商量，派阿塔里克布特-喀喇、迪万比基穆拉德、阿塔里克喀喇-苏吉和朱木塔克出来迎汗。汗友好地接见了[他们]。在战事不可避免时，人们把自己的家庭财物都运进了城堡里，他们不寄希望于胜利者发慈悲。他们逮捕了上述伯克，开始猛攻城堡。安集延人不论是塔吉克人还是乌孜别克人都一致同意躲进城堡闭门不出。汗不情愿地返回，走了许多路后进入自己的都城[288]。该年冬，帕德沙哈尼姆[289]同伊施木汗所生的女儿艾哈尼姆死去。沙巴兹伯克·楚剌思把其尸体运到叶尔羌。如下一些知名人物：霍加萨亦德-穆罕默德哈里发、阿訇毛拉哈利勒、阿訇霍加穆罕默德-阿明·扎哈尼、阿訇亚希、米尔马鲁弗霍加、穆罕默德-西迪克霍加、苏菲霍加、哈孜巴迪·扎曼、哈孜萨利格霍加、沙哈斯木沙、沙玉素甫霍加、霍加萨里木·穆赫塔西卜与穆拉吉讷沙(?)*以及如下艾米尔：沙曼苏尔伯克、弗拉德伯克、米尔阿布达拉赫伯克、米尔咱阿布都·拉赫曼伯克、米尔咱图拉克伯克与萨利格伯克列队把哈尼姆埋葬在阿勒墩——那些已故君王和苏丹——信仰之士的脚边。埋葬后，达官显贵们去哈尼姆帕德沙那儿表示慰问。汗在自己的姊妹那里。尽管发生了[如此]不幸的事，几天后他还是沉湎于欢乐中。然而真主才更清楚。

---

　　* (?)，俄译本如此，表示原文书写不明，难以辨认。本书余同。——汉译者注

汗怎样放逐艾米尔们去印度斯坦叙述

[这些]简略叙述如下：汗有时会产生这样的想法：罢免前任君王留[给他]的艾米尔，用一些自己的人代替他们。艾米尔们明白了汗的意思，于是沙巴兹伯克、米尔阿布达拉赫伯克和沙夏尔伯克便怂恿汗举行绕卡巴行走的仪式。醉了的汗骑上了马。他指示那些他准备推崇的艾米尔们作自己的随从。假如其中有人成为他的同伙，那么他会放了[他们]，自己也会让他们返回。沙伯克和布古奇伯克从和田来到，加入了汗的行列。尤勒巴尔斯汗和喀什噶尔的艾米尔动身去叶尔羌。留在叶尔羌的艾米尔们也出来了，把[尤勒巴尔斯]汗迎进喀喇-哈贾吉村。他途经博格拉-库米时在米尔咱亚库卜·楚剌思住宅停留。叶尔羌的艾米尔在此向他自荐。之后他们让[尤勒巴尔斯]汗骑上马，来到从苏丹萨亦德汗时期保存下来的旧宫殿，宣布为汗。当胡达伊-比尔迪·基拉克亚拉格带回老汗回国的消息时，人民已各自回家了。

尤勒巴尔斯汗和艾米尔惊慌地到克孜尔迎接汗。会晤刚开始，尤勒巴尔斯汗就恐惧地指责艾米尔，揭露[他们的行为]：他们为了报知汗而联合起来。[阿布达拉赫]汗认为米尔咱沙曼苏尔伯克[290]、米尔咱沙希德伯克、米尔咱希德伯克、萨利格伯克、米尔咱杜斯特-穆罕默德伯克、安瓦尔伯克、穆拉吉讷-沙（？）、霍加萨里木·穆赫塔西卜有罪，查封了他们的住宅。不几天，努尔·丁·苏丹和巴巴克伯克从阿克苏到汗这里表示臣服。最终把[上述]艾米尔放逐到印度斯坦,同时带去了大量畜群。

他们抵达印度斯坦后,公正而慷慨的君王沙贾汗友好地接见了平安到达的艾米尔们,他将米尔咱沙曼苏尔伯克叫到自己跟前,让他坐在[自己对面],询问诵读表年诗的[规则]。伯克给予了详尽的回答,并相应地举了其他一些例子。当时伯克略感不适,沙贾汗给他派来了医生。几天后伯克去世,他终年五十八岁。其他[艾米尔]很快也都离开[尘]世进入永恒之世。穆拉吉讷-沙(?)到达叶尔羌后去世。安瓦尔伯克完成哈吉,返回后在叶尔羌去世。其中杜斯特-穆罕默德伯克最后去世。

总之,[汗]任命沙巴兹伯克·楚剌思为叶尔羌阿奇木,并做自己的阿塔里克,弗拉德伯克做喀什噶尔阿奇木,米尔阿布达拉赫伯克做掌印官和宰相,阿尤卜伯克为伊施喀噶,米尔咱阿布都·拉赫曼伯克为米拉卜,图拉克伯克为穆塔瓦里,沙亚尔伯克是乌奇比基,米尔咱提尼伯克是克里雅阿奇木。他赐给每个人一定的职务、相应的地位。努尔·丁·苏丹和巴巴可汗返回了阿克苏,沙伯克与和田的艾米尔们也回了和田。汗在叶尔羌提升了一些艾米尔的等级,派某些人担任自己左右手的职务。他就这样让科奇喀尔伯克、纳基伯克、汗库里伯克、穆罕默德-哈斯木伯克和萨特金伯克做了艾米尔。他让科比克米尔咱做[左翼]大艾米尔的亚萨兀尔,胡沙伊米尔咱做中军的亚萨兀尔,米尔咱信德任右翼大艾米尔的亚萨兀尔。任命苏丹纳扎尔-帕赫拉万为基拉克亚拉格,施盖为图格比基,米尔咱哈基木为亚提什比基[291],伊德利斯伯克为巴喀兀尔,腾格里-库里为米拉胡尔,[总之],他给每个人都安排了位置。国家稳定了。

阿布达拉赫汗怎样下令屠杀吉尔吉斯人民叙述

国家稳定了,吉尔吉斯的艾米尔们却未安定。米尔咱伯克乌勒恰基带着汗的侍从逃跑了。英吉沙阿奇木萨提木-比涉嫌,被带往叶尔羌。英吉沙的统治权赐予喀拉-库丘克,他也逃往安集延。汗召集艾米尔们开会,大家都同意歼灭吉尔吉斯人。布勒噶奇部族(Племя булгачи)分布在几个地方,于是往每个地方都派遣了一支部队。过了一段时间汗命令他们歼灭所有人,就在当地进行了集体大屠杀,将萨提木[-比]指派给乌伊塔米什,他杀了[萨提木],又把喀喇克奇指派给阿尤卜伯克,喀喇克奇想骑伯克马逃走。汗派人去帮助阿尤卜伯克。他带着塔塔尔和拜林[部落]的人追捕[喀喇克奇]。喀喇克奇返回来投入战斗,杀死如下[人]:穆塔里卜霍加·本·阿尤卜伯克、沙-马赫穆德沙、霍加哈比卜、穆罕默德-比尔迪·拜林、帕因德哈孜及其他人,他逃脱了。他还杀了阿尤卜伯克。剩下的战士一片慌乱。阿拉赫亚尔·本·萨提木逃脱了。沙巴兹伯克带领一部分人去追赶,最后追上了他。发生了一场残酷的小战役,艾米尔织金饰宝石的乘骑鞍也落在吉尔吉斯人手中。沙巴兹伯克表现十分勇敢:下马后继续搏斗,并率军井然地去了汗那儿。当琼-巴格什和钦察[氏族]的首领塔瓦库里巴伊与努尔泰拉克躲进喀特里什时,城里的居民出来,包围了他们,战斗又开始了。阿金·哈扎纳兹也参加了[这场战斗]。他们最后抓获了塔瓦库里-巴伊和努尔泰拉克及其氏族的全体人[292]。

总之,[汗的人]屠杀了近万人。人们称吉尔吉斯人是蒙古斯坦的野狮,他们喜怒无常,好斗而奸诈。在乌伊塔米什伯克冤枉吉尔吉斯人两年后,科比克伯克、伊德利斯伯克、胡沙伊米尔咱、贾勒马伯克及其他人走了。几天后他们派贾勒马伯克去汗那儿,贾勒马伯克到达后认为乌伊塔米什有罪。当时[汗]把科比克伯克、伊德利斯伯克及其同路人叫到自己这儿,友好地对待他们。他惩治了乌伊塔米什和努阿什,派阿布达拉赫伯克统治库车。一段时间后他成为阿克苏阿奇木,最终在阿克苏去世。

阿布勒-穆罕默德汗·本·阿布都·拉希木汗[事业]的结局与穆罕默德-穆明苏丹带着阿布勒-穆罕默德汗的孩子们从吐鲁番到来叙述

人们是这样讲述的：阿布勒-拉希木汗的二儿子阿布勒-穆罕默德汗是一位豁达、审慎和简朴的君王，同时他还乐观无忧。阿帕克苏丹从他手中收回焉耆并处死了米尔咱图拉克伯克·朵豁剌惕及其儿子米尔咱科比克，因为阿布勒-穆罕默德汗杀了阿帕奇苏丹的母亲。巴巴汗和阿帕克苏丹是同母兄弟[293]。巴巴汗在哈密，总想攻打契丹①。但是，当他每次出征契丹时，阿布勒-穆罕默德汗都反对。他用这种方法：只要巴巴汗一召集出征，他就立即动身去哈密。因此[巴巴汗]无法出征。阿布勒-穆罕默德汗有三子四女：其中一个儿子死于幼年时期，[另一个]马赫迪苏丹，阿布达拉赫汗把他同曼苏尔苏丹[294]一起放逐到印度斯坦。唯一留他身边的是喀喇喀库勒苏丹。关于他的情况将在适当地方叙述。

阿布勒-穆罕默德汗在位十五年，于1066年（=1655—1656）年离开尘世[295]。巴巴汗来自哈密[296]，攻占了吐鲁番。因为[汗去世

---

① Хатай，指哈密以东的中国。——汉译者注

后]穆罕默德-穆明苏丹被宣布有罪,巴巴汗借口送汗的遗体派他去了叶尔羌。苏丹带着全家和阿布勒-穆罕默德汗的遗体不得已上路了。当时路途极不安全,由于真主的保佑,他平安地到达了库车。米尔阿布达拉赫伯克派人[持信]去阿布达拉赫汗那儿。汗命令苏丹的姊妹即阿布勒·穆罕默德汗的夫人必须带着孩子们一起返回吐鲁番,让苏丹把汗的女儿和汗的遗体送往[叶尔羌]。汗的女儿和汗的遗体送到苏丹穆罕默德-阿尤卜伯克、霍加萨尼兹·塔苏尔凯和霍加穆罕默德伊施喀噶后,汗的遗体葬在了阿勒墩。

汗对穆罕默德-穆明苏丹很友好,慷慨地奖他礼物,很器重他,赐他为穆塔瓦尔。[苏丹的]威信与日俱增。苏丹是苏丹哈孜喀塔干的孙子,穆罕默德-阿明苏丹的儿子。他是个有名望有才干的人,能背诵《沙-纳梅》[297]的大部分篇叙述,读书声音悦耳。他儿子苏丹桑贾尔是个健美英俊的少年,关于他的一生及活动将在以后叙述,如果至尊的真主允许的话。

阿布达拉赫汗怎样去沙纳孜山、尤勒巴尔斯汗怎样到来、汗怎样返回自己的都城与当时发生的事件叙述[298]

这件事是这样讲述的：当汗去塔木-喀喇游玩时，右翼艾米尔在恰玛伦[299]扎营，汗却到了克孜尔。当他们一面消遣娱乐一面赶路，到达塔木喀喇时，汗已在沙巴兹的住宅安顿下来，伯克建造了豪华的玛吉里斯，尤勒巴尔斯汗来到，向汗做了自荐。汗离开前，尤勒巴尔斯汗请汗去玛吉里斯，为此他提前准备的一切必需品运到这，又举办了盛宴。[尤勒巴尔斯汗]奉赠给全体达官显贵和艾米尔一套荣誉服装。汗给儿子以无限关怀疼爱后，允许他离去，自己也去了叶尔羌。

同年，沙巴兹伯克患水肿病去世，终年五十一岁，他从六岁起统治叶尔羌[300]。汗把他的遗体运到喀什噶尔。叶尔羌的统治权赐给了穆罕默德-穆明苏丹。穆罕默德-穆明哈孜的祖父苏丹哈孜在阿布都·克里木汗时期留在了塔什干，在四个孩子的陪伴下来到[叶尔羌]。孩子们分别是乌玛尔苏丹、伊斯坎达尔苏丹、穆罕默德-阿明苏丹和巴拉克苏丹。阿布都·克里木汗把叶尔羌的统治权赐予了[苏丹]哈孜了。

总之，穆罕默德-穆明苏丹是阿布达拉赫汗的国家支柱。当时穆罕默德-拉提夫伯克从克里雅派人说：卡尔梅克人来了，要攻打克里雅。汗醉醺醺地出征了，但是穆罕默德-穆明苏丹劝阻了汗，自己率军前往。和田的沙伯克来与他联合，他们便同和田的艾米尔与士兵们一起前去，由穆罕默德-拉提夫伯克做向导。他们追到车臣[301]，未发现卡尔梅克人，便返回了。汗分赠了部队。

当时，贾汗基尔汗[302]派一个叫尤努斯霍加——他是晒赫哈万德-塔胡尔[303]的后裔——的使者抵达。汗也同样派遣了苏菲霍加[304]·本·霍加萨亦德-穆罕默德哈里发（愿真主的仁慈降临他！）。贾汗基尔汗派自己的儿子塔乌克苏丹和苏菲霍加一起去。汗以君王的身份赏识器重他，让科奇喀尔伯克陪他回去。当时贾汗基尔汗将阿訇毛拉亚库卜和瓦法霍加·本·霍加江霍加（愿真主的仁慈降临他、宽恕他！）做了殉难者。他派长子阿帕克苏丹同科奇喀尔伯克一起去汗那里，把女儿嫁给尤勒巴尔斯汗。汗对阿帕克苏丹无限关切友好，允许离去。同时，尤努斯霍加选中该国为居地，把和田法官的职位赐给了他。他[也]在那里去世。在穆罕默德-穆明苏丹的时期汗戒了酒，甚至不同喝酒的人交往。

汗征伐阿特巴什和阿克赛与
哈桑伯克被俘遇害叙述

  这件事的叙述是这样的：当了解到有一定数量的卡尔梅克帐篷安置在阿特巴什[305]，汗产生了攻打他们的愿望。他同国家支柱们商量后，开始备战，出发。尤勒巴尔斯汗是中军先锋，提尼伯克比克奇克是右翼先锋，哈基木苏丹是左翼先锋。他们按这样的秩序来到了拉巴特。在米尔咱兀鲁伯建筑[自己的]天文台之前，穆罕默德汗·本·赫兹尔霍加汗就在该地建筑了这个拉巴特。[他的]建筑物是石制的[306]。

  总之，他们到达了阿特巴什，布古奇伯克迷路后意外与卡尔梅克人发生冲突。[这样]，预先得到消息的卡尔梅克人向纳纶[307]跑去。商量后决定："走布噶奇隘口入阿克赛。如果[我们]能遇上阿勒坦塔什，那将我们所希望的，否则我们就返回。"当他们途经布噶奇到达阿克赛[308]时，伊卜拉欣汗[309]、哈桑伯克和丘奇金——卡尔梅克台什的儿子——[意外地]在军队后方出现。汗极危险地在此过了一夜。次日清晨，当他们出发时，伊卜拉欣带领侍从和亲信又出现了。汗立即扎营，安排沙伯克和图拉克伯克为大营前哨，自己去追赶伊卜拉欣汗。伊卜拉欣汗迅速登上山顶，并巩固住阵地。哈桑伯克的马本来就弱，因此他被俘遭杀。返回叶尔羌后，汗将居民的税减半。人们称他为萨里格·亚图克[310]。

阿布达拉赫汗出征裕勒都斯和焉耆与他战败叙述

详情是这样的：伊卜拉欣汗在焉耆的时候，[阿布达拉赫]汗为了考虑出征焉耆的事，茶饭不思。[结果]他把穆罕默德·斯迪克哈里发、萨利格哈孜和科比克伯克留在叶尔羌后，便出发了。他使霍加穆罕默德-阿布达拉赫[311]做[自己的]伴侣。努尔·丁汗率领阿克苏和乌什的全体艾米尔迎接[他]。他掌握了阿克苏军队，把穆罕默德-阿明伯克留在这里后，离开了阿克苏。弗拉德伯克是库车阿奇木。汗在那里停留了两天又继续前进。和田的艾米尔在施拉提拉集合。施拉提拉是个地名。汗在那里强迫喀喇延曲克们互相签订了条约和协定：如果发现你们之间有一个人是敌人，那么其他人都要反对他。大家用严厉而牢固的誓言巩固了这个决定。

当他们来到科伊卡纳克隘口[312]时，[发现]大部分当地居民已过了这个隘口。他们在营房里过了一夜，翌日午后发动了攻击。汗估计他们必须派[一些]人去袭击才符合大家的意见。但努尔·丁汗什么也没对父亲说，便派了[自己的]人去袭击，于是努尔·丁汗的人得到了较多的战利品和俘虏。对此汗很生努尔·丁汗的气，他们之间便疏远了。他们开始去焉耆的时候，军队已经极其混乱。汗在那里检查了在场的军队，把所有的人一一作了登记。汗

228 试图再次收夺人们的财产,杀掉其中一部分。他单独登记了霍加穆罕默德·阿布达拉赫的侍从和信徒。当时有个叫喀兹卜的人做了一个梦,由于这个不祥的念头,大祸降临到汗[313]。

伊卜拉欣汗、伊斯梅尔汗和阿勒坦台什放弃焉耆[城堡]向该地边境走去。当沙-巴基报告:有几个……和一个喇嘛从很低的职位爬上焉耆的高位时,汗继续走自己的路。汗派了一个人同沙-巴基伯克在一起,他们的财产归穆斯林所有。汗对世间充满关怀,当人们占据喇嘛的财产并把它藏起来的时候,他打开他们的一副驮包,发现了藏匿的财产,说:"我们拿上。"天亮前出发,他来到喀纳勒噶(Каналга)。这天军队陷入混乱状态,老实说,它不存在了。因为努尔·丁汗在舒尔舒克[314]扎营寨,右翼艾米尔们——巴巴克伯克、沙伯克、图拉克伯克、米尔咱提尼伯克、沙-巴基伯克和穆罕默德-哈斯木伯克驻扎在努尔·丁汗之前,左翼艾米尔们——穆罕默德-穆明苏丹、阿布勒·哈伊尔苏丹、桑贾尔苏丹、阿布都·拉赫曼伯克、阿拉卜伯克、萨特金伯克、塔什兰伯克和弗拉德伯克来到,率领自己的军队[驻扎在]稍后面。

塞林、阿勒坦台什、伊卜拉欣汗、伊斯梅尔汗及其他几位王子从后方到达。喀达尔库的人民远远地看见阿勒坦台什后逃跑了。其中大部分人集合到努尔·丁汗帐下,也有一些人迷路后来到穆罕默德-穆明苏丹这里。弗拉德伯克和几位艾米尔建议:"我们同[阿布达拉赫]汗联合起来吧。"但穆罕默德-穆明苏丹不同意:"如果我们把汗的儿子扔在卡尔梅克人的包围圈里,我们怎么向汗交代呢!"这样说过之后之后,他便留在这里了。[诗云]……[315]

总之,塞林和阿勒坦台什去追踪喀达尔库,包围了努尔·丁汗。努尔·丁汗带了一支卡尔那号,命令喀比勒哈里发吹奏他。大家在号声中集合在一起,躲进了舒尔舒克城堡。塞林包围了努尔·丁汗,其他[卡尔梅克人]追击汗和军队。他们追上[他们的]时候,苏丹、弗拉德伯克、阿拉卜伯克、阿布都·拉赫曼伯克、萨特金伯克、阿克巴拉克伯克、塔什兰伯克及其他一些人彼此达成了条约和协议,扎下唯一的营地,卡尔梅克军刚一出现,塔什兰伯克和阿克巴拉克伯克就破坏战斗队形逃跑了。大家都跑了起来。军队立刻一片混乱。穆罕默德-穆明苏丹和弗拉德伯克试图阻止[他们],但没有做到,[当时]他们也从战场上逃跑了。弗拉德伯克、阿拉卜伯克和其他一些人淹死在喀纳勒噶河里。穆罕默德-穆明苏丹和阿布都·拉赫曼伯克集合到汗这儿。汗出击卡尔梅克人。

军队的马匹已经很羸弱,许多战士骑着公牛。因此大部分军队都不能与汗同行。汗率领少量[自己的]军队向敌人进军。尽管当时汗本人拥有少量[高贵]者,但这些人是著名的战士:米尔咱海答尔伯克·朵豁剌惕、哈斯木伯克和伊德利斯伯克。当时汗压制这些高贵者,进行过分的考验,抚慰那些[低下]可鄙者。许多荣誉艾米尔的孩子和知名的巴哈杜尔失去了信任,遭到轻视,由于恐惧汗而去出征。诗云:

　　看不见礼物的军队,总是惊慌失措地被抓获。
　　[这是因为]带来的簿册将会席卷而去。

那些得到汗的慈爱与器重的人大部分[也]逃跑了。

伊德利斯伯克估计了造成的局势后,建议道:"既然事情已经不好,我们这次[最好]不要去。不管怎样,下次事情一定会成功。"

当汗知道[他的]意见是这样的时候,他同意伊德利斯伯克的意见,逃跑了。敌人压上来了,汗在米尔咱海答尔伯克、哈斯木伯克和伊德利斯伯克陪同下返回。卡尔梅克人在追击。汗陪同艾米尔们一起途经喀勒噶隘口到达设防的博古尔据点[316],并进去了。他的士兵先是分散在整个道路上,后来在库车与汗汇合。汗本人拥有纳基伯克、米尔咱海答尔伯克、哈斯木伯克、腾格里-比尔迪伯克、胡达伊比尔迪伯克及其他一些人。穆罕默德-穆明苏丹[317]同自己的儿子阿布勒-哈伊尔苏丹、阿拉卜伯克、弗拉德伯克、阿布都·拉赫曼伯克、萨特金伯克、沙-穆罕默德、尼牙孜霍加、伊卜拉欣霍加及其他一些人喝了为信仰而殉难的饮品。汗让博古尔的居民迁走,带着[他们]去库车。他安排曼苏尔苏丹做库车的总督,任命胡达伊比尔迪伯克为他的阿塔里克,自己则返回了阿克苏。

简言之,塞林和阿勒坦[台什]同努尔·丁汗媾和,放了他。努尔·丁汗留下米尔咱提尼伯克比克奇克、米尔咱穆罕默德-拉提夫伯克和乌勒吉泰伯克三位艾米尔做人质后,来到阿克苏。[阿布达拉赫]汗刚出城来到哈尼姆处……努尔·丁汗带着艾米尔们紧跟着就到了,向汗做了介绍。当他们两人在裕勒都斯袭击卡尔梅克时,汗同他儿子之间曾一度产生过不和,相互之间冤屈增加。现在汗安慰并鼓励了儿子。赐他统治库车,允许离开,他自己也回到叶尔羌。努尔·丁汗还在舒尔舒克时,阿布达拉赫汗就派了一个人去喀什噶尔,让科奇喀尔伯克带二百名勇士出来迎接汗。科奇喀尔就在驻地向汗介绍情况。汗进入都城叶尔羌后,巴巴克伯克被任命为[叶尔羌的]阿奇木,沙伯克为掌印官,科奇喀尔伯克为伊施喀噶,伊德利斯伯克是叶城阿奇木,腾格里-库里伯克为穆塔瓦里,根据地位给每个人都[安排了]职务。几天后,留下做人质的几位艾米尔完好地重新为汗本人服务。汗把旱地的米拉卜职务赐给米尔咱提尼伯克,奖给[他]一面旗帜、一只卡尔那号和其他一些无法描绘的仁爱。

乌拜达拉赫苏丹·本·尤勒巴尔斯汗情况的开始叙述

　　汗出征回到裕勒都斯时,尤勒巴尔斯汗为了向自己高贵的父亲介绍情况来到了叶尔羌,住在努尔·丁汗的宫殿里。汗对自己的儿子是如此器重,人们都看到——他完全把国家与艾米尔们托付给他,任命乌拜达拉赫苏丹[318]为和田总督,他派纳基伯克[去那里]做他的阿塔里克,允许尤勒巴尔斯汗返回喀什噶尔,一段时间后,纳基伯克来到叶尔羌,派沙-巴基伯克代替他。因此他不可能留在[和田],便回去了。当时派去了穆罕默德·哈斯木伯克。

汗怎样派米尔咱提尼伯克比克奇克去阿布都·阿兹孜汗处叙述

在一个叫晒希木-库里的艾米尔以阿布都·阿兹孜汗[319]使者的身份带着大量的礼物从布哈拉来到的那些日子里,汗因此很高兴,命令米尔咱提尼伯克比克奇克为这方的报信人。伯克不仅得到了与自己地位相符的、从未曾有过的豪华、壮观和众多的侍从,而且超过了十倍,伯克出发了,他兄弟阿里-沙伯克服务于他。[叶尔羌]商人之首汗-哈吉·弗拉德掌管旅途用品和经费,以及决定住处。伯克从亚萨兀尔、勇士、巴赫施和每个团队各取十人作为同伴。

总之,他就这样豪华壮观地前往布哈拉,他途经安集延前往。尤勒巴尔斯汗也派遣自己信任的人前往。[米尔咱提尼伯克]从布哈拉途经喀喇特金(Каратегин)返回。伯克-穆拉德伯克喀塔基[320]是黑萨尔省(вилайете Хисар)的艾米尔。他出城迎接[他],给予他无限荣誉和敬重。当他们结成姻亲联盟和结拜兄弟时,表示彼此都满意,他恭敬地送[米尔咱提尼伯克]离开黑萨尔。在每一住处、拉巴特、设防的居民点或城,只要他们来到,那里的居民总是对这位集德行与勇敢为一身的艾米尔的进取精神和崇高品质给以赞扬。总之,与他相同的人中,还不曾有任何人用这种方式履行过使命。他这样同阿布达·阿兹孜汗会晤,以至于河中地区所有的人,不论是突厥人还是塔吉克人都承认[他的品行]完美无瑕。汗喜欢艾米尔谈话的气概、风格,用君王的器重与仁爱对待他,允许他离去。他命一个叫沙伯克的集全部优点于一身的艾米尔与自己同路,进入叶尔羌。一句话,因此米尔咱提尼伯克成为该国崇高声誉[321]。后来,他委任科奇喀尔伯克为该方沙伯克的同路人,自己也去了。在归途中安集延强盗抢掠了他们,他们本人[勉强]逃生,行李遭到破坏和丢失了。

僧格[322]怎样围攻设防的克里雅居民点与汗和尤勒巴尔斯汗率军反击他叙述

事情是这样的：噶尔丹[323]来到阿克苏并进行攻打，但与努尔·丁汗媾和后便平静下来，走了。后来他又攻打了喀什噶尔，进行毁坏活动，占据了喀喇墩城堡。在该城堡杀了阿卜赉的儿子[324]。尤勒巴尔斯汗来援助[阿布达拉赫]汗。汗任命巴巴克伯克为总指挥，派[军队]支援尤勒巴尔斯汗。艾米尔来到喀什噶尔向[尤勒巴尔斯]汗介绍了情况。当喀什噶尔与叶尔羌联军经过苏衮（Сугун）[325]时，艾米尔们在伊勒迪兰（Илдыран）平原同噶尔丹媾和。噶尔丹放弃喀什噶尔的统治权返回了自己的国土。尤勒巴尔斯汗在苏衮承认了艾米尔们的条约和协定，同意离去。艾米尔们回到汗这里，受到他友好的接见。

僧格羡慕噶尔丹，匆忙攻打克里雅，率领五千名精选的巴哈杜尔来到克里雅。胡达伊比尔迪伯克是克里雅阿奇木，他派人给汗[送信]，但同时[他]还不知道骚乱者是谁——僧格还是其他人。汗把叶尔羌的全部艾米尔与军队派来增援。乌拜达拉赫苏丹也率领和田军队从和田出动了。

简言之，他们在莱苏（Лай-су）把军队组编如下：中军由苏丹、巴巴克伯克和沙-巴基伯克组成，一翼由沙伯克、米尔咱提尼伯克比克奇克、哈斯木伯克和其他一些人组成,另一翼由科奇喀尔伯克、纳基伯克、米尔咱海答尔伯克、伊德利斯伯克及其他人组成。各队组织好后他们便出发了。全军将近一万人。他们刚到喀喇噶尔村,还是牢牢地保持着军队的队形。勇士们和有战斗经验的艾米尔的孩子们,身着铠甲和锁子甲,到达了喀喇噶尔。一部分人说:"让我们赶紧过河,明天就向敌人进攻。"巴巴克伯克和沙巴基伯克不同意,很快离开到[前面]去了。提前离开的勇士们抓了一个人。因为一个可靠消息传到了莱苏,准备好武器和储备的[艾米尔们]为同僧格搏斗求真主佑助,向敌人进发了。当僧格知道[这种情况]后,他扔下克里雅向安集延出动。苏丹和艾米尔进入克里雅城堡,派人给汗送信。汗一得到消息,立即派人去喀什噶尔,自己则动身去克里雅。尤勒巴尔斯汗也立即跟在父亲之后出发了。

苏丹和艾米尔们出城迎接[汗],以便获得接见。汗责备艾米尔们,认为胡达伊比尔迪伯克应该负主要责任。他越过[克里雅]后,毁坏了亚格-普拉克的营地。次日,他们前往乌-固扎克。汗决定走尼雅,拦截僧格。他们夜行军,两天到了尼雅,在这里等了一天。他们同尤勒巴尔斯汗一起离开此地,驻扎在雅勒古兹-雅噶奇(Йалгуз-Йагач)。前锋报告说,僧格还未来。几位汗都很高兴,疾驶迎战僧格[326]。

总之,他们与僧格相遇,展开了一场激战。尤勒巴尔斯汗召集[自己]人,要求汗允许作为一支单独部队。当僧格率领排成战阵的军队来到时,米尔咱提尼伯克和兄弟亲属们、苏菲霍加和毛拉玉素甫霍加及其下属、哈斯木伯克和米尔·玉素甫霍加组成一支小部队,纳基伯克、海答尔伯克、伊德利斯伯克和布拉凯伯克及其他人也组成了一支独立分队。尤勒巴尔斯汗的艾米尔们组成了一支特殊部队。几位汗努力靠近。僧格三次投入战斗——战斗如此激烈，[军队的厮杀]震撼群山，但米尔咱提尼伯克和自己的同伴们[每次]都冲在前面，用力击退僧格，自己则保住了阵地。僧格退了，开始祈求讲和。汗便缔结了休战条约，放了[他]。弗拉德伯克和科奇喀尔伯克负伤死去。在这次出征中汗同儿子之间结怨。这是因为尤勒巴尔斯汗坚持要求汗把叶尔羌阿奇木的职务赐给米尔咱提尼伯克，把伊施喀噶的职务赐给纳基伯克。汗被这种话激怒，与尤勒巴尔斯汗分道扬镳。汗停留在叶尔羌，尤勒巴尔斯汗父子一起前往自己的都城。米尔咱提尼伯克和纳基伯克也在这次出征中受到怀疑，因为他们支持尤勒巴尔斯汗。

努尔·丁汗派米尔·阿曼基拉克亚拉格去叶尔羌把霍加穆罕默德·阿布达拉赫从叶尔羌带到阿克苏。尤勒巴尔斯汗极其不尊重地对待霍加穆罕默德·阿布达拉赫，不仅强硬地把自己的阿奇木安置在法伊扎巴德（Файзабаде），而且还做了更过分的事。努尔·丁汗认为事不宜迟，预先得到了高飞的雄鹰。这正是尤勒巴尔斯汗[以后]不幸的原因[327]。然而真主才更清楚。

尤勒巴尔斯汗的一些情况、他对自己尊贵的父亲造反、乌拜达拉赫苏丹事业的结局与杀害艾米尔们叙述

尤勒巴尔斯汗为米尔咱阿布·哈迪·马克利特的女儿所生。他八岁时便成为喀什噶尔总督,在那里统治了三十年。他的秉性好勇斗狠。喀什噶尔居民贫困,处于水深火热之中。他关心军人,但同时又惩罚有丁点嫌疑的人。一句话,他喜怒无常[328],他奖励高尚的艾米尔:拉菲伯克、米尔咱亚库卜·楚剌思、米尔咱苏勒坦亚尔·巴尔拉斯、米尔咱沙巴兹·乌尔达比基和米尔咱沙伯克——他珍视、培养这些人。吉尔吉斯人与卡尔梅克人中有一些称作喀喇延曲克(карайанчук),他[也]提拔了不少,如杜列伯克、图吉伯克、图鲁木台伯克、科塞克伯克、苏丹库里伯克、喀尔米沙克伯克及其他人。当亚库卜伯克和拉费伯克去世、沙巴兹伯克因箭伤死去时,他便使杜列伯克做[自己的]阿塔里克和喀什噶尔阿奇木,喀喇延曲克取得了巨大力量。高尚的人们忍受了委屈,但他们的头脑里则是仇恨和不满。正巧阿布达拉赫汗和努尔·丁汗这时摆脱了阿勒坦台什。杜列、图鲁木台、塔什兰、科塞克、苏丹库里及其他人达成了契约和协议:"我们联合起来造尤勒巴尔斯汗的反,拥护鄂兹尔图汗[329],因为经过这场[战争],卡尔梅克人控制了该国。"他们

这样说过后,来到了土缅河[330]岸的米尕尔(Мигар)。但其中有些人没来,首先便是这些人中的精英之一——杜列伯克。[因此]他们全都返回了自己原来的地方。图鲁木台伯克们全部返回了自己原来的地方。图鲁木台伯克是一个勇敢殷实的人。他建造了一座地下室,把[贵重的]财产、丝织品和宝物藏在两座陵墓里。他这样想:"如果我们本人能到卡尔梅克人那里,那么很难把财物[随身]带去,等我回来时再取吧。"

简言之,萨里木图克比吉把喀喇延曲克的行为和所说的话告诉了沙希伯克比克奇克。后者又转告了[尤勒巴尔斯]汗。汗惊慌不安,派人去报告阿布达拉赫汗。阿布达拉赫汗给自己的儿子暗示了调节这件困难事情的方法。尤勒巴尔斯汗宣布图鲁木台和杜列有罪,毁坏[其财产],扔进急流中,任命米尔咱苏丹勒泰亚尔和米尔·哈里勒沙代替他们。在调查过程中发现了图鲁木台陵墓中的财产和造反的事,汗大怒,下令处死了两人。之后他任命米尔咱苏丹勒泰亚尔为[喀什噶尔]阿奇木,阿布达拉赫汗还奖励给他一面旗帜和卡尔那号。以后尤勒巴尔斯汗亲自处理每件事。

当时把和田到克里雅的领地都赐给了尤勒巴尔斯汗的儿子,巴楚和萨雷阔勒全归他。除叶尔羌城外,汗一无所有。尤勒巴尔斯汗的政令除巴尔斯外各地都要执行;假如他需要父亲的哪位艾米尔,他都可以要,可以带走。当他变得如此强大时,他便目空一切——他觉得鲁斯达木是位软弱的老人。

叶尔羌的艾米尔们极害怕事情这样变化。渐渐地,倒霉的本性和该死的恶魔唆使说:让汗放弃国家离开吧,统治权必须给他。他开始给叶尔羌的艾米尔们散发这类性质的信件。艾米尔们这样想:"如果我们立即把这件事呈报汗,他必定认为自己的儿子比我们好。我们还是不把尤勒巴尔斯汗的话信以为真吧,也不把这件事告诉汗。如果我们呈报他,整个骚乱就会发生。每次一有人来,我们就给[他]一些帮助,再打发回去,然后各自做自己的事。我们等着看将来会怎样变化。"这样决定后他们就散去了。那时,信件开始一个接一个地到来。艾米尔们感到处境困难,因为信件是送给个人的。米尔咱提尼伯克、米尔玉素甫霍加和纳基伯克安于当初的决定,暗中维持[这一决定]。但是巴巴克伯克、腾格里-库里伯克、伊德利斯伯克及其他一些人暗中串通,向汗汇报说:"尤勒巴尔斯汗的人每天都到[这里]来,但我们还不知道他们在做什么。"关于提尼伯克比克奇克和纳基伯克,汗本来就怀疑他们站在尤勒巴尔斯汗一边,艾米尔们又说:"肯定是真的,我们了解那两个艾米尔。"汗是个多疑的人。他开始怀疑所有的人,把人们召集起来,派出了高贵的米尔咱海答尔·朵豁剌惕和卑微的米尔玉素甫霍加及布拉凯伯克。这是1076年10月7日星期六(1666年4月12日),而他则在星期天率领全体艾米尔和其他人进入叶尔羌城和中心广场(巴扎)[331],用短剑处死了米尔咱提尼伯克和纳基伯克。米尔咱提尼伯克四十岁,他是蒙古亲王们的门面,是那些人中的精英。他是个有耐心、稳重、勇敢和通晓事理的人。作为一个书法家,他会好几种书法。总之,他是个值得尊敬的人。甚至包括被认为是比克奇克中精英的艾米尔阿尤卜和苏丹阿里米尔咱以及苏丹萨亦德汗的大艾米尔们都不如米尔咱提尼伯克。这些艾米尔的品质值得称赞——在几部史书里已经谈到[332]。纳基伯克是喀喇延曲克的花冠和明灯。他当时四十一岁。

星期一（即 10 月 9 日）他在牌-阔巴克（Пай-Кобаке）杀死了尤勒巴尔斯汗的女儿,她叫汗扎迪德哈尼姆[333]。这之后,汗给和田发布如下谕旨:"让穆罕默德·哈斯木伯克和艾米尔们关照我的安全,赐苏丹死,装备军队立即来叶尔羌。"艾米尔们遵令照办。他们把[乌拜达拉赫]苏丹的亲信们投入监狱,强迫苏丹[本人]在霍加阿布都·拉赫贾塔吉尔住宅喝了殉难者的饮品。乌拜达拉赫苏丹统治了四年又三个月,终年十八岁。艾米尔们率领和田军队有幸向汗介绍情况。汗把苏丹的旗帜赠给穆罕默德伯克,把玉龙喀什赐给喀尔米沙克伯克。同阿克苏的艾米尔商量后,他派了施玛克、米尔咱科塞克和毛拉信德·亚萨兀尔去努尔·丁汗和阿克苏的军队。

努尔·丁汗从阿克苏来到此地与尤勒巴尔斯汗逃往卡尔梅克叙述

事情是这样的：当施玛克和毛拉信德亚萨兀尔把谕旨送到[阿克苏]时，努尔·丁汗表示完全服从，前往叶尔羌，深感荣幸地亲吻了汗的脚。他们热衷于毁灭人民，下令除掉每个犯过小错的人或有些嫌疑的人。

总之，努尔·丁汗率领自己的军队和阿布达拉赫汗的部分艾米尔向克孜尔进发。汗和霍加穆罕默德-阿布达拉赫在低路上行走。到达思噶(Сиг)村时，他们赐死达尔维什-穆罕默德亚萨兀尔和其他一些人。努尔·丁汗得知米尔咱阿里沙比克奇克、米尔咱赛法拉赫·楚剌思、亚木古尔奇伯克·萨格利奇率领大部队从喀什噶尔[出发]并切断了他的路。汗派吉尔吉斯人曲马克伯克率自己的军队、毛拉穆尼斯霍加、米尔咱哈孜·楚剌思、米尔咱阿布达拉赫——哈迪伯克的兄弟——和其他人率领叶尔羌军队[援助他]。米尔咱哈孜和米尔咱阿布达拉赫在战斗中牺牲，于是阿布达拉赫汗友好地接待了不同氏族的人。

一句话，[阿布达拉赫]汗和努尔·丁汗派出一部分战士担任警戒后，在推古特(Тойгут)相见。从尤勒巴尔斯汗打算逃走的那时起，一夜过去了，他派自己的艾米尔同父亲搏斗，自己则在子夜时从城堡墙上打开一个出口,逃走了。但那些他珍爱地抚养大的自己帐下的艾米尔,如哈里勒沙、亚木古尔奇、沙伯克喀鲁奇等人则被留给了敌人,就上路了。居民们感到很难为情,向汗问候。霍加穆罕默德-阿布达拉赫和努尔·丁汗进入喀什噶尔。他们派沙巴基伯克、海答尔伯克、穆哈默德-拉提夫伯克和已返回的喀什噶尔艾米尔们去追击尤勒巴尔斯汗,没有追上他。汗返回了叶尔羌,把喀什噶尔的统治权赐给了努尔·丁汗[334]。

当追赶那个辱父之人的军队返回叶尔羌后,汗仁慈地接待了自己的艾米尔们。但还是把喀什噶尔那些自己的艾米尔们和沙巴基伯克及其儿子们、米尔咱施尔达克施噶兀尔(шигавула)[335]等人投入了监狱。过了几天又放了出来,因为其中大部分人,恰巧有米尔哈里勒沙及其儿子们、沙巴基沙及其儿子们,都出身于萨亦德。这些人如今已去世,艾米尔们被交给了卡尔梅克人,[汗]强迫他们在拜-丘别(Бай-тюбе)附近喝了卡尔梅克人殉难者的饮品。

努尔·丁汗的去世、其在位
时间和寿命叙述

事情是这样的：阿布达拉赫汗把喀什噶尔领地也赐给了努尔·丁汗后，后者在库车定居下来。他饮了一昼夜酒。他剥掉布哈拉的神圣的毛拉穆罕默德-拉提夫的皮，同喀什噶尔的艾米尔们的侍从、亲属们穆罕默德-亚尔、阿勒通塔什和胡达亚尔一起唆使拜林人民杀掉他。当时尤勒巴尔斯汗有个叫阿卜德·噶法尔的亲信逃跑了，来服侍苏丹。人们审问他，他于是倒了霉，不怕真主，罪恶地说："沙-巴基伯克和许多人常寄送叶尔羌艾米尔们的消息，穆罕默德-拉提夫伯克和科比克伯克图曼也常寄送阿克苏艾米尔的消息。"苏丹询问艾米尔咱阿里亚尔·朵豁剌惕，他回答："噶法尔在撒谎。"他立即杀掉米尔咱阿里亚尔，下令赐死米尔咱穆罕默德·拉提夫和科比克伯克。苏丹派高级艾米尔——[喀什噶尔]阿奇木和自己的阿塔里克——米尔咱图拉克·楚剌思去阿克苏。米尔咱处死了乌勒贾奇图格比基（тугбиги）和其他一些人。此外，在喀什噶尔和阿克苏的吉尔吉斯人常因一块饼或其他东西与他人发生争吵，他们对汗说："这些人必须除掉。"汗便回答："杀吧，我把他们的财产给你。"因此，该国极少数人成了富人，大部分人受了极大的磨难。

总之,暴力、专横和屠杀使人民陷入无法描述的困境。然而[努尔·丁]汗在阿克苏时常与乌列木(улемамн)来往,关心臣民,出征卡尔梅克人,为信仰而战并常得到财产。他就是这样度过了余生。他当时杀了约两千名自己帐下有经验的人。到叶尔羌后他庄严隆重地接待自己的父亲,殷勤地款待。会谈时他劝父亲率军去安集延。汗同意并着手准备军队。阿布达拉赫汗和努尔·丁汗装备好自己的军队向安集延进发了。他们到达萨里格·亚兹村时,苏丹得病离开人世。他终年三十一岁,统治了十八年[336]。汗也因此返回自己的都城,下令解散军队。

阿布达拉赫汗离开叶尔羌领地
和关于当时发生的事件叙述

239　　这件事的详情是这样的：努尔·丁苏丹告别尘世后，汗把[喀什噶尔]领地委任给喀什噶尔阿奇木米尔咱图拉克·楚剌思，而他也去世了。汗把阔伊萨拉安置在他的位置上，琼-巴吉什（чон-багыш）氏族[就这样]在喀什噶尔定居下来，沙帕克伯克和钦察[氏族]中其他一些人在这里产生了影响。在这些人——琼-巴吉什[氏族]和喀什噶尔居民之间也同样产生了深刻的仇恨。而尤勒巴尔斯汗又在这种情况下受到鄂兹尔图的支持攻打了喀什噶尔领地。因此，喀什噶尔的艾米尔们彼此仇恨，而阿图什和阿尔古[337]的居民则出来迎接尤勒巴尔斯汗。尤勒巴尔斯汗略有力量后，又来到喀什噶尔城堡下。米尔咱苏丹-阿里害怕阔伊萨拉这一方惩罚，倒向了尤勒巴尔斯汗，内讧加剧。尤勒巴尔斯汗占据喀什噶尔的希望破灭后回去了。倒向尤勒巴尔斯汗的人也[同他一起]走了。

　　由于恐惧，[阿布达拉赫]汗的脾气发生了深刻变化。霍加木库里米拉胡尔当时从库车来，向汗汇报了库车阿奇木钦察人霍加亚尔的言行。汗更加恐惧，他想逃跑。正在这时从喀什噶尔传来了尤勒巴尔斯汗返回、苏丹库里伯克被杀的消息，[但是]汗不相信，开始准备去麦加朝圣。巴巴克伯克劝汗离开。[有一次]海答尔伯克对汗说:"您是品格高尚的君王,不该避开幸运的儿子。"然而这是无用的。这时汗身边以吉尔吉斯人为主,但汗[已经]不相信任何人了。

简言之,他派了一支约两千人的吉尔吉斯军队去追尤勒巴尔斯汗。吉尔吉斯的艾米尔们刚一出发,汗就召集自己的家奴和亲信去了印度斯坦[338]。阿乌兰格沙君王[339]派霍加伊斯哈克[340]——至尊的毛拉穆罕默德-哈孜[341](愿其圣礼洁净!)的后裔之一——带着信函[迎接他]。在墓士塔格隘口的峰顶举行了会晤。汗对这位霍加非常推崇。他们到达设防的居民点巴勒提(Балти)时,出来迎接的沙-拉德汗和伊玛目库里汗赢得了[汗的]欢心。他们来到克什米尔时,一位叫穆巴利兹汗的英俊伙伴与诚实的逊尼派教徒、克什米尔阿奇木来迎接他们。汗对他甘愿受苦表示满意。穆巴利兹汗为汗供职期间,去了[阿乌兰格沙]君王那里。他们来到拉霍尔(Лахор)城。该地阿奇木是位叫穆罕默德-阿明汗的狂热的拉菲孜(рафизи)[342]。汗责怪他,大怒。汗竟在原地赐死一个叫哈提木的自己的奴隶,因为怀疑[他]同自己的一个妾有关系。穆罕默德-阿明汗向君王描述了这件事。君王对阿布达拉赫汗失去信任。至于他,据比古姆萨希卜(Бигум-Сахиб)[343]说,对汗友好而器重。像巴巴克伯克及其孩子们、穆罕默德-拉提夫伯克和喀尔米沙克伯克及儿子这样一些艾米尔作为汗的随从去了,[完成朝圣后]成了哈吉。汗从麦加返回时,被一个称做萨特瓦赫的异教徒抢劫了。汗终究还是顺利地脱身,最终同君王见面。君王向他表示敬意,[为汗]建造了明亮的居室,把[他]安置[其中][344]。

伊斯梅尔汗陛下在阿克苏、乌什、库车和拜城领地的统治叙述

事情是这样的：当阿布达拉赫汗丢失了父亲和祖父的御座，动身去印度斯坦时，霍加穆罕默德·阿布达拉赫带领全体信徒、苏菲哈里发、毛拉穆尼斯霍加、哈斯木伯克及阿克苏与叶尔羌的大部分艾米尔与艾米尔咱德（эмирзаде）来到阿克苏。海答尔伯克、施尔德勒伯克、米尔咱阿布达拉赫·楚剌思和一些喀喇延曲克（карайанчуков）先去和田，再由此去阿克苏。腾格里-比尔迪伯克、图尔迪-信德伯克和其他一些人从喀什噶尔到达阿克苏。然而，在这些人到阿克苏集中之前，安瓦尔比可已成了总司令。阿克苏的艾米尔们商量好后，派人去对阿勒坦台什[说]："他把伊斯梅尔汗陛下带到阿克苏。"阿勒坦带了[伊斯梅尔]汗，让喀喇库勒苏丹和他一起，他们便来到了阿克苏。艾米尔们一批接一批地来向汗臣服。国家巩固了。他们率军去叶尔羌时，[阿勒坦]台什派自己的儿子艾勒普（Элпу）同他们一起去。霍加穆罕默德-阿布达拉赫带领全体穆里德和毛拉孜木（мулазимамн）跟在后面。汗也参加了出征。到达巴楚后他们拒绝了该地的居民，其中有一些人返回阿克苏，约有1500人向叶尔羌进发。组成先锋队的喀喇库勒苏丹和海答尔伯克在沙马勒-巴格（Шамал-Баге）驻扎。汗停留在阿

克吉格（Акджиге）。

开始传播尤勒巴尔斯汗到达的传闻时，喀什噶尔的居民分成了[两派]，因为一部分人盼望尤勒巴尔斯汗来，另一部分人不愿意。正在这时，米尔咱沙里夫比克奇克开始活动，怂恿大部分居民拥护尤勒巴尔斯汗。米尔咱伊斯范迪亚尔也赞成他。当米尔咱沙里夫觉得大部分居民都愿意时，认为时机已到，便如此奸诈地控制了叶尔羌的居民，简直一言难尽。问题还包括以下情况：阿布达拉赫汗已出发了，尤勒巴尔斯汗又回来了，还没有伊斯梅尔汗的消息。但同时已决定，由霍加穆罕默德-阿布达拉赫同可信赖的艾米尔们把伊斯梅尔带回来。后来米尔咱沙里夫又与一些人发生了冲突，他们发誓加固自己的联盟。他们到达叶尔羌后散布了一个谣言，说尤勒巴尔斯汗进入喀什噶尔了，因此必须让男子为汗服务，恭敬地护送[他]进[城]。叶尔羌的居民善良诚实地答应了，确定护送，结果父亲送出自己的儿子，哥哥送出自己的弟弟。

总之，以阿瓦兹霍加塔噶尔奇（тагарчи）[345]和毛拉喀喇霍加穆夫提为首的大部分叶尔羌居民前往喀什噶尔。他们全都被米尔咱沙里夫抓获，投入喀什噶尔监狱。这时，关于霍加穆罕默德-阿布达拉赫和伊斯梅尔汗到来的消息传到了叶尔羌。[叶尔羌]居民震惊得抱住了头：须知如果他们去迎接[汗]，肯定要失去同自己儿子和兄弟[见面]的机会；如果不去迎接，就意味着他们是叛乱者。[叶尔羌的]居民处于这种进退两难的境地，当从尤勒巴尔斯汗那里传来确切消息时，[他的]人便开始一个接一个地到来。到达后，尤勒巴尔斯汗的人同毛拉喀喇霍加和阿瓦兹伯克共同准备城堡的防御。他们开始一个接一个地向尤勒巴尔斯汗派出急使，说道：

"您最好立即收拾好[回来],否则事情就坏了。"尤勒巴尔斯汗连夜从喀什噶尔出发,准备了在牌-科巴克(Пай-Кобаке)作战的军队。城里的名流们在城堡下[迎接他]。他的军队在离城不远的图噶奇(Tarач)与汗[军]相遇,展开了一场鏖战。失败的厄运降临到[尤勒巴尔斯汗],伊斯梅尔汗获胜。然而尤勒巴尔斯汗预先在城里设防,因此[伊斯梅尔]汗对自己的军队稍事鼓励后撤退。

尤勒巴尔斯汗登上国家宝座叙述

事情是这样的：当伊斯梅尔汗返回阿克苏后，人们把叶尔羌和喀什噶尔的达官显贵召集在一起，宣布尤勒巴尔斯汗为君王。他的大艾米尔们：米尔咱阿里-沙、哈斯木伯克等人还在卡尔梅克人那里，穆罕默德-巴基、喀兰达尔等人服务于他。他任命穆罕默德-巴基为叶尔羌阿奇木，喀兰达尔为和田的艾米尔，派他父亲的艾米尔塔什兰伯克去喀什噶尔，国家稳固了。然而他在[自己]经过周密考虑的一系列行动中失策了。因为秉性残酷，他下令处死留在叶尔羌的家庭成员，包括那些同霍加穆罕默德-阿布达拉赫一起回到阿克苏的妇女儿童，随后他招来喀兰达尔伯克，把叶尔羌与和田的军队委任给他，他把喀什噶尔和英吉沙的军队安排给塔什兰伯克，并派他们前往阿克苏和乌什。

伊斯梅尔汗同时派出吉勒达尔霍加和阿奇-布利内古特（нуйгута）去阿克苏侦查情况，让[他们]作为先遣队。他们在吉尔克-布拉克（Кирк-Булак）相遇。吉勒达尔霍加被[尤勒巴尔斯汗]的士兵俘获，其他人逃回[伊斯梅尔]汗那里。汗着手准备战事，[尤勒巴尔斯汗的军队]来到后包围了城堡。汗毫不迟缓向乌什进发。汗在会议上就这样决定了，他们将毫不迟疑地向敌人进攻。汗与乌什人联手果敢地一举击退了尤勒巴尔斯[汗]的军队。部分人逃脱,大多数人成为汗军的俘虏。当时还从阿克亚尔传来这样一个消息:尤勒巴尔斯汗派军出征时,他命令五百名安全可靠的人"只要喀兰达尔伯克到达乌什一发起攻击,你们就在阿克亚尔率军佯攻"。汗得到情报后向阿克亚尔出发,亲自发起进攻,敌人逃跑了,其中大多数成了俘虏。每支部队中只有少数人得救,羞愧地来到尤勒巴尔斯汗这里。尤勒巴尔斯汗心灰意懒、郁郁寡欢,几次试图逃跑,但米尔咱阿里沙不允许[这样]。

僧格前来帮助尤勒巴尔斯汗、伊斯梅尔汗起兵反抗僧格、僧格扶持的尤勒巴尔斯汗出征与他们返回叙述

事情是这样的：当阿勒坦台什来到[伊斯梅尔]汗这里，讲述了这件事后，阿克苏居民作出如下决定："我们不会屈服，将准备保卫城堡所需的一切物品。"台什这样说："我去迎战。"汗赞成[阿勒坦]台什的意见，他们出发了，为的是同僧格作战。后来发生了一场鏖战，穆斯林战败，米尔咱哈基木伯克则喝了异教徒殉难者的饮品。安瓦尔伯克的旗帜落入异教徒之手。僧格把安瓦尔伯克和艾尔克伯克的旗帜送给尤勒巴尔斯汗，怂恿他立刻去阿克苏。尤勒巴尔斯汗向阿克苏进发，在阿拉尔同僧格会合，他们向设防的乌什城堡前进。居民躲进乌什城堡抵抗尤勒巴尔斯汗，便受到了围攻。尤勒巴尔斯汗的高级艾米尔咱阿里沙率领一支喀什噶尔和叶尔羌艾米尔咱德的军队向主门冲锋，占领了设防的外城。乌什的居民重新积聚力量，走出城堡收复了[城堡]。他们歼灭了约三百人。僧格派人去内古特人（нуйгутов）那里，杀了内古特人中一个叫萨提卜-伊勒迪的首领，抓获[全部]内古特人交给尤勒巴尔斯汗。尤勒巴尔斯汗对僧格产生了怀疑，后悔来[这里]。为了解脱自己，他把国家交给了僧格，决定去服侍父亲。僧格把统治权交给尤勒巴

尔斯汗的小儿子阿布·萨亦德苏丹,他安排米尔咱阿里沙做他的阿塔里克,任命伊斯法迪亚尔伯克统治喀什噶尔,阿瓦兹伯克做伊施喀噶,毛拉喀喇霍加做哈孜。他给每个人都安排了与本人身份相符的职务。他派艾尔肯伯克率领一支千人部队保卫国家。尤勒巴尔斯汗把与君王职位相宜的各种王权象征带来,交给僧格,告辞后返回自己的都城。

尤勒巴尔斯汗[事业]的结局、阿布都·拉提夫苏丹的统治和杀害阿里沙伯克比克奇克叙述

尤勒巴尔斯汗出征返回后,便收回了以前对僧格说过的那些话,对大臣实施强权。他的内心如此贪婪,本性残暴,在暴力的低谷里哈贾吉也要因他感到羞愧,扎哈克会感到难为情[346]。在内讧与邪病中许多地方恶魔都逊于他,基督的敌人则为他羞辱。每个穆斯林身后都站着十个拥有权力的暴徒,要一张皮和一块赤金。穆斯林的号叫没有引起任何人的怜悯。国家被彻底毁坏。他杀了国家的支柱阿里-沙的兄弟乌德霍加。因此阿里-沙渴望报仇,但没有手段。艾尔肯伯克为穆斯林的处境感到难过,但他并没有显露[自己的感情]。不知怎么阿里-沙向艾尔肯伯克申诉了他的兄弟被某人杀害的情况,以便使艾尔肯伯克为他保密。

总之,他们为了除掉尤勒巴尔斯汗而联合力量。艾尔肯伯克同乌什喀-贾山商量,后者先是[建议]理智,但后来他又推翻了[自己的]意见。当艾尔肯伯克发现情况对他不利时,这样说道:"我仔细考虑过这件事,单凭自己一个人的力量是斗不过他的。如果你和米尔咱阿里-沙能帮助我,这件事一定能成。"

简言之,一天夜里这两位勇夫在卡尔梅克人护送下来到汗的

宫殿门口。在阿里-沙伯克食言后,艾尔肯伯克没有效仿[他]。"把穆斯林从这个暴君手中拯救出来是必须要做的事。你们不要难过,在真主真正喜悦的事情中,它会成为同伴和保护人,如果至尊的真主愿意的话。"他这样说,以鼓励阿里-沙伯克。他们击破七个宫门后攻进去了。艾尔肯伯克把那位暴君拽到空地,使国家摆脱了卑鄙的他[347]。穆斯林从他的暴政下解放出来,人民为那位光荣的艾米尔祝寿。穆斯林任命阿里-沙伯克统治叶尔羌,阿瓦兹伯克担任伊施喀噶的职务,宣布阿布都·拉提夫苏丹·本·尤勒巴尔斯汗为汗。艾尔肯伯克本人未接受职务。全国人民享受着安宁和幸福,有一首优雅的诗说:"须知,与难相伴者,确为易。——与难相伴者,确为易!"[348][诚然]这些艰难已被这些顺利所代替。

阿里-沙伯克相信自己的[强大],沉湎于欢乐。他迷恋水仙与郁金香般美丽的社会,甚至片刻离不开杯盏。他不关心个人的安危,不操心国家的防御,不分敌我。毛拉喀喇霍加和阿瓦兹伯克起而反对他。他们同阿布都·拉提夫汗的母亲商量,一致同意除掉阿里-沙伯克。一次他们把[他]骗到苏丹[349]这里,说,苏丹的母亲比基姆要[他]去自己那里。伯克去了,没有拒绝或放弃。比基姆准备了几个人。他一进来,他们就立刻把[他]杀了。艾尔肯伯克知道这件事后,一个人离城同乌什喀-贾山会合,一起去了喀什噶尔。阿里-沙伯克当了一个月阿奇木,同时在这一个月内他雇佣了约三千名亲兵,他终年四十一岁,阿瓦兹伯克接替他做了阿奇木。

艾尔肯伯克的世系与他的一些情况叙述

　　人们都是这样转述的：艾尔肯伯克的祖先是苏丹-羽奴思汗时期阿尔拉特人（арлат）中一位有影响的艾米尔，在自由的赛兰（Сайрама）[350]人中他是一位克德胡达（кедхудой）[351]。他的孩子[和后代]在那里成长，世系是这样的：艾尔肯伯克·本·塔施尔伯克·本·德尔维施伯克·本·萨迪克伯克·本·舒库尔伯克。同时，艾尔肯伯克在赛兰生活了20年，在洪台什[352]和僧格的大本营里度过21年，成为一名雄武有威信的人。僧格召集自己的臣民和侍从，率军追击恰哈尔（Чахар）。他们约走了六个月，追上了恰哈尔。恰哈尔也进入战斗序列，准备好军队，欲与僧格一战。艾尔肯伯克在这场战斗中表现得那样勇敢，不论是鲁斯塔木·本·达斯坛，还是年轻的伊拉吉[353]都不能击退英勇的艾尔肯伯克。由于艾尔肯伯克的勇敢，恰哈尔的军队不仅被打败，而且化为灰烬。僧格把[艾尔肯伯克]从一个无名小卒提拔成军官。

　　僧格出征恰哈尔回来后，卡尔梅克的青年和勇士都称赞艾尔肯伯克的勇猛。如果有重要而危险的事，[僧格]就会委任艾尔肯伯克[去完成]。当然，这还不够。当僧格了解到他无可置疑的判断力与勇敢后，派遣三百人，由艾尔肯伯克率领去征讨乌鲁斯（Урус）[354]。他们刚到该地，乌鲁斯人就探知[这件事]，于是近六百名武装人员迎战艾尔肯伯克。当至尊的真主警告艾尔肯伯克时,他的同伴已陶醉在无忧无虑的梦中。他在 20 个人陪同下毫不延迟地上路了。当他们查明乌鲁斯军队是全副武装、身着锁子甲时,就准备流血(?)。艾尔肯伯克向御座寻求援助,打击了敌人,获胜后他把敌人投入急流中毁灭。只有为数不多的人得救,其余所有的人都被杀死了。艾尔肯伯克的同伴去乌鲁斯城堡,他自己去追踪那些逃跑者,并消灭了他们,在卡尔梅克人之后到达城堡——看见他们站在[离城堡]远处。他斥责卡尔梅克人懈怠,向城堡发起进攻,将城堡保卫者陷入极端不利的境地。乌鲁斯中有一些是僧格的臣民。他们从臣民那里得到了大量的礼品。艾尔肯伯克这次出征带着新的胜利和无数战利品凯旋。他从得到的军粮、武器、贵重物品、匹头和织品中分得一份后——即从各种战利品中各抽出九份送给了僧格。

当僧格亲眼目睹这位值得信赖的艾米尔的上述行为后,便派他去哈台(Хатай),统领一个派向泰木汗的使团。艾尔肯伯克向满足一切人需要的御座寻求保护,完成了使命,完好地载誉归来。当时僧格[又]率军去恰哈尔,发生了一场残酷战斗。艾尔肯伯克在战斗中表现还是如此勇敢,不论是鲁斯塔木·本·达斯坛还是年轻的伊拉吉都不能在类似的战斗中获胜。僧格把艾尔肯伯克提升到最高一级官阶。至尊的真主赐给艾尔肯伯克荣耀。他逐渐想在穆斯林国定居。1080(=1669—1670)年[355]他成为一个受尊敬的艾米尔后,在伊斯兰教国家安顿下来。他完全醉心于慈善事业和使国家更加完美,修缮那些即将坍塌的拉巴特、哈兀孜(хауз)、桥梁和清真寺等建筑。这位艾米尔的善举将永留后世,如果至尊的真主愿意的话。

伊斯梅尔汗陛下登上汗位与[他]治理国家的习惯叙述

伊斯梅尔汗是位正直、虔诚、勇敢而公正的人。他的德行和公正在当代世界首屈一指。他的品行与阿布都·克里木汗相似。

在杀死阿里-沙伯克后,艾尔肯伯克和乌什喀-贾山向喀什噶尔进发。他们派巴基伯克和胡达伊·比尔迪基拉克亚拉格(киракйарага)对汗说:"愿他去叶尔羌。"汗备好战时必备的武器和粮食,向叶尔羌进发。艾勒丹台什同长子丘奇金[同他]一起去。巴赫拉木苏丹和海答尔伯克率领大军从库车前来,霍加-亚尔也加入其中。当他们赶到设防的巴楚居民点时,艾马克·道兰(Аймакн долан)和拜林也加入了[他们]。因为是开斋节,他们在阔巴克-阿勒库(Кобак-Алку)做了乃麻孜后,又[继续]前进。他们从阿吉格(Аджига)派了一个叫晒赫的人作为使者去叶尔羌,自己则随后前进。叶尔羌的艾米尔们割去晒赫的一只耳朵和鼻子,给他一些鞣皮作绊绳,让他回来。晒赫到汗这里讲了实情。伊斯梅尔汗整顿好右翼、左翼和中军的战斗序列,在吉斯木奇(Кисимчи)地方驻扎。就在当天,在阿什亚-伊·胡木丹(Ашйа-йи Хумдан)附近进行了一场残酷的战斗,哈斯木伯克受伤。次日,他们再次进行顽强地战斗,到达苏特-比比-阿塔(Сут-Биби-

Ата)发光的麻扎,并开始围城。艾尔肯伯克脱离乌什喀[-贾山],与汗联合。[伊斯梅尔]汗、国家的支柱和达官显贵们在不大、有顶棚的巴扎[356]顶上住下,继续围城。军队散在城堡各处,看来要制服他们是不可能的。他们最终去了喀尔噶里克(Каргалыку)。他们到喀兰古-图格拉克(Карангу-Туграк)村后,米尔咱阿里亚尔的儿子追上了他们,说帕德沙哈尼姆的人,以贾尼木霍加、哈基木霍加和米尔咱穆罕默德·萨亦德为首反抗阿布都·拉提夫苏丹及其艾米尔们,进入霍加弗拉德的花园里进行战斗。汗立即掉头,当他们赶上塔尔汗沙时才知道帕德沙哈尼姆的人已经战败,被打散和杀死了。汗又转回,驻扎在克孜尔-马斯吉德的宫殿里,召开会议,琼奇金、霍加-亚尔等人认为最好是返回阿克苏,艾尔肯伯克和海答尔伯克怂恿他去喀尔噶里克。简言之,决定去这里。

为了准备城堡的防御,弗拉德伯克、兹亚霍加、米尔咱阿布都·拉赫曼·阿尔拉特等人提前从叶尔羌来到喀尔噶里克。汗扎下营垒,把城堡围了起来。他把军队分成四支,与城堡四方相应,为每队安排一位艾米尔做首领。伊斯梅尔汗和侍从在中军,驻扎在城堡南面。巴赫拉木-沙苏丹和海答尔伯克在城堡北面进行顽强地围攻。哈斯木伯克、基亚斯伯克和阿克苏的艾米尔们攻打城堡西面。因此艾米尔之间产生了分歧,事情进行得不太顺利。但是当汗让全体都服从艾尔肯伯克时,围攻开始激烈起来。城堡的保卫者们惊慌起来,因为他们在哪里都找不到水道。汗的军队最终胜利了,感到惭愧的[保卫者们]出来向汗臣服。汗饶恕他们所有人,前去叶尔羌。他来到喀尔什(Карши),当以阿瓦兹伯克为首的叶尔羌居民来向汗自荐时,阿布都·拉提夫苏丹与毛拉喀喇霍加及其父亲的艾米尔们惊慌地去了喀什噶尔。幸福的汗驻扎在阿拉尔地方,帕德沙霍加、米尔马鲁夫霍加和阿拉夏尔伯克·本·萨提木·[比]都来这里臣服。1080年11月11日星期一(1670年4月2日)霍加穆罕默德-阿布达拉赫和伊斯梅尔汗高兴地进驻叶尔羌。达官显贵和艾米尔、出身低贱者与高贵的人都聚集在一起,按古老习惯,宣布[他]为君王[357]。艾米尔们受到接见与祝贺的赏赐、诗人们的赞颂。汗派基亚斯伯克和霍加-亚尔去喀什噶尔,霍加-亚尔于是赐苏丹们死[358]。喀什噶尔的居民,不论是达官显贵还是艾米尔,都来[向汗]表示臣服。汗原谅[他们]全体的过错。他把穆罕默德-巴基伯克的旗帜赐给基亚斯伯克,任命他统治喀什噶尔。他安置海答尔伯克为叶尔羌阿奇木,哈斯木伯克为伊施喀噶,霍加-亚尔为和田阿奇木,艾尔肯伯克同当时的提尼米尔咱一样做主要米拉卜。他给每个人都安排了与其地位相符的职务。汗常与最可敬的乌列木交往,努力修补正义与公正的裁判,任命知识渊博与勇敢的哈孜阿布达拉赫为哈孜,把公正的法律事务委任给他。在微小矛盾消除后,国家变得美好而昌盛。

阿布-沙怎样抓获巴赫拉木苏丹·本[359]·伊卜拉欣苏丹叙述

事情是这样的：当阿勒坦[台什]阿布-沙的小儿子下山后，[巴赫拉木]苏丹和全体艾米尔出城与他相见。见面后他们给卡尔梅克人建筑了玛吉里斯（маджлис）①。卡尔梅克人抓获了苏丹、基亚斯伯克等人。米尔咱噶赞法尔刚准备好城堡的防御，阿布-沙就带着被俘的苏丹和基亚斯伯克回来了。由于悲伤与焦急，苏丹得了水肿病，在床上躺了十个月后去世了。他终年二十岁。

[有一首四行诗云]：

为什么人们只为暂时的生活牵制？
难道平稳就表现在流动的水中？
泥沙流一样沿着废墟、沿着房屋过去，
那里死亡老人举起利剑刺向青年。

---

① 清真寺教堂。——汉译者注

巴巴克伯克和阿訇德-伊·喀兰的
到来与当时发生的事件叙述

如今我从睿智的人那里听到,因为在阿布达拉赫汗领地,汗的权力与威信受到限制,倒霉的尤勒巴尔斯汗从国内逐出两位艾米尔的实质,是与他们类似的不多,在世界各地也很少出现。这些高贵人物的光荣名字是阿訇德霍加穆罕默德-阿明·扎哈尼和阿訇德霍加穆罕默德-阿明·亚西。阿訇德霍加穆罕默德-阿明·扎哈尼在克什米尔去世,阿訇德霍加穆罕默德-阿明·亚西在巴里赫城定居,试图去哈吉。幸运告诉汗阿訇德前去叶尔羌了。

阿布达拉赫汗的国家支柱巴巴克伯克同儿子们去朝圣后一起回来了,住在巴里赫[360]。汗由此[从叶尔羌]下令,邀请[他们]。阿訇德和巴巴克伯克一起到来。阿訇德成为主要乌列木,巴巴克伯克则是高级艾米尔。由于他们高尚的本质,国家成为知识的圣地,[到处]都办起学校。巴巴克伯克这次管理了一年又五个月[361],最终死于水肿病,终年六十一岁,之后由海答尔伯克代替他做阿奇木。

艾尔肯伯克在这些日子里建造了华丽的玛吉里斯(маджлис),为了迎接汗铺上了地毯,给全体艾米尔、达官显贵和乌列木各置备了一套荣誉的服装和华美的罩衫。他举行了宴会。汗慷慨地给这位光荣的艾米尔赏赐了礼物,赐给他友爱并像[从前赏赐]米尔咱提尼伯克那样授予了一面旗帜,一支卡尔那号和其他的权力象征。没有人能说出从前有过类似的玛吉里斯。

这位强大的艾米尔现在将为得到汗安宁的[信任]而博得臣民的好感。愿至尊的真主用自己的友爱和恩典保佑其本质免遭不幸及一切危险,保佑其身体、精神。

同时国家的领地在[伊斯梅尔]汗统治下受到天国的羡慕,他们暗中窃笑天国的花园。汗国家的每一个臣民都像艾米尔那样生活着。蒙古国(Могольское государство)[362]变得完美富强。阿布达拉赫汗及其子孙的暴政彻底从人们的记忆中消失了。

这部不完善的手抄本的首尾都用汗陛下的光荣名字装饰。愿至尊的真主用自己的友爱和恩典保佑这位国君的高尚本质、优美品格精华的高尚本质——保佑其免遭不幸和危险[363]。

注　释

1. 在此处及以后（不论原文还是译文中）凡原手抄本的残损部分（残叶、缺词等）概以省略号（……）表示，因为不可能恢复原文，并提供译文。

2. 《古兰经》经文的意译①。

3. 《古兰经》，第 34 章第 27 节。

4. 《古兰经》，第 33 章第 45 节。

5. 根据穆斯林的宇宙起源说，"穆罕默德本质"（хакикат ал-Мухаммадийа）或"穆罕默德之光"（нур-и Мухаммади）是原生本质。这种本质被认为是万物的基础，它是世界上（不论是可认识的物质世界，还是非理性的东西）万物产生的根源。穆罕默德作为派往人间的最后一位先知，是最完善的智能和最完美的心灵之总合体，他到处可以做俗人无法理解的各种事情，他的一切行为和判断从未有过过失。什叶派详细制定了"穆罕默德亘古永存的真主之光"的教义。这一教义实质如下：从亚当创世起，此神之光就由亚当后裔的一个选民传给另一个选民；人们觉得此光的出现好像是

---

① 参照《古兰经》，第 4 章第 36—37 节和第 7 章第 72 节。（汉译本引用《古兰经》经文，凡未特别注明者均参照马坚译《古兰经》，中国社会科学出版社 1981 年版。）——汉译者注

偶然的,然而它是受到最高智慧的制约。此光在通过一系列先知的连续反映之后,又在穆罕默德的祖父阿布都·穆塔里卜的身上反映出来。继之通过他的两个儿子——它通过阿布都拉赫在穆罕默德本人身上反映出来和通过阿布·塔里卜在阿里身上反映出来。从他以后,它转为从父亲传给儿子,即从一个伊玛目传给另一个伊玛目。关于什叶派制定的这一教义,详见彼特鲁舍夫斯基,《伊斯兰教》(Петрушевский, Ислам),第 264 页。

6.《古兰经》,第 48 章第 29 节。本书的作者把这句经文分为五部分。其完整地表达如下: محمد رسول الله والدين ممه أشدا ٔ على الكفار
رحعا ٔ بينغم تراحم ركءا ٔ سجدا يبتفون فغبلا من الله ورؤبوانا ٔ سيماعم。[①]

7. 这一段可作另一种译法:"从〔自己的〕住处出走,依据经文……获得真主喜悦的住处。"

8. 阿布·伯克尔·斯迪克·阿布都拉赫·本·奥斯曼(约生于公元 570 年,死于伊斯兰历 13 年 6 月 22 日/公元 634 年 8 月 23 日),是穆罕默德亲密的战友和朋友。根据一系列史料和传说,在穆罕默德以后第一个接受伊斯兰教的男人,即第一代哈里发,以这一身份接受了"哈里发特·拉苏勒·安拉"(真主使者的替身)的称号。他的称号是"阿提克"(被释放的奴隶)和"西迪克"(诚实者、真理之友)。ф. 希提援引伊本·萨德的话把后者译为"获得信仰者"。详见威尔豪森《阿拉伯国家》(Wellhausen, *Das arabische*

[①] 意为"穆罕默德是安拉的使者,跟他在一起的人对不信者是坚定不移的,(但)他们相互间却是体恤的。"——闪目氏·仝道章:《古兰经中阿对照详注译本》,1999 年 11 月南京伊斯兰教协会根据译林出版社 1989 年 11 月版修订、印刷、发行。——汉译者注

Reiche),第 22—25 页;瓦特《穆罕默德在麦加》(Watt, *Muhammad at Mecca*),第 86,115—118,172 页;瓦特《阿布·伯克尔》(Watt, *Abu Bakr*),第 112—113 页(该书的文献目录);萨超《第一代哈里发阿布·伯克尔》(Sachau, *Der erste Chalife Abu Bekr*),第 16—37 页;希提《历史》(Hitty, *History*),第 175 页;文辛克《手册》(Wensinck, *A Handbook*),第 5—7 页。

9. 本书的作者在其另一部著作《寻求真理者之友》(*Анис ат-талибин*,第 11 叶正面)中引用了《古兰经》的两句诗,诗的内容似乎是指阿布·伯克尔。这些诗的注释和关于第一代哈里发的这一段,沙-马赫穆德·楚剌思在本书中采用贾玛尔·侯赛因于 900 年/1494—1495 年完成的广泛流传的著作 *Раузат ал-ахбаб фи сийар ан-Наби ва-л-ал ва-л-асхаб*,但作了相当大的删节和修改(*Раузат ал-ахбаб*,第 2 部第 15 节;关于圣训,见同书,第 15—16 节)。还可参见塔巴里的著作,他在书中引用了《古兰经》的一句诗文,并作了注释(第 5 章第 59 节):*Тафсира* 一书的作者认为阿布·伯克尔是穆罕默德的继承人(塔巴里,*Тафсир*,亚格马因本,第 2 卷,第 409—411 页)。关于 *Раузат ал-ахбаб*,参见斯托里《波斯文献》(Стори, *Персидская литература*),第 1 卷,第 569—573 页;第 3 卷,第 1417 页。

10. 乌马尔·本·哈塔卜,穆罕默德最亲密的战友,第二代哈里发,以此身份接受了"艾米尔·穆米宁"(信徒的主宰)的称号。他是精力充沛而有才干的国务活动家,阿拉伯帝国的实际创建者,为确立伊斯兰教的统治做了许多工作。他的称号是"法鲁克"(公正者)。详见威尔豪森《阿拉伯国家》,第 25—28 页;列维·戴拉·

维达《奥马尔》(Levi della Vida, 'Omar),第 1050—1052 页;文辛克《手册》,第 234—236 页;瓦特《穆罕默德在麦加》,第 98 页,其《穆罕默德在麦地那》(Muhammad at Medina)中的"乌马尔·本·哈塔卜言论索引"。

11. 本书作者在《寻求真理者之友》(第 14 叶正面)中讲到乌马尔的以下活动:"他征服了 1036 座城,修建了 4000 座清真寺,摧毁了 4000 座拜火教的庙宇,并在所有大清真寺的壁龛里安置了 1900 座讲经台。"参照 Раузат ал-ахбаб,第 2 部第 46 节,他从这部书里引用了这些报道。

12. 根据传说,《古兰经》的这些经文是关于乌马尔·本·哈塔卜的。参看 Раузат ал-ахбаб,第 2 部,第 59—60 节;关于圣训,见同书,第 60—62 节。

13. 奥斯曼·本·阿凡,称号为"祖·努拉因"(两种光的拥有者),是第三代哈里发(23—35 年/644—656 年),麦加的富豪巴努·倭马亚家族的代表,穆罕默德的女婿。奥斯曼在前两代哈里发统治时期没起什么明显的作用。作为哈里发,他继承了乌马尔的政策(全面扩张),但是在才能和天赋方面却无疑逊乌马尔一筹。在他统治时期完成了《古兰经》的编纂,并且他亲自参加了这一工作。"祖·努拉因"这一绰号由于以下原因固定为他所有:根据传统,他接连娶了穆罕默德的两个女儿,鲁卡亚死后他又娶了乌木-库勒苏姆。详见列维·戴拉·维达《奥斯曼·本·阿凡》(Levi della Vida, Othman b. 'Affan),第 1008—1011 页;威尔豪森《阿拉伯国家》,第 28—31 页;文辛克《手册》,第 239—240 页;Раузат ал-ахбаб,第 2 部第 153 节。

14. 根据传说,在《古兰经》的诗句中有指奥斯曼的,参见 *Раузат ал-ахбаб*,第 2 部第 158—159 节;关于圣训,见同书,第 2 部第 159—161 节。

15. 阿里·本·阿布·塔里卜是穆罕默德的堂弟和女婿,第四代哈里发(35—41 年/656—661 年)。穆罕默德在世时他参加了所有的征战,主要担任他的旗手,同穆罕默德很亲密而且是他的秘书。传说他是一位满身荣誉的人物:勇敢、才辩、无畏,等等。在前几代哈里发统治时期他没有参与国家政治生活。详见维西亚·瓦格列利《阿里·本·阿布·塔里卜》(Veccia Vaglieri, 'Ali b. Abi Talib),第 381—386 页;威尔豪森《阿拉伯国家》,第 32 页以下几页;Buhl, 'Ali som Praetendent;文辛克《手册》,第 15—17 页。

16. 海巴尔堡,麦地那以北 130 公里处的一个犹太人村落,在公元 628 年 6 月被强攻下。根据传说,阿里作为旗手参加了这次战斗。在强攻这个村落时他以特别勇敢的行动保证了穆罕默德信徒的胜利:他冲在穆斯林们的前面,用一扇沉重的门板当作盾牌。详见格罗曼《海巴尔》(Grohmann, Khaibar),第 869—870 页;格鲁博《阿拉伯大征服》(Glubb, The Great Arab Conquests),第 89 页。

17. 根据传说,在《古兰经》的诗句中有指阿里的,参见 *Раузат ал-ахбаб*,第 3 部,第 5—6 节,并参照塔巴里对《古兰经》(第 5 章第 55 节)诗句的注释,这里好像指未来的哈里发阿里·本·阿布·塔里卜。在《古兰经》中这句诗跟在通常认为是指阿布·伯克尔的诗句后面。参见塔巴里, *Тафсuр*,亚格马因本,第 2 卷,第 411—417 页;同时参照《阿里简述》,同书,第 1 卷,第 179 页。

18. 即穆罕默德。

19. 我们这样翻译"нисбат"一词（直译为"关系""依赖""联系"），是把它作为苏菲派的专门术语理解：获得神秘的天赐，通过从穆罕默德开始的一系列晒赫-教长独立进行。

20. "马赫杜木-伊·阿扎木"（最伟大的主人）——此称号有时在附有某些苏菲派晒赫的中亚和"东突厥斯坦"许多圣徒传史料中遇到（例如，在米尔咱穆罕默德-海答尔·朵豁剌惕的《热希德史》中对以穆罕默德-哈孜知名的穆罕默德·本·布尔罕·丁·萨马尔罕迪的叙述），然而，对于阿赫马德·哈桑伊来说，上述拉卡博[1]具有特殊意义，因为在河中地区只有关于阿赫马德·哈桑伊晒赫的这一概念才总是同这个称号连在一起。中亚苏菲派的这位最大活动家出生于费尔干一个叫哈桑的村子里（生于866年/1461—1462年），在塔什干宗教学校还没有毕业，他就加入了纳克什班底派[2]，并成了霍加阿赫拉尔（死于895年/1490年）的学生和继承人穆罕默德-哈孜晒赫的穆里德[3]。在自己的导师于921年/1515—1516年死后，阿赫马德·哈桑伊成为这一派系的首领，直到949年/1542—1543年死之前一直领导着这一派。在黑山派的中亚信徒中，他被认为是纳克什班底派的最高权威和理论家，是位最多产的作家，写了大约30篇关于黑山派理论和实践问题的书信。根据其观点（逊尼派），他近似温和的泛神论者。他认为，苏菲派应该经常生活在修室（ханаках）中，只有为了宣传伊斯兰教及其

---

[1] 拉卡博，荣誉称号。——汉译者注
[2] 纳克什班底派（накшбандийе-хаджаган），黑山派。——汉译者注
[3] 穆里德（мюрид），门徒。——汉译者注

派系思想才长期外出;他否定隐居生活,如果把贡赋缴纳给教派里正式活动的"低声的兹克尔(зикра)"与萨玛(сама'),那就要允许"大声的兹克尔"(赞美真主之名!)和萨玛;同时认为音乐是狂热跳神的必要组成部分。他的观点与温和而简化了的贾拉尔·丁·鲁米的思想相似。他在政治上非常积极,并经常干预昔班尼王朝苏丹们的内政,在这方面延续着自己教派的传统。苏联科学院东方学研究所有三部他的论文集。其中一部 C668 (Маджму'а) 包括他的31篇文章。关于抄本,参阅苏联科学院亚洲民族研究所波斯和塔吉克抄本(简目)(КИНА),第1卷,第3874号。

21. 许多史料都讲到活动于蒙古国(Могольском государстве①)纳克什班底派首领的世系。自然,这条世系链条的延长直接依赖于著作中记载的人,或者依赖于这个人属于两派中的哪一派——白山派还者黑山派。阿赫马德·哈桑伊后裔的链条到18世纪(包括18世纪)已为史料很精准地确定下来。然而这些史料在确定他前辈的世系时完全分歧;尽管他们把其世系上溯到阿里·本·阿布·塔里卜,但其中混进了不同的人名和世代。我们认为后一种情况是这个谱牒伪造的确凿证据,看来这是遵照霍加们本人的命令伪造的,以证明他们对国家最高权力的要求之合理性,同时也证明自己出身之"神圣"。Джами'ал-макамат, Тазкире-йи хваджаган 和 Хибайат-наме 三书所载的其祖先的链条非常接近。这是由于后两种史料都利用了第一种史料。在 Джами'ал-макамат 和 Хибайат-наме 中其祖先的世系里有21代,在 Тазкире-йи хваджаган

---

① 关于这一名称,参阅本书"汉译前言"。——汉译者注

中有 18 代。本书作者在自己的另一部著作《寻求真理者之友》中专门研究了黑山派霍加的世系,指出有 19 代,并说在毛拉纳贾拉尔·哈桑伊之后还有三代祖先。参看阿布·巴卡·本·霍加巴哈·丁的 *Джами ал-макамат*,此书编成于 1026 年/1617 年。关于该书的抄本和作者,参见乌兹别克斯坦共和国科学院《东方抄本汇编》,第 3 卷,第 2571 号;柏维里基《霍加》(Beveridge, *The Khojas*),第 45—46 页;比斯顿《目录》(Beeston, *Gatalogue*),第 2493 号。

穆罕默德-沙迪克·喀什噶里的 *Тазкире-йи хваджаган* 成书于 1182/1768—1769 年,苏联科学院东方科学研究所抄本,D126,第 10—12 页;关于该书和作者,参见《突厥文抄本》(*Manuscrits turcs*),第 158—160 页;萨拉赫特基诺娃《穆罕默德-沙迪克·喀什噶里的著作》(Салахетдинова, *Сочинение Мухаммед-Садыка Кашгари*),第 93—125 页;《霍加传》(*Тазкире-йи хваджаган*),肖(Шоу)英译,N. 伊莱亚斯"前言",第 7—9,11 页(表);哈特曼《伊斯兰东方》(Hartmann, *Der Islamische Orient*),第 307—312 页。

米尔哈勒·丁·喀提卜·本·毛拉纳哈孜沙-库奇克·叶尔羌迪的 *Хибайат-наме* 成书于 1143/1730—1731 年;苏联科学院东方学研究所手稿 C560,第 20 叶背面,关于抄本参见米克卢霍-马克拉伊《评介》(Миклухо-Маклай, *Описание*),第 2 辑,第 196 号;关于该书和作者,见萨拉赫特基诺娃《关于吉尔吉斯的情报》(*Сведения о киргизах*),第 133—140 页。这部著作还有两个抄本传世:一个保存在乌兹别克斯坦共和国科学院东方学研究所,编号为 1682(《资料》,第 371 页,注释 9),另一个在不列颠博物馆,东方文第 8162 号(梅黑迪特-欧文,《手册》(Meridith-Owens, *Handlist*),

第 21 页)。

Анис-ат-малибин，牛津大学图书馆藏抄本，第 4 叶；关于抄本参见比斯顿《目录》(Beeston, Gatalogue)，第 2492 页；柏维里基《霍加》，第 45—46 页(满篇错误的短文)；阿基穆什金《波斯文史料》(Акимушкин, Персоязычные источники)，第 49—50 页。

22. 即穆罕默德。

23. 这个"宗教继统"(нисбат-н ма'нави)被作者很少差误地引入 Анис ат-талибин 一书(第 7 叶背面至第 8 叶背面)。但本书省略的开头是例外，我们把它引述如下："穆罕默德-阿布都拉赫(霍加木-帕德沙)——霍加谢皮-哈里发木——穆罕默德-亚希亚(霍加沙迪)——哈里发-伊·舒图尔——穆罕默德汗"——以下和我们的原文相同。

24. "亚尔-伊·噶尔"(山洞的朋友)是阿布·伯克尔的称号。据说穆罕默德在阿布·伯克尔的陪伴下到了麦加南郊萨乌尔山的山洞里，为了逃避搜寻他们的麦加人，他们在那里躲避了三天。第三天结束时穆罕默德前往麦地那，并于元年 3 月 12 日/622 年 9 月 24 日顺利抵达在麦地那绿洲边境上的库巴。参见塔巴里，Тафсир，亚格马因本，第 2 卷，第 361—365 页；瓦特《穆罕默德在麦加》，第 151 页。

25. 我们在阿布都·拉赫曼·贾米(1414—1492 年)的 Нафахат ал-унс 一书中找到了拉赫拉尔霍加(死于 1490 年)以下的纳克什班底派首领们的宗教继统，然后又在阿里·本·侯赛因·喀什费(1463—1533 年)的《圣徒传》(Рашахат 'айн ал-хайат)中找阿赫马德·哈桑伊(关于他，参阅注释 20)以下的宗教继统。参见贾米,Haфaxam,塔乌希迪-普尔版;阿里·本·侯赛因·喀什菲,Pawaxam;哈特曼《伊斯兰东方》(Hartmann, Der Islamische Orient),第307—315页,该书编制了带有一些注释的世系表(从阿赫马德·哈桑伊开始只为白山派);Molé, Autor du Daré Mansour,第65页。

26. 在本书的原文中作者通常不用名字称呼黑山派霍加,而用尊称哈兹拉特-伊·阿兹赞代替霍加伊斯哈克(穆罕默德-伊斯哈克·瓦里),霍加沙迪(穆罕默德-亚希亚)与霍加帕德沙(穆罕默德-阿布都拉赫)的名字。我们在所有的地方省略这个称号,用伊阐(ишана)相应的名字代替它。

27. 原文如此。在这里或许是抄写员的疏误,这一段应译为将来时:"尊敬的国王的前辈将被提到。他们的名字有详有略将不会疏漏。"或者这里指的是作者另一部较早的著作,它的确已提到过这一世系。

28. 从其祖父阿布都·热希德汗以上的亦斯梅尔汗世系表,本书作者是从穆罕默德-海答尔·朵豁剌惕的著作(Мухаммад-Хайдар,手抄本,B 648,第6叶正面)中转引的,而穆罕默德-海答尔从秃黑鲁-帖木儿汗到察合台汗这一部分又是取自沙拉夫·丁·亚兹迪(Шараф ад-Дина Йазди)的 Мукаддама-йи Зафарнаме 一书(参见沙拉夫·丁·亚兹迪,Мукаддама,手抄本,第104叶正面至113叶背面),下叙到阿布都·热希德汗。众所周知,沙拉夫·丁·亚兹迪借用了史学家热希德·丁·法兹拉勒拉赫(1318年被杀)关于察合台汗的神话性质的世谱。因为上述著作的转述者,主要是转抄者在很大程度上歪曲了这些名字,现在根据俄译文将这个世系复述如下:"察合台汗——成吉思汗——也速该-巴阿秃儿——巴儿坛——巴阿秃儿——合不勒汗——屯必乃汗——伯升豁里——海都——土敦-篾年——不古——孛端察儿——阿兰豁阿"(参见《热希德·丁》,斯米尔诺娃译,第1卷,第2册,第4页)。

29. 指出下面的情况是有趣的,本书作者在约20至25年之后的1107年/1696年的另一部著作 Анис ат-талибин(第3叶正面,第4—10行)中也有几乎是逐字转述的这一整段,不同之处仅仅是个别句子作了调整。

30. 阿布都·热希德汗被自己的父亲苏丹萨亦德汗派到了阿克苏,和穆罕默德-海答尔一起,镇压他的叔父艾明霍加苏丹在那里发动的起事,这次起事很快被镇压下去。阿布都·热希德汗留在了阿克苏,艾明霍加苏丹同全家一起被遣送至喀什噶尔,以后又被苏丹萨亦德汗发送印度,他于953年/1546年前死在那里。他的长子马斯乌德苏丹随他到了印度。在上述事件发生半年后穆罕默德-海答尔从阿克苏返回喀什噶尔。艾明霍加起事和讨伐阿克苏,看来发生在937年/1530—1531年初至年中。参见穆罕默德-海答尔著(Мухаммад-Хайдар),手抄本,C395,第92叶正面,97叶背面至98叶正面;穆罕默德-海答尔著,罗斯译本(Мухаммад-Хайдар, пер. Росса),第135,142—143,401页。蒙古国的汗们使阿克苏在蒙古斯坦政治生活中具有头等重要意义,阿克苏位于去蒙古斯坦中部和东部最近且比较便捷的道路。沙拉夫·丁·亚兹迪早就注意到阿克苏要塞有三个坚固的一个挨一个的城堡(参阅 Зафар-наме,国家公共图书馆,手抄本,ПНС 234,第247叶正面）；关于这个坚固的要塞，穆罕默德-海答尔也向我们作了报道。我们的这部史料也指出：阿克苏的长官都是委派最有军事经验和最老练的艾米尔们担任。关于阿克苏在16世纪的政治意义，参阅彼得罗夫《概述》(Петров, *Очерки*)，第134页。

31. 苏丹萨亦德汗（920—939年/1514—1533年）是察合台家族苏丹阿赫马德汗（卒于909年/1504年）的第三个儿子。他在920年/1514年控制了喀什噶尔，粉碎了当地统治者——朵豁剌惕部的艾米尔米尔咱阿巴·乩乞尔(Аба Бакра)，以后又控制了蒙古国的大部分。大约在同年7月/1514年8—9月登上汗位，他在位19年间推行非常积极的对外政策，如果这种政策不被认为是竭力扩张国土的话，就是迫不得已，一方面希望保证国境安全，而另一方面扩大势力范围。他着手征伐西北部——费尔干和安集延，西部——巴达赫山和博洛尔，南部和东南部——克什米尔和吐蕃，以及北部和东北部——蒙古斯坦。他的征伐很成功，主要带有掠夺性质（尽管其中有很多次是以同异教徒斗争的口号作掩饰），并没有把巩固在上述地区统治作为追求的目标。看来只有对于蒙古斯坦的征伐是例外的，他把蒙古斯坦看作是世袭领地，但是他并不善于统治它。详见穆罕默德-海答尔著，罗斯译本，第130—137页，177—191页，304及其以下几页，447及以下几页；巴托尔德《七河地区历史概要》(*Очерк истории*)，第91—94页，及其《吉尔吉斯》(*Киргизы*)，第514—516页。

32. 根据《热希德史》（穆罕默德-海答尔，罗斯译本，第446页；手抄本B 648，第81叶背面），苏丹萨亦德汗征伐拉达克返回，939年12月16日/1533年7月9日因气喘症暴发，或者因高山缺氧窒息死去。佚名著《喀什噶尔史》(第61叶正面)只报道说,他活了47岁,其中20年统治叶尔羌、喀什噶尔、英吉沙。后者的话同我们作者的话相对照(原文,第46叶背面),海答尔·本·阿里·侯赛因·剌兹在《海答尔史》(*Тарих-и Хайдари*,428叶正面)遵循穆罕默德-海答尔的说法。海答尔·本·阿里的著作于1020年/1611—1612开始写作,完成于1028年/1618—1619。作者在写作第3篇(биб)关于中亚和中央亚细亚时引用了相当广泛的史料,然而使用它时必须非常慎重,因为除他对史料不加考订外,海答尔·本·阿里往往"修复"和"校正"他所引用的情报,从而歪曲了事件的真正过程。关于作者和他的著作,参见巴托尔德《海答尔·本·阿里》;斯托里《波斯文献》,第1卷,第427页,第3卷,第1401页;《金帐汗国史资料汇编》,第2卷,第213页。

33. 即他到叶尔羌并登上汗位。《热希德史》的作者说:汗于939年12月30日星期三/1533年7月22日抵达都城,并于940年1月1日星期四/1533年7月23日登上汗位(穆罕默德·海答尔著,手抄本C395,第321叶正面;罗斯译本,第449—450页;《海答尔史》(*Тарих-и Хайдари*),第76叶背面)。但是著作的第一部分提到另一个日期——940年1月10日/1533年8月1日(参见穆罕默德·海答尔著,罗斯译本,第143页,同书,手抄本C395,第98叶背面)。据海答尔·本·阿里记载,登基是在抵达的当天——1月1日星期四(《海答尔史》,第428页正面。马赫穆德·本·瓦里补充说:登基仪式于第三次祈祷后在拱门里举行。佚名著《喀什噶尔史》(第61叶背面)指出是在伊斯兰历940年第一天,星期四。

我们认为,后三位作者借用了穆罕默德-海答尔的这一日期。

然而，按照奥尔伯里（И. А. Орбели）的表，上述日期和星期的日子不符——1月1日不是星期四，而是星期三（诚然，我们必须指出，穆斯林纪年有个习惯，计算一天不从午夜开始，而从日落时开始。这样1月1日星期四应是从7月23日星期三的晚上至7月24日星期四的早晨、白天。参见布尔加柯夫《兀鲁伯传略》（Булгаков, К биографии Улугбека），第100页，注释5）。

当时阿布都·热希德汗大约25岁，因为他出生于915年/1509—1510年（穆罕默德-海答尔著，手抄本C395，第96叶正面，罗斯译本，第140页）。阿明·〔本〕·阿赫马德·剌兹的报道与上述所有史料相矛盾，据他说，阿布都·热希德汗在950年/1543—1544年满25岁时登基，并统治了33年（参见 Хафт иклим，第611叶正面及背面）。无疑，该作者的报道是错误的（并参见注释58）。

34. 满速儿汗（909—950年/1504—1543）是苏丹阿赫马德汗的长子，其父死后，他是阿克苏、蒙古国东部及蒙古斯坦的统治者。他与朵豁剌惕艾米尔米尔咱阿巴·乩乞尔（Аба Бакром）斗争的结果，未能保住阿克苏，去了焉耆（哈喇沙尔）和吐鲁番。他带去的几个吉尔吉斯和蒙古部落，消灭了其中一部分。在920年/1514年同苏丹-萨亦德汗完全和解后，他不仅保住了这些城，而且作为家族中的长支被承认是全国最高的、名义上的统治者。苏丹-萨亦德汗允诺他冲制带有他名字的钱币和用他的名字虎图拜。在自己的领地里，他是独立的统治者。他几次打败卡尔梅克，并经常侵袭中国西部省份，在苏丹·萨亦德汗死后，他对阿布都·热希德汗的进攻没有取得成功。他在950年/1544年60岁时死去。详见穆罕默德-海答尔著,手抄本C395,第84叶正面至87叶背面;罗斯译本,第123—129页,以及满速儿汗词条的索引;巴托尔德《七河地区历史概要》,第90—92页;《吉尔吉斯》,第512—513页。

35. Букв,意为"行为"、"活动"。《热希德史》记载,他两次征伐阿克苏,两次都未取得成功(穆罕默德-海答尔著,手抄本C395,第87叶背面;罗斯译本,第128页);马赫穆德·本·瓦里指出,在第一次征伐的次年他又进行了第二次征伐(Бахр ал-асрар,第80叶背面)。据《海答尔史》记载,满速儿汗有三次征伐,并指出了这些征伐的日期为:942年/1535—1536年,943年/1536—1537年和946年/1539—1540年(海答尔·本·阿里(Хайдар б. 'Али)著,第428叶正、背面)。我们觉得这条史料的记载比较准确,况且这无疑被本书作者下面的词语所加强:чанд мартабе("不止一次地","几次")。

36. 萨亦德-穆罕默德米尔咱·朵豁剌惕是《热希德史》一书作者穆罕默德-海答尔·朵豁剌惕的叔父,属于强大的朵豁剌惕艾米尔家族;在苏丹萨亦德汗时期这个家族占据着兀鲁思艾米尔(улусбиги)这一世袭职位,他作为汗以下国内头号人物,起着特别重要的作用。根据阿布都·热希德汗的命令,他在940年1月1日/1533年7月23日,即在汗抵达叶尔羌的次日被处死。《热希德史》以及它的后继者海答尔·本·阿里与马赫穆德·本·瓦里都断定,他是对手——米尔咱阿里·塔盖阴谋和诋毁的牺牲品。后者在处死萨亦德-穆罕默德后被汗派往喀什噶尔,他在那里杀死萨亦德-穆罕默德的子女后,抄没了他们的财产(穆罕默德-海答尔著,手抄本C395,第321叶背面;罗斯译本,第449—450页;关于

没收财产见 *Бахр ал-асрар*，第 74 叶背面）。显然，归罪其阴谋反对阿布都·热希德汗，企图拥立他的弟弟伊斯坎达尔，这只是汗的借口，他不会放过镇压势力显赫的高官的有利时机，这正像不久后摆脱开另一些有势力的高官——萨亦德-穆罕默德米尔咱的敌人们一样。详见穆罕默德-海答尔，罗斯译本，萨亦德-穆罕默德米尔咱词条的索引。关于朵豁剌惕艾米尔们，参见巴托尔德《兀鲁伯》，第 35 页。

37. 米尔咱阿里-塔盖是萨亦德穆罕默德米尔咱的政敌，苏丹萨亦德汗时期的最高艾米尔（амир ал-умара'）。据《热希德史》记载，他经常阴谋反对萨亦德穆罕默德米尔咱，后者为前者阴谋致死。他代表游牧贵族，并代表与萨亦德-穆罕默德米尔咱及其同党争夺权力和影响的一部分朵豁剌惕家族的人的利益（穆罕默德-海答尔著，手抄本 C395，第 96 叶背面至第 99 叶背面，第 320 叶背面至 321 叶背面；罗斯译本，第 141—145 页，449—450 页，以及阿里-塔盖米尔咱词条的索引）。

38. 《海答尔史》的作者把艾米尔们的这次行动和 949 年/1542—1543 年和田阿奇木达伊木·阿里伯克·杜赫图依（为苏丹-萨亦德汗的大艾米尔之一）发动的反对阿布都·热希德汗的叛乱联在一起。这条史料与马赫穆德·本·瓦里的一样记载道：汗轻易地镇压了叛乱，并且不费吹灰之力地对付起事的艾米尔们，把他们全部遣送国外（海答尔·本·阿里著，第 428 叶背面，*Бахр ал-асрар*，第 80 叶背面）。但是，马赫穆德·本·瓦里与穆罕默德-海答尔的记载表明：艾米尔们的叛乱发生在阿布都·热希德汗登基后不久。海答尔·本·阿里完全可能把这两个事件合并为一个。

39. 同本书的作者与穆罕默德-海答尔相反,佚名著《喀什噶尔史》(第62叶正面)记载道:丘丘克哈尼姆的母亲是阿拉恰汗(即苏丹阿赫马德汗)的女儿,而他的父亲是一位哈萨克王子,也没有指出母亲的姓名。实际上丘丘克哈尼姆是苏丹-尼噶尔哈尼姆(羽奴思汗的女儿,死于934年/1528年)和阿迪克苏丹的小女儿(参见威里亚米诺夫-泽尔诺夫《研究》(Вельяминов-Зернов, Исследование),第2部,第193页)。必须指出,阿拉恰汗的二女儿马希木哈尼姆嫁给了哈萨克王子布伊达什苏丹,他是丘丘克哈尼姆的同父异母兄弟和阿迪克苏丹的儿子(穆罕默德-海答尔著,罗斯译本,第373、161页;威里亚米诺夫-泽尔诺夫《研究》,第2部,第219页)。

在 Акбар-наме 书中有一些关于丘丘克哈尼姆的情报,阿布·法兹勒在谈到巴达赫山的事件时报道说,阿布都热希德汗的妻子喀什噶尔的丘恰克(原文如此!)哈尼姆在两个儿子——苏菲苏丹和阿布·萨亦德苏丹的陪同下来到这一地区,到这里的真正目的是慰问巴达赫山的统治者苏来曼米尔咱·米兰沙希及其妻子哈拉木比古木,因为他们的儿子米尔咱伊卜拉欣于967年/1559—1960年死去(必须指出,丘丘克哈尼姆是苏来曼米尔咱的姑母,参见注释41)。由于阿布·萨亦德苏丹参与了当地的阴谋,他们离开巴达赫山,前往喀什噶尔。在途中丘丘克哈尼姆写信通知米尔咱苏来曼,在发生的事件中她没有过错,把一切都归罪于当地的一些显贵和达官。结果双方都同意,阿布·萨亦德苏丹娶了哈拉木比古木生的、米尔咱苏来曼的长女为妻,并得到鲁斯达克地区为陪嫁。丘丘克哈尼姆把儿子留在巴达赫山后,去喀什噶尔,而苏菲苏丹早在兄弟举行婚礼之前已被她派往喀什噶尔(Акбар-наме,伯威里吉(Беверидж)译本,第3卷,第213—215页)。丘丘克哈尼姆的这次旅行大概不晚于968年/1560—1561年,但已在阿布都·热希德汗死后。阿布·萨亦德苏丹,据本书作者和《喀什噶尔史》(第62页正面)说,是阿布都·热希德汗的第六子,或者据海答尔·本·阿里(第428叶背面)与 Бахр ал-асрар(第81叶正面)说,是阿布都·热希德汗的第八子。海答尔·本·阿里还指出:汗的五子阿德阿木苏丹拥有"苏菲苏丹"这一别号,他统治喀什噶尔16年。关于米尔咱苏来曼和哈拉木比古姆,参见 Хумайун-наме,柏维里基(А.С.Беверидж)译本,第18,24,38,42,44,47—48,51,56—57,63—65,92,180,181,186—187,181,193页;第15,38,42,44—45,47—48,50—51,56,63—65,177,193,195,242页。

40. В.В.威里亚米诺夫-泽尔诺夫跟在В.С.列夫森之后断定:贾尼伯克汗这个儿子的名字是贾迪克或者亚迪克。参见威里亚米诺夫-泽尔诺夫《研究》(Вельяминов-Зернов,Исследование),第2部,第124—274页。此书对史料作了详尽的考订。关于哈萨克的贾尼伯克苏丹,参见威里亚米诺夫-泽尔诺夫《研究》,第2部,第151及以下几页;列夫申《记述》(Левшин,Описание),第2部,第65页(表);巴托尔德《七河地区历史概要》,第88页;阿赫买道夫《乌兹别克游牧国家》(Ахмедов,Государство),第60—63,67—69页;以及 Джами' ат-таварих,贝勒津本,第162,164页。

41. 苏丹-尼噶尔哈尼姆是蒙古斯坦的羽奴思汗(死于892年/1487年)的女儿,由沙比古木·巴达赫施所生,她最初嫁给了苏丹阿布·萨亦德的儿子米尔咱苏丹马赫穆德,他们生下儿子苏丹瓦亦思(米尔咱汗)。米尔咱汗在巴达赫山统治了12年,死于926年/1520年,国家的统治权转到他的儿子苏来曼沙手中(参见注释39)。苏丹马赫穆德死后,哈萨克汗阿迪克苏丹娶她为妻,苏丹-尼噶尔哈尼姆和他生了两个女儿,其中小女儿丘丘克哈尼姆嫁给了阿布都·热希德汗。阿迪克苏丹死后,苏丹-尼噶尔哈尼姆成为他兄弟、著名的哈斯木汗的后宫妻子,后者死后她属于阿迪克苏丹的儿子塔希尔汗;她大约死于934年/1528年。参见穆罕默德-海答尔著,罗斯译本,第108,117,156,198,273,373,377—378,386页;*Хумайун-наме*,柏维里基译本,第88,92,390页;威里亚米诺夫-泽尔诺夫《研究》,第2部,第192,219页。

42. 蒙古斯坦和部分东突厥斯坦的汗(877—892年/1472—1487),在帖木儿王朝苏丹阿布·萨亦德的援助下取得汗位,并于约877年/1472年统一了全国。关于他一生的全部经历,详见巴托尔德《七河地区历史概要》,第87—89页;*Бабур-наме*,萨尔艾(Салье)译、索引;穆罕默德-海答尔著,罗斯译本,羽奴思汗词条的索引。

43. 据《海答尔史》第428叶背面记载,满速儿汗的女儿是阿布都·拉提夫和阿布都·克里木的母亲(关于他的情况,参见注释34)。

44. 同本书作者一样,佚名史学家(第61叶背面至62叶正面)谈到阿布都·热希德汗的12个儿子,也按同样的顺序列出了他们。同时他补充了一些为沙-马赫穆德·楚剌思所缺少的情报,我们引述如下:三子阿布都·拉希木,18岁时死于吐蕃(第61叶背面)。七子库拉伊什苏丹,为萨亦德米尔咱·忒耳迷扎的女儿所生；八子穆罕默德-巴基苏丹由沙汗·本·满速儿汗的女儿胡布-尼噶尔哈尼姆所生；九子穆罕默德-沙苏丹，为高贵的萨亦德家族的妇女所生；十子羽奴思丹和十一子阿布达拉赫苏丹，一母所生（参见《资料》，第412页）。这样，这份史料证明了本书作者关于阿布都·热希德汗六个儿子由不同母亲所生的话。我们在下面将根据两份史料再提供有关这一问题的片段之译文。1002年/1593—1594年在印度编成的一部诗选 Хафт иклим 记载：汗有十三个儿子（第611叶背面至612叶正面）："在他之后留下了十三个儿子：阿布都·拉提夫汗，这是他的长子，他特别勇敢、坚毅。他遵照父亲的命令在蒙古斯坦统治了一个时期，不止一次地同吉尔吉斯人、哈萨克人作战，他是一个胜利者，并取得了成功。他最终被杀。次子阿布都·克里木汗，现在是这个国家的君主。遵循先辈的传统，他通晓大部分手工业和精雅艺术，在制作弓箭及演奏乐器方面特别有成就，就好像他必须要以自己的劳动来养家糊口。三子阿布都·拉希木苏丹，他在得到父亲的允许后去吐蕃，〔在那里〕被杀。四子阿布都·阿兹孜，16岁那年病死。五子阿德哈木苏丹，以苏菲苏丹闻名，根据父亲的命令统治喀什噶尔16年之后死去。六子穆罕默德苏丹，他住在喀什噶尔并统治过它。七子是穆罕默德-巴基。八子库拉伊什苏丹。他对阿布都·克里木苏丹非常不满，来到印度，成为皇帝陛下青睐的对象。这样过了几年就死去了（第612叶正面）。现在他的五个儿子都还在印度。九子是阿布·萨亦德苏丹。十子是阿布达拉赫苏丹，他也来到印度并赢得很大的尊敬，他〔死〕后留下两个儿子。十一子是羽奴思苏丹。十二子是阿里夫苏丹。十三子是阿布都·拉希木苏丹。"参见夸特勒梅尔

《地理和历史介绍》(Quatremère, *Notice géographique et historique*)，第487—488页。必须指出，为我们已注意的海答尔·本·阿里（第428叶背面）把这一整段全抄在自己的著作中。

马赫穆德·本·瓦里记述了汗的九个儿子和两个女儿（第81叶正面）："阿布都·热希德汗有九个儿子和两个女儿；长子阿布都·拉提夫苏丹，在父亲生前是阿克苏的总督；次子阿布都·克里木苏丹，他得到统治喀什噶尔的荣誉，父亲死后他继承了汗位；再一位是穆罕默德苏丹，在自己的兄长死后他成了君主；再一位是苏菲苏丹，关于他的情况史学家只字未提；再一位是库拉伊什苏丹，在阿布都·克里木苏丹［统治］时期举起了不满的旗帜；再一位是羽奴思苏丹，他有几个儿子，其中包括库拉伊苏丹，他在舒贾·丁·阿赫马德汗被沙们杀死后，在汗位上坐了九天，第十天就死于阿帕克汗之手，这将是一个使人伤心的故事；再一位是穆罕默德-巴基苏丹；再一个儿子是阿布·萨亦德苏丹，他有个名叫阿布·克里木的儿子，现在正为与哈里发的地位相同的哈迪尔·穆罕默德汗时期的国君陛下服务，过着愉快的日子；再一位是阿布都·拉希木苏丹，关于他的业绩很快就要讲到，如果至高的真主愿意的话。他女儿是哈治哈尼姆和贾拉尔哈尼姆，她们两个都嫁给了昔班尼王朝的苏丹。"（参见《资料》，第329—330页）关于阿布都·热希德汗第十一子（按另一种情报是第十子）的命运，阿布·法兹勒做了记载。据他说，哈吉阿布达拉赫苏丹·喀什噶里担任过哈夫特萨迪（*хафтсади*）一职（*А'ин-и Акбари*，原文，226，No. 182），在阿克巴尔在位的第31年（994年/1585—1586年）征伐铅达乌尔（Чандаур）城附近的古贾拉特（Гуджарат）时死去。参见 *Акбар-наме*，柏维里基译本,第 3 卷,第 741 页。

45. 14 至 15 世纪末的作者们(尼扎木·丁·沙米、沙拉夫·丁·亚兹迪、穆因·丁·纳坦兹、塔吉·丁·萨勒马尼、阿布都·拉扎克·撒马尔罕迪、米尔洪德等)这样称呼这一广阔的、同蒙古国北部与东北部交界的国家。它以锡尔河、萨拉水、巴尔喀什、额尔齐斯河、中部天山南麓为疆域界限。根据 16 世纪及以后在"东突厥斯坦"写成的史料判断,蒙古国的疆界实际上包括现今的吉尔吉斯地区与伊犁河和额尔齐斯河之间的地区。蒙古国的城池(喀什噶尔、乌什、拜城、库车、焉耆、吐鲁番)除阿克苏外,从来没进入蒙古斯坦的范围,不论是穆罕默德-海答尔在《热希德史》里,还是他的前辈们,其中包括有阿布都·拉扎克·撒马尔罕迪(参见 Матла' ас-са'дайи,手抄本,第 108 叶背面)对此都有明确的记载。详见尤金《书评》(Юдин, Рецензия),第 81—82 页。

穆罕默德-海答尔对蒙古斯坦的四界做了如下记述:"东方与卡尔梅克国以巴里坤、叶密立和额尔齐斯河为界;北部以库克恰-腾吉思①、布木-里舍什和喀喇塔尔为界;西部以突厥斯坦和塔什干地区为界;南部以费尔干、喀什噶尔、阿克苏、焉耆和吐鲁番为界"(手抄本 C395,第 278 叶背面;罗斯译本,第 365 页;并参见巴托尔德《十二讲》,第 170 页)。

46. 他是阿里-米拉克的儿子、达尔维什忽辛·巴鲁剌思的孙子;他是以阿布都·热希德苏丹的阿塔里克的身份被苏丹-萨亦德

---

① 巴尔喀什湖。——汉译者注

汗派往蒙古斯坦。穆罕默德迪·巴鲁剌思对阿布都·热希德苏丹有很大影响。《热希德史》指出,他的这种影响是"恶劣的"。他娶了自己庇护者的女儿为妻,戴有"汗的女婿"的称号。(参见穆罕默德-海答尔著,罗斯译本,第382、384、452—453页)。

47. 参见尤金译文中的这一段(《资料》,第379—380页)。

48. 阿明·本·阿赫马德·剌兹对阿布都·拉提夫苏丹做了如下评述:"他是他的长子,特别勇敢、坚毅。他遵照父命去蒙古斯坦统治了一个时期,不止一次地同吉尔吉斯人和哈萨克人作战,是一个胜利者,并取得了成功。最后他终于被杀。"(Хлфт илим,第60叶背面)参见《海答尔史》(第428叶),此书中这一片断几乎是逐字复述的;并参见注释44。

49. 除本书作者外,佚名史学家也把哈克-纳扎尔汗作为哈萨克和吉尔吉斯人的首领看待(《喀什噶尔史》,第62叶背面至63叶正面);并参见夸特勒梅尔《地理和历史介绍》,第311页;B. B. 威里亚米诺夫-泽尔诺夫《研究》,第2部,第333页及以下几页。海答尔·本·阿里称他为"吉尔吉斯人的统治者"(第429叶正面)。B. B. 威里亚米诺夫-泽尔诺夫在其著作的另一处(第295—296页)引用了哈费兹-伊·塔尼什关于988年/1580年事件的原文,它可以这样解释:哈克-纳扎尔汗继自己的两个儿子之后在这一年死去,虽然原文本身没有确切地指出这一事实(参见 Шараф-наме-йи шахи,第301叶正面至背面)。这种有些不明确,或者说也有些不可确信的地方同样存在于穆罕默德·本·瓦里的书中。据他说,在巴巴汗、布扎哈尔苏丹和其他乌兹别克苏丹进攻加雷木苏丹和他的儿子们,屠杀了他们之后,他们出发去打哈克-纳扎尔汗

(*Бахра ал-асрар*,第 256 叶正面)。如果这位哈萨克统治者哈克-纳扎尔汗在这里又出现的话,那么必须承认,他统治了很长的时间——58 年,因为他继承父亲哈斯木汗的汗位大约在 930 年/1523—1524 年。据穆罕默德-海答尔(手抄本 C395,第 206 叶正面:متوجه حق نغر خان شدند)记载,哈斯木汗死于 924 年/1517—1518 年,而 *Джмами' ат-таварих* 一书的作者认为,这一事件发生在萨莱丘克(贝勒津本,第 163 页)。B. B. 威里亚米诺夫-泽尔诺夫引用 *Раузат ат-тахирин* 一书(第 290 叶正面)时,提到在这部书中上述事件的另一个日期——930 年/1523—1524 年(B. B. 威里亚米诺夫-泽尔诺夫《研究》,第 2 部,第 266 页)。关于哈斯木汗和他的侄儿塔希尔,参见谢苗诺夫《早期昔班尼王朝》(Семенов, *Первые Шейбаниды*),第 140,146—147 页。

50. 据 *Тазкире-йи хваджа Мумаммад-Шариф*(手抄本,苏联科学院东方学研究所 D 371,第 191 叶正面;C 582,第 146 叶背面至 147 叶正面)记载,吉尔吉斯人拒绝交纳哈拉吉引起了阿布都·拉提夫苏丹的征伐;征伐最初是成功的,苏丹掠获了大量战利品,甚至俘获了吉尔吉斯首领的女儿做妻子。关于该著作,参见穆吉诺夫《介绍》(Мугинов, *Описание*),第 105—106 号;哈特曼《东突厥语手抄本》(Hartmann, *Die osttürkischen Handschriften*),第 7 页;《资料》,第 232,234 页。

51. 阿布都·拉提夫在第五次袭击返回时遭到彻底的失败。马赫穆德·本·瓦里这样写道:"阿布都·拉提夫苏丹从阿克苏出发攻打哈萨克、吉尔吉斯和卡尔梅克,[并]刮起了抢劫和毁灭当地人财产和牲畜的风暴。因为[他的]这些行为没有任何限制,于是哈萨克人和吉尔吉斯人之间达成了协议……"(Бахр ал-асрар，第81叶正面)。据马赫穆德·本·瓦里(Бахр ал-асрар，第81叶正面)记载，哈萨克和吉尔吉斯的联军首领是布伊拉什苏丹(بوبلاش سلطلن)。《热希德史》抄本以及罗斯的译文提供了这一名称的各种写法和读法：布拉什、布伊拉什、布卜拉什、吐特拉什，等等。在阿拉伯字体中书写可能很容易搞混，请对照دوىلاس和دوىداس，并对照穆罕默德-海答尔，手抄本，B648，第44叶正面，此书抄写清晰。B.B.威里亚米诺夫-泽尔诺夫最先确定这位汗的名称的正确读法——布伊达什。布伊达什汗是阿迪克汗的儿子，娶了苏丹-阿里马汗的女儿玛西木哈尼姆(威里亚米诺夫-泽尔诺夫《研究》，第2部，第219页及以下几页)。此外，穆罕默德-海答尔(手抄本C395，第323叶背面)还记载说，他另一位妻子是阿布都·热希德汗的妹妹巴迪·贾玛儿哈尼姆，后来在蒙古汗的压力下离婚。在"圣徒"鲁特夫拉赫·楚斯提的传记中指出：布伊达什汗死于967年/1559—1560年哈萨克的苏丹们入侵河中地区时。参见谢苗诺夫《孤本文献》(Семенов, Уникальный памятник)，第2部，第47页；并参见巴托尔德《突厥蒙古民族》，第215页。Джмами 'аттаварих(贝勒津本，第164页)记载说，布伊达什汗在和同去的24位苏丹都死在巴拉克(即纳乌鲁兹-阿赫马德)汗的儿子达尔维什汗的手中。并参见威里亚米诺夫-泽尔诺夫《研究》，第2部，第274—275页，此书提供了这一片断的译文。

52. 据《喀什噶尔史》(第62叶背面)记载，巴里克赤部落(ايماق)是后卫部队。如果把这一记载同本书作者的记载相比较，我们可以设想，当时这个部落的首领便是前面提到的托赫塔米什-

叶卢克。这个部落后来被阿布都·热希德汗消灭。

53.《海答尔史》两次指出,他死时 29 岁,但在第二次错误地指出,他继承父位后成为汗(海答尔·本·阿里著,第 428 叶背面,429 叶正面)。马赫穆德·本·瓦里只指出他被箭射倒,于是"他的事业到此完结"(*Бахр ал- асрар*,第 81 叶正面)。

54. 阿勒敦,叶尔羌城北部的一个地方,最初是当地统治者汗的墓地,后来成为霍加的墓地。

55. 佚名著 *Тазкире-йи хваджа Мухаммад-Щариф* 是一部记载在霍加伊斯哈克出现于蒙古国之前不久,他在这个国家,主要是喀什噶尔、英吉沙和叶尔羌地区活动的兀瓦亦西叶(увайсийе)苏菲派的这位代表人物。在苏联科学院东方学研究所藏书中有 *Тазкире* 三种抄本(A237,C582 和 D371)。关于其中的两种抄本,参见穆吉诺夫《介绍》,第 105—106 号;哈特曼《东突厥语抄本》,第 7 页。除去一般的这类描述他的"奇迹"和借助于"彼世"力量实现的预言外,*Тазкире* 中还有一些关于穆罕默德-沙里夫本人的情报,而且还讲述了相当多的关于这些地区在他的时代里发生的事件。霍加穆罕默德-沙里夫出生于赛兰(中亚);七岁丧父,由母亲抚养长大。青年时期他去撒马尔罕"求学",在那里的一所宗教学校度过了 30 年,以后移居喀什噶尔,做香料商人;过了一些时候,他为了弥补他无意间泄露沙土克-博格拉汗麻扎秘密的过失,前往朝圣,用自己的虔诚在麦加和麦地那获得了声誉;返回后在喀什噶尔的沙土克-博格拉汗麻扎供职。同阿布都·热希德汗结识后,人们在喀什噶尔给他建筑了专门的修室,他由这里又转到叶尔羌,汗战胜吉尔吉斯后他在叶尔羌又生活了 10 年。他于 973 年/1565—

1566 年 95 岁时去世（Тазкире-йи хваджа Мухаммад-Шариф，抄本 C582，第 138 叶正面至 149 叶背面）。我们的另一部抄本（D 371，第 193 叶背面）提供了关于他死的一个较早的日期——963 年/1555—1556 年。他的墓葬离叶尔羌不远（瓦里汗诺夫《情况》（Валиханов，О состоянии），第 295 页）。他还在世时就指定穆罕默德-瓦里苏菲为自己的继承人。根据尤金的意见，穆罕默德-沙里夫是波斯语著作 Тазкире-йи Богра-хани 一书的作者。参见尤金《书评》，第 83 页（同时参见《资料》，第 233，533—534 页）。关于后一部著作及其抄本，参见米克卢霍-马克莱《介绍》（Миклухо-Маклай，Описание），第 2 辑，第 183 号；穆吉诺夫《介绍》（Мугинов，Описание），第 81 号；《亚洲民族研究所简目》（КИНА），第 687 号；比斯顿《目录》（Beeston，Gatalogue），第 2497 号；斯托雷《波斯文献》（Storey，P.L.），第 1 卷第 1 部，第 1 编第 2 册，第 388 页。

56. 萨图克-博格拉汗，阿布都·克里木——根据传说，他是突厥伊利克汗王朝（喀喇汗王朝）接受并在自己国家传布伊斯兰教的第一人。关于他本人的情况以及他的统治和接受伊斯兰教，我们没有多少可信的资料。有人认为，他死于 344 年/955—956 年，他的坟墓在阿图什，现在是拜谒之地（《世界境域志》，米诺尔斯基译本，第 281 页）。流传下来的萨图克-博格拉汗传（Тазкире-йи Богра-хани），无疑成书较晚，而且有明显的神话性质；但是其中有一些细节与 В. В. 巴托尔德在杰马尔·卡尔希《苏拉赫辞典补编》这部如此有价值、并且是最可信的文献中记载的细节相同。详见巴托尔德《博格拉汗》，第 506 页。关于传记，参见穆吉诺夫《介绍》，第 109 号，在这里它被称为 Тазкире-йи султан Сатук Богра-хани；格林纳德《圣徒传》,第 5—79 页。

57. 叶密立是流入阿拉湖的一条河流的名称,下游地区以其富饶的牧场著名。

58. 我们在另外三种史料中找到了关于这些事件的记载,在谈到征伐和失败的细节上略有不同。马赫穆德·本·瓦里记叙说,在得到儿子战败和死亡的消息后,阿布都·热希德汗迫不及待地出征,他部队的前锋在伊塞克湖附近就追上了布伊达什汗的后卫。哈萨克汗逃跑,阿布都·热希德汗追击了 20 天,终于在 كومله قاخوره كيلمة قاخور 地方(《热希德史》,B 648,第 105 叶正面标为森林)追上,投入了战斗,吉尔吉斯人和哈萨克人被击溃,布伊达什汗逃脱(Бахр ал-асрар,第 81 叶正面)。《喀什噶尔史》的佚名作者说,阿布都·热希德汗事先向纳乌鲁兹-阿赫马德汗求援(昔班尼王族,塔什干的统治者;959—963 年/1552—1556 为河中地区的汗与塔什干、撒马尔罕的统治者)。他接到求援的信,准备 5 个月后便出征了。阿布都·热希德汗在阿提什(?)追上哈萨克和吉尔吉斯人,粉碎了她们;哈克-纳扎尔汗被俘处死(《喀什噶尔史》,第 62 叶背面至 63 叶正面;同时参照这一段的译文——伊卜拉欣莫夫《若干资料》(Ибрагимов, Некоторые данные),第 112—113 叶,与《资料》,第 412—413 页)。最后,Тазкире-йи хваджа Мухаммад-Шариф(第 147 叶背面)记载:阿布都·热希德汗在伊塞克湖追上吉尔吉斯人(但没有指出他们首领的名字),经过 20 天的战斗击溃了他们。

总之,我们已知的包括本书在内的五种史料都没有指出阿布都·热希德汗军事成功准确的或者相对准确的日期。他们都指出:一、阿布都·热希德汗取得了胜利;二、吉尔吉斯和哈萨克人的联军被击溃;三、这支联军的首领是哈克-纳扎尔汗(马赫穆德·本·瓦里指出是逃脱了的布伊达什苏丹)。据 B. B. 巴托尔德说,阿布都·热希德汗在 944 年/1537—1538 年使哈萨克人遭受惨败,在战斗中他们的汗塔希尔的兄弟土古木及 37 名苏丹的死亡,只有 Джмами'ат-тварих 一书的作者喀迪尔-阿里比-贾拉伊尔(贝勒津本,第 163 页)作了记载。这一点很重要,但他也没有指出哈萨克人这次失败的任何日期,他们的敌人和胜利者的任何名字。B. B. 威里亚米诺夫-泽尔诺夫在解释喀迪尔-阿里比的这条情报时指出:"……我认为可以把 جفات 换成 جفاتای,即把'在察合特的边界上'写成'在察合台的边界上'。我指的是当时发生在吉尔吉斯-哈萨克和察合台家族的喀什噶尔统治者之间的战争"(《研究》,第 2 部,第 363 页,译文参见同书第 274 页)。我们认为,B. B. 巴托尔德机械地把《热希德史》中关于阿布都·热希德汗在 944 年/1537—1538 年战胜乌兹别克-哈萨克人的报道同 B. B. 威里亚米诺夫-泽尔诺夫阐述中喀迪尔-阿里比·贾拉伊尔关于土古木汗的死亡联系起来。在这方面,尤金把 Джмами'ат-тварих 的记载同《喀什噶尔史》的报道,以及 B. B. 威里亚米诺夫-泽尔诺夫的阐述同 B. B. 巴托尔德的见解作了比较,从而得出的结论是:后者"对 B. B. 威里亚米诺夫-泽尔诺夫谨慎的假说赋予了绝对的可靠性,这样就彻底地把问题搞乱了"(《资料》,第 408 页)。他认为,"其游牧地大概在西伯利亚边界的土古木,汗不是死于同察合台后裔的战役中,而是死于同察合台部族的战役中"(同书第 408 页)。在这一点上他依赖 B. B. 威里亚米诺夫-泽尔诺夫的推论(《研究》,

第 2 部，第 363—366 页）。如果看喀迪尔-阿里比的措词 جغات حدينده，那么应该认为它必须译为"在察合台边界上"或"察合特附近"，在离塔什干城很远的要冲防御据点之一，离锡尔河右岸的支流克列斯河不远。不能排除经常有这种情况：拉巴特的名称可以作为这一地区的名称。（参见 Шараф-наме-йи шахи，第 331 叶背面，M. A. 萨拉赫特基诺娃的这段译文——《资料》，第 263 页）。我们还应注意到 جغات 和 جفاتاى 两种写法极其相似。这样，我们就可以理解喀迪尔-阿里比的如下报道，土古木汗和 37 位苏丹死于察合台这一地点，也只能是这样。我们在这些事件的目睹者和同代人扎因·丁·瓦西费那里找到有趣的细节，他在根据这种情况专门为穆伊兹·丁·阿布哈孜·乌拜达拉赫汗（940—946/1533—1539）编纂的 Фатх-наме-йи казак 一书中指出：乌拜达拉赫汗把自己的军队集结在卡兹库尔德山脚下（赛兰地区的巴达木河上游），准备出征，这时阿布都·热希德那里的急使送来了书信，在信中他提议乌拜达拉赫汗按照早先在阿克-博古兹山隘达成的共同行动的协议和条约与应坚守的诺言，组成联军，共同出击哈萨克。1月26日星期四，乌拜达拉赫汗离开赛兰河岸前往"哈萨克斯坦"，在 نكين 扎营——"这是一座古城，现在是废墟"。由此地派往乌宗-阿赫马德大庄园的一支部队侦察到哈萨克人住在柯奇喀尔-阿塔麻扎附近苏贡-萨米尔的夏营地。派出的两名乌兹别克比——库沙伊比和土尔迪比走在前边，以抢占苏纳克山隘，从而截断哈萨克人的退路，他们抓了一个俘虏查明，哈萨克人已放弃柯奇喀尔-阿塔山谷，前往伊塞克湖。乌兹别克人追赶撤退的敌人，并在 وجن 要塞附近追上他们，这不是"塔希尔汗为反击卡尔梅克人在山脚下修筑"的一个要塞。但是当初曾用石头作为补充障碍物加固过这一要塞的哈萨克人却撤到了یر كجعا。2月16日关于阿布都·热希德汗讨伐的消息传到了乌宗鲁克河岸。乌兹别克人已有20天未能同阿布都·热希德汗取得联系。尽管双方都派出了急使,但是谁也没有达到目的,2月17日双方的军队在桑-塔什会师。就在当天傍晚乌兹别克人和蒙古人在ویر کیح——"这是一条既宽且深的人工壕沟,沟里还有水",追上了哈萨克人。敌人以它作掩护,登上它的制高点,用石头和树木堵住通路。2月18日星期四清晨太阳升起后,"最光荣的兄长阿布都·热希德汗"对乌拜达拉赫汗说:"同我们相比在这方面你们是客人。如果我们比你们早拔出剑战斗,这将是恰当的和公正的。"他一直坚持己见,最后[他们]决定这样做。顽强而猛烈的战斗使哈萨克人支持不住,逃跑了。他们的动产、马匹、骆驼和牲畜都落入胜利者手中。

这样,在乌拜达拉赫汗和阿布都·热希德汗的联军在对抗哈萨克人的战役中,后者失败了。但是根据瓦西弗的话很难做出毁灭性失败的结论,而这种"毁灭性"失败为穆罕默德-海答尔所说的"哈萨克人被彻底根除"和"他们的足迹从地面上消失"提供了可靠依据(抄本C395,第58叶正面,206叶正面,*Бада‘и’ал-вака‘и’*,鲍勒迪列夫本,第2卷,第1312—1322页;鲍勒迪列夫《扎因·丁·瓦西费》(Болдырев, *Зайнаддин Васифи*),第346—347页;阿基穆什金《蒙古-乌兹别克联盟》(Акимушкин, *Могольско-узбекский союз*),第37—40页)。

同时,我们上述史料还利用了《热希德史》的报道(穆罕默德-海答尔著,手抄本C395,第100叶背面,205叶背面至206叶正面;

罗斯译本,第 146,273 页),但是毫无疑问说的却是另一件事——这一事件的"肇事者"是汗的长子,统治阿克苏的阿布都·拉提夫苏丹。这次战役看来只具有局部意义,而且大约发生在 963 年/1556 年某地。它不可能更晚,因为这次帮助阿布都·热希德汗的纳乌鲁兹-阿赫马德(即巴拉克)汗在这一年年终死去。另一方面,报道说(见上文)在同哈萨克人的这次战役中死去的阿布都·拉提夫这年为 29 岁,而他的父亲在 944 年/1537—1538 年为 29 岁。最后,哈萨克和吉尔吉斯人的联军首领是另外某位汗或者苏丹,而不是哈克-纳扎尔。如果哈克-纳扎尔是这一首领,那么他就没有死,而是逃脱,因为在很晚以后,即 988 年/1580 年,他才死于纳乌鲁兹-阿赫马德的儿子巴巴苏丹的人手中。在这种情况下,我们宁可同意马赫穆德·本·瓦里关于布伊达什汗在 967 年/1559—1560 年死于河中地区(参见注释 50)的报道;按照 B. B. 威里亚米诺夫-泽尔诺夫(《研究》,第 2 部,第 275 页)的意见,他在和塔什干的统治者、纳乌鲁兹-阿赫马德汗的儿子达尔维什汗的战斗中死去。这样,我们认为一方面是穆罕默德-海答尔,另一方面是继此以后(这里只是在形式上)的史料,至少它们讲的是两场不同的战役:第一次发生在 944 年/1537 年,第二次较晚,大约在 963 年/1556 年。

最后,马赫穆德·本·瓦里(第 79 叶背面)明确地谈到阿布都·热希德汗在与乌兹别克-哈萨克人的战斗中不止一次获胜。B. П. 尤金得出了几乎相同的结论,按照他的意见,"阿布都·热希德汗几次同哈萨克人作战,而史料把所有这些战役都合并为一次了。"(《资料》(*Материалы*)第 407 页;同书第 518 页,他在此书中引用了佚名作者的突厥文著作，该著作藏于苏联科学院东方研究所列宁格勒分所，B731，其中把阿布都·热希德对吉尔吉斯人的征伐，准确地断定为 944 年/1537 年。参见巴托尔德《吉尔吉斯》，第 516 页，彼得罗夫《概要》(Петров, Очерки)，第 50 页。关于纳乌鲁兹－阿赫马德汗，并参见维亚特基，《晒赫朱伊巴里》(Вяткин, Шейхи Джуйбари)，第 3—19 页。

B. B. 巴托尔德(《吉尔吉斯》，第 516 页)在引用卡特买尔(Э. Катрмера)的话时指出，951 年/1544—1545 年，阿布都·热希德汗在伊塞克湖同塔什干的巴拉克汗会晤。这个日期被海答尔·本·阿里引用于上述汗们反对哈萨克共同行动的记述中。因为这一段任何人都未全文引用过，而我们对这份史料很感兴趣，现将译文提供如下："开始他(巴拉克汗)为邻国和附近的领土同喀什噶尔的统治者阿布都·热希德汗进行和平谈判，以便〔在结成联盟的情况下〕可以放心地去征服其他地区，由于艾米尔穆罕默德·巴鲁剌思的努力，双方签订了合约。在阿克－博古兹(原文是阿克－博库尔)山隘会晤时，他们坐在同一条地毯上，用誓言巩固了他们之间的条约和协议。在这种情况下巴拉克汗(原文是布达格汗)娶了阿布都·热希德汗的妹妹，然后便返回了。巴拉克汗在突厥斯坦和河中地区实行独裁统治。951 年巴拉克汗和喀什噶尔的统治者阿布都·热希德汗一起去草原同哈萨克人作战。在伊塞克湖相遇后，他们达成协议，阿布都·热希德汗更熟悉这些地方情况应走在前面。于是阿布都·热希德汗履行条约，急速走在前面，追上哈萨克人，打了一场胜仗，继续猛追他们。巴拉克汗(原文是布达格汗)紧跟在后面。哈萨克人在会战时抛弃的全部财产和牲畜都落在了他们的军人手中。阿布都·热希德汗胜利返回,他们都各自回家。"(海答尔·本·阿里著,第 417 叶背面)当把这一记述同我们上文谈到的瓦西费(Васифи)的《作战报告》相比较时,便会发现前者对后者有着明显的依赖性。毫无疑问,海答尔·本·阿里对瓦西费的《作战报告》是熟悉的,非常简明扼要地保存了下列共同的要点:阿克-博克兹山口相遇,"用誓言"巩固"协议和条约",对哈萨克人的联合征伐,决定阿布都·热希德汗为先锋等。但是海答尔·本·阿里同时把塔什干的纳乌鲁兹-阿赫马德同阿布都·热希德汗一起并称为胜利者,并指出会战日期是 951 年/1544—1545 年。

尽管海答尔·本·阿里的全部报道看起来都是非常合理的,然而我们却不认为它是可信的,特别是根据瓦西费的《作战报告》来看。当然,我们并不排除在巴拉克汗和阿布都·热希德汗之间旨在使乌兹别克和蒙古的联盟更牢靠这种联系的可能性。从这个意义来讲,可以认为他们会晤(但不是获得胜利)的日期是很不确切的。看来随着时间的推进,这一联盟的确得到巩固,因为纳乌鲁兹-阿赫马德汗在 962 年/1554—1555 年毫不犹豫地把失宠的昔班尼王朝的苏丹萨亦德苏丹流放到阿布都·热希德汗的喀兰库-塔格山。两年后这位苏丹为阿布都·热希德汗释放并派往撒马尔罕(Шараф-наме-йи шахи,第 86 叶正面,94 叶背面,102 叶背面,以及该书乌兹别克文译本,第 1 卷,第 226,227 页)。然而从这些方面来看,总起来说这位极其认真的编纂者在关于河中地区和"东突厥斯坦"发生事件的报道中有相当多的错误和不确之处,他的这些讲述是十分可疑的。看来他知道佚名作者(第 63 叶正面)报道的关于巴拉克汗和阿布都·热希德汗共同攻打哈萨克的情报,但是，他或者不拥有经过检验的资料，或者有意"翻新"瓦西费，因为只有这样才能解释和海答尔·本·阿里指出的较晚的日期和乌拜达拉赫汗被视为胜利者之一的巴拉克汗所代替。

59. 根据 *Бахр ал-асрар*（第 81 叶正面至背面）记载是"九面旗"(نهطوغ)；根据《喀什噶尔史》（第 63 叶正面）记载，看来它是六面，因为指出有旗帜的六位王子死亡(آلته توغاوق تورهنى)。关于哈萨克人旗帜的概念和意义，参见奥柯拉德尼柯夫《马和旗帜》(Окладников, *Конь и знамя*, 第 151—152 页)；列夫森《介绍》，第 3 部，第 51—52 页。

60. 可译为"军旗"（对照 ал-'аса'иб，"军队"）

61. 战役在 977 年/1472—1473 年冬天发生于距锡尔河不远的喀拉-图卡伊地方（详见穆罕默德-海答尔著，罗斯译本，第 92—93 页，手抄本 C395，第 64 叶正面至背面）。Б. А. 阿赫买道夫把布隆吉（布鲁吉）奥格兰与布宗贾尔比视为同一人，后者为"基亚特部落人，过去是阿布·哈伊尔汗军队的右翼头人之一，在那些动乱年代里他居住在锡尔河流域"。看来这种视为同一人是没有根据的。因为，第一，布鲁吉即布莱克奥格兰，是成吉思汗的后裔，在这种意义上讲，马赫穆德·本·瓦里他为术赤的后裔是对的（*Бахр ал-асрар*，第 135 叶背面）。第二，史料中总是把奥格兰这一专门称号加在他的名字上，他是那位在阿布·哈伊尔汗死后继承了政权的亚德噶尔汗的儿子。必须指出，根据 *Таварих-и гузиде-йи Нусрат-наме*（第 95 叶背后）的记载，他是阿拉卜沙的儿子；穆罕默德-海答尔（罗斯译本，第 92 页，手抄本 C395，第 64 叶正面）把他写作阿布·哈伊尔汗的"长子"(асанн ал-аулад)。最后，在沙迪于

1501 年完成的韵文编年史 *Фатх-наме* 中,他以布莱克苏丹的名字出现(*Фатх-наме*,第 57 叶背面及以下几叶)。这样,很清楚,布宗贾尔比只是一位有势利的人,但不是汗族,参见阿赫买道夫《乌兹别克游牧国家》,第 68—70 页;威里亚米诺夫-泽尔诺夫《研究》,第 2 部,第 143—148 页,尤金《评阿赫买道夫》(*Юдин, Рец. на Ахмедова*),第 88 页,此书对这一问题做了详细的探讨。

62. 这一点作者不确切,用昔班-哈萨克代替乌兹别克-昔班,尽管他从穆罕默德-海答尔那里引用了这一整段,后者在谈到乌兹别克时指的是乌兹别克-昔班。参见穆罕默德-海答尔著,手抄本 C395,第 100 叶背面(并参考第 81 叶正面,83 叶正面);罗斯译本,第 146 页。关于"乌兹别克-昔班"和"乌兹别克-哈萨克"这两个名称,参见尤金《评阿赫买道夫》,第 86—87 页。

63. 除这些诗外,还有一首波斯语的嘎泽尔(*газель*),用古乌兹别克语写的一首基特阿(*кит'а*)和两首鲁巴伊(*руба'и*),收进了《喀什噶尔史》,第 63 叶正面至背面。

64. 下列传说和金星(*планетой Венера,Зухра*)联在一起:两位天使——哈鲁特和玛鲁特,由于对大地上陷入罪恶和龌龊的人们的生活方式感到愤恨,请求上帝派他们到人间去重新建立秩序和公正。当这些天使到了大地以后,他们遇到的第一个人是位叫祖赫拉(*Зухра*)的妇女。他们两人被她惊人的美貌、迷人的歌喉和诗琴的弹奏所迷惑,和所有人一样也犯了罪。机灵的祖赫拉巧妙地从他们那里打听到"上帝的话",由于这个普通的死者可以升入天堂成为神仙。她利用了这一机会,由于自己的罪过,天使们遭受了惩罚,而祖赫拉被上帝放逐到极遥远的行星上(或者是被送回到那里),她在那里继续歌唱和弹奏。换句话说,祖赫拉是位很出色的音乐家和歌唱家。参见塔巴里,*Tафсир*,亚格马叶本,第1卷,第95—98页;马赛《信仰和习俗》(Massé, *Groyances et Coutumes*),第1卷,第171页。

65. 参见穆罕默德-海答尔(手抄本,C395,第101叶正面至102叶正面;罗斯译本,第147页)记载的阿布都·热希德汗的品格和德行;并参照奥斯曼土耳其人谢菲(死于990年/1582年)关于苏丹穆拉德三世的著作,S.舍费尔在1876年出版了这部书的一些片断(参见舍费尔(Schefer),第298—299页,第301页)。苏丹诺夫在论文中(《简述》(Т. И. Султанова, *Краткое описание*),第46—50页)详细地探讨了谢菲的著作。

66. 即简朴的不合乎汗身份的豪华仪仗。卡兰达尔是流浪行乞的德尔维什,他必须避开尘世的欢乐(但不是禁欲者),他应努力追求的主要目标是精神上的平衡和道德上的自慰。看来,卡兰达尔没有在组织上形成统一的教团。他们的出现通常被认为是在12世纪中期—晚期(对照同时期西欧的游方牧师)。流浪的德尔维什(即卡兰达尔)们为了自卫都配备武器;其中许多人不止一次去麦加朝圣——既为履行一项宗教义务,也为陪同别人前去。他们大多数人在政权转到谢菲王朝之后,离开了伊朗,作为逊尼派教徒加入了其他教派("马弗拉维派"、"纳克什班底派"),在中亚、喀什噶尔和其他地区传布,继续保持自己的生活方式和活动,因此人民常常错误地认为上述教派组织保持着卡兰达尔的活动。卡兰达尔渐渐地变成了职业乞丐群,是最危险的失掉阶级性的人群。他们多是文盲,当然也就不懂苏菲派思想及其哲学。参见 *Бурхан-и*

Кати', 穆因本, 第 3 卷, 第 1540—1541 页; 霍特《卡兰达尔》(Huart, *Kalandar*), 第 676 页; 伊万诺夫《伊斯马因派文献》(Ivanow, *Ismaili Literature*), 第 182—183 页。

67. 看来这里所说的不是某一固定的居民点, 而是一具体的采玉场, 和田地区以产玉著名。在流入和田河的喀喇-喀什和玉龙-喀什河的上游及其河床可以采到这种玉石。桑格-喀什或桑格-伊·喀什就是"玉石"。参见比鲁尼《矿物学》(Бируни, *Минералогия*), 第 184—186 页, 466—467 页; 阿伯勒-莱穆萨特《历史》(Abel-Remusat, *Histoire*), 第 146—160 页; 关于采集玉石, 参阅比丘林《介绍》(Бичурин, *Описание*), 第 136—138 页; 凯莱《论文》(Cayley, *An artiele*), 第 424 页; 博格达诺维奇《地质学研究》(Богданович, *Геологические исследования*), 第 17—22 页。

68. 因而大约在 929 年/1522—1523 年他被任命为阿克苏的总督和蒙古斯坦的统治者。穆罕默德·本·阿里-米拉克·巴尔拉斯是年青苏丹的导师(穆罕默德-海答尔著, 手抄本 C395, 第 15 叶背面至 96 叶正面; 罗斯译, 第 141—142 页)。

69. 既然阿布都·热希德汗于 940 年 1 月 1 日/1533 年 7 月 23 日登极, 那么他的死应在 967 年/1559—1560 年。我们在佚名作者的《喀什噶尔史》中(第 64 叶正面)和穆萨·本·伊萨那里发现了这一日期。后者指出他活了 49 岁。该作者关于"东突厥斯坦"在 16 世纪中期至 17 世纪末发生的事件的报道同佚名作者在其著作中(参照 *Тарих-и амнийе*, 第 18—21 页, 以及《喀什噶尔史》, 第 62 叶正面至 99 叶正面)引用的那些日期相符合(许多地方一字也未更动)。B.B. 巴托尔德也认为, 对于毛拉穆沙来说, 佚名作者不是原始材料,后者未必"直接是用了佚名作者的著作"(Рец. на Тарих-и Эмение,第 215 页)。根据阿明·[本]·阿赫马德·拉兹的记载,他在 850 年/1543—1544 年登极,统治了 3 年。海答尔·本·阿里指出他死于 978 年/1570—1571 年,马赫穆德·本·瓦里则说是 975 年/1567—1568 年(参见 Тарих-и амнийе,潘图索夫本,第 19 页;Хафт иклим,第 611 叶正面至背面,以及卡特莱梅勒《地理和历史概述》(Quatremère, Notice Geographique et Historique),第 487 页;海答尔·本·阿里著,第 428 叶背面及其以下;Бахр ал-асрар,第 82 叶正面)。后三种指出的日期被我们作者以下的叙述和一系列其他史料证明是错误的。

70. 这段原文部分被磨损(第 48 叶正面),我们按照复原的原文完成了译文。因此,为便于对比,我们在此也将佚名著《喀什噶尔史》(第 64 叶正面至背面)译文中的这一段引证如下:"委派阿布都·克里木去阿克苏。他不同意,报告说:……我真诚的愿望是想在汗的身边尽量多住些日子并为他服务。嫉妒者为了在他们之间制造分歧,向汗报告:阿布都·克里木心怀恶意。"

71. 即完全服从,事先表明同意对自己命运的任何裁决。

72. 这三个增补的故事是沙-马赫穆德从达乌拉特赫·萨马尔罕迪的 Тазкират аш-шу'ара' 一书中引用的。我们的作者把它做了一些压缩并对原文在编辑上做了不大的变动(对照 Тазкират аш-шуара,布朗本,第 364 页及以下,第 365 页 1—25)。除达乌拉特拉赫(他没有指出作者)外,米尔洪德、洪德米尔、巴布尔和麻思乌德·库希斯塔尼都引用了这首短诗。其中只有米尔洪德认为这首短诗的作者是尼扎米,"……尼扎米用'五音节体'写成的这首短诗,讲述了杀死自己父亲帕尔维兹的施鲁亚的故事"(参见米尔洪德,勒克瑙版(Мирхонд, лакнауское изд.),第 6 卷,第 265 页 2—3;洪德米尔《哈比卜·西亚尔》胡马伊版(Хондемир Хабиб ас-сийар, изд. Хума'и),第 4 卷,第 43 页;*Бабур-наме*(博威里吉版),第 50 叶正面;博威里吉译本,第 85 页;Мас'уд Кухистани, 第 210 叶正面)。但是无论在尼扎米长诗原文的校订本中,还是在苏联科学院东方研究所中保存的手抄本目录中,正是这首短诗没有被收录。同时,在 Л. А. 赫塔古洛夫的版本中有几处是用了重新排列的这首短诗的变体,即第一 миср 和第二 миср 的位置变化,用另一 миср 代替了第二 миср。参照 نیاید شاعری یاد کش در بدر * 尼扎米·甘贾维《胡斯拉乌·瓦·施林》(Низами Ганджави, *Хусрау ва Ширин*),第 207 页。我们必须指出,在布朗版本中,关于施鲁亚的事件被引用到法赫尔·丁·拉兹的著作《哈达伊克·安瓦尔》(Фахр ад-Дина Рази, *Хада'ик ал-анвар*)中。达乌拉特沙的这一注解是不正确的:拉兹有一部名称有些不同的著作——*Хада'ик ал-азхар йаситаййни*。

凯乌玛尔斯(古伊朗语名称噶伊奥·马尔坦,"尘世的","死亡的"的阿拉伯语形式)——根据伊朗的传说,人类历史开始于最初一人;早期穆斯林作者已经把他同《圣经》中的亚当混同为一人。关于他的阿拉伯文和波斯文的史料汇集见 Hartmann, *Gayomart*; Lazard, Une texte,第 201—216 页。

阿布·贾法尔·穆罕穆德·蒙达西尔哈里发的统治时间为 247 年 10 月 4 日—248 年 4 月 1 日/861 年 12 月 11 日—862 年 6

月5日。

兀鲁伯被杀于853年9月8日(或10日)/1449年10月25日(或27日)。参见巴托尔德《兀鲁伯》,第159、161页。

73. 阿塔里克(аталык,直译为"父位的接替者")是一含义极广的术语,它的意思在不同的时期都有变化。在年幼的或没有经验的总督——汗位继承者或汗族的某些代表统治时期,阿塔里克扮演着有些类似西欧摄政王的角色。在成年汗统治时期,他一般是汗最亲密的谋士和信赖的人,起着首相的作用。关于18世纪布哈拉阿塔里克的职能和特权,参阅:谢苗诺夫《布哈拉论文》(Семенов,. Бухарский трактат),第144—145页;他的《制度概要》(Очерк устройства),第61页;哈内柯夫《论述》(Ханыков, Описание),第185页,书中指出这个官衔"是汗国里最高的";阿卜杜拉伊莫夫《概要》(Абдураимов, Очерки),第70—71页。

74. 根据马赫穆德·本·瓦里记载,阿布都·克里木汗"在父亲生前曾被委派统治喀什噶尔"(Бахр ал-асрар,第82叶正面)。

75. 参见本书前面译文第154页,这里指出他的名字是苏丹-伊卜拉欣。阿明·[本]·阿赫马德·拉兹把他称为阿德哈木苏丹,并记载说,他在喀什噶尔做了16年统治者并死在那里(Хафт иклим,第611叶背面)。该作者的话也出现在《海答尔史》(第428叶背面)中。

76. 阿布-伊·舒库尔·本·霍加穆罕默德-玉素甫在一系列叙述中几次提到这位苏菲派的活动家,在这里他总是和阿布都·曼南相对立。大概穆罕默德-瓦里为了影响阿布都·克里木汗,同新到的权势人物进行过斗争。这条史料还指出,汗在阿布都·曼南到达叶尔羌后立即做了他的穆里德(在此之前汗是谁的穆里德,阿布-伊·舒库尔没有指出),他的心腹们以汗为榜样。在关于阿布都·曼南的那些引起阿布都·克里木汗对他产生的好感的"奇闻"叙述中,值得注意的一点是谈到汗进军吐蕃和"令人满意的结局,当然多亏圣洁的祈祷"(参见 Тазкире-йи 'Абд ал-Маннан,第 5 叶背面至第 6 叶正面,第 10 叶背面至第 11 叶正面)。关于著作和作者,参见米柯卢霍-马可拉伊《介绍》(Миклухо-Маклай, Описание),第 2 辑,第 201 号,根据佚名作者的 Тазкире-йи хваджа Мухаммад-Шариф(苏联科学院东方学研究所手抄本 C582,第 149 叶背面)和 Анис ат-талибин(第 97 叶背面)的记载,穆罕默德-瓦里苏菲是穆罕默德-莎里夫伊尔沙德(иршаду)的穆里德和继承人,即乌瓦伊西叶(увайсийе)派的代表人物。

77. 单词"جبه"(джабе,意为"铠甲""甲胄",以及"武器""军人装备")的写法最不可靠。大概要么是抄写员在原稿中没有判明这个词,要么是产生疑惑,并正因此而改换了形式。我们没有见过的组合"جبه تراش",当然,"جیهکاش"会更正确些(参见穆罕默德-海答尔著,手抄本 C395,第 101 叶背面和 Хафт иклим,第 611 叶背面)。

78. 看来,在 16 至 17 世纪的蒙古国,伊施喀噶(ишикага)被认为是行政机关品阶中的最高官衔之一,因为每当新汗开列委任的主要职务名单时,必定提到这一职位赐予某人。这时他便同宰相和阿塔里克一起提到。很遗憾,我们的史料没有阐述伊施喀噶的职责和特权,与此相同,他也没有对其他职务和官衔做任何阐述。可以推断,伊施喀噶的职守同 A. A. 谢苗诺夫指出的布哈拉的伊施喀噶-巴什相当。但是,在蒙古国占有这一职位的人的权势看来威望更高些,也更为重要些。在 18 世纪的布哈拉,伊施喀噶-巴什的职务是"当国家的统治者抵达皇宫时,充当皇帝的侍卫……"谢苗诺夫《布哈拉论文》(Семенов, *Бухарский трактат*),第 150 页;参见他的《制度概要》(*Очерк устройства*),第 60 页。

79. 原文是"برداشتن"(бар даштан,意为"抱起""举起")。按照蒙古的风俗习惯,在汗登基和宣布继承人或者后裔为汗时,国家最有影响的人把他从洁白的毡子上抬到地毯[①]上。

80. 根据马赫穆德·本·瓦里的记载,他派遣阿布·萨亦德苏丹(*Бахр ал-асрар*,第 82 叶正面)做喀什噶尔的阿奇木。

81. 伊斯兰教的祈祷分三种:必须的、被劝告的和自愿的。必须的(фарз)祈祷如下:一、乃玛孜-伊·巴木达德(晨礼)——太阳升起前的早祈祷;二、乃玛孜-伊·皮申(晌礼)——午祈祷(中午 12 时);三、乃玛孜-伊·迪噶尔(晡礼)——午后的祈祷(大约在午后 2 小时);四、乃玛孜-伊·沙木(昏礼)——日落后立即做的祈祷(低声);五、乃玛孜-伊·胡弗坦(宵礼)——睡前的祈祷,不早于日落后 2 小时。

82. 换句话说,他没有执行过伊斯兰教法典中那些为穆斯林在规定的时间内由于某种原因不履行这样或那样的宗教义务而做的规定。

83. 阿布都·克里木汗统治时期,叶尔羌的大哈孜是位霍加阿布都·瓦希德。

84. 霍加乌拜达拉赫是阿布都·克里木汗时期的宰相

[①] 汗位。——汉译者注

(везир),并死在他之后,据阿布都-伊·舒库尔记载是三个月。参见 *Тазкире-йн 'Абд ал-Маннан*(第 6 叶正面,第 14 叶背面);以及 *Анис ат-талибин*(第 97 叶正面)。

85.《喀什噶尔史》(第 65 叶背面至 66 叶正面)的佚名作者转述这一段时有些不同。他指出:"汗让哈孜和穆夫提坐在自己的一边,让宰相和阿奇木坐在自己的另一边。……如果原告人的诉讼涉及伊斯兰教法典,那么由哈孜和穆夫提进行判决,如果关系到习惯法,那么则由以宰相为首的艾米尔们解决。"并参照巴托尔德《七河地区史》,第 175 页及注释 320(原文)。

86. 直译为"没有发生过头发梢那样小的差错"。

87. 法蒂哈,"开端"——《古兰经》第 1 章。每天作为祈祷文诵读它被认为是穆斯林必须做的。这种诵读被认为是祝某人健康的祈祷,即作为最好愿望的祈祷。

88. 萨珊王朝科兹洛埃斯一世(531—578)以阿努施尔万这一名称著名。判决公正的帝王的荣誉环绕着他。一些赞美他公正的故事和寓言也在许多波斯-塔吉克古典文献中出现。看来它们在一定程度上反映了有关真正的、领导改革的、科兹洛埃斯一世的半神话性传说,改革的目的在于使国家机器更灵活和完善,税收制度更有秩序。在这方面后辈人使他的活动具有神话色彩。他在这些神话中被视为最完善的君主。参见克里斯坦森《伊朗》(Christensen, L'Iran),第 358—435 页。

89. 这里所说的使者是穆罕默德,根据传说,生于科兹洛埃斯一世统治时期的"象年"——约 570 年。记载穆罕默德的哈迪斯(*Хадис*)显然问世较晚(同时无疑是波斯文的),并且十分可疑。

90. 两个增补的带有诗作的记述中的这一段是我们的作者采自阿布都·拉赫曼·贾米《巴赫里斯坦》(*Бахаристан*)这部著作的第三章(payзa)。省略第一个记述的开头后,沙-马赫穆德·楚剌思把剩下的全部括入没有作多大变动的原文中。这一段得到了足够广泛的传布。我们在许多著作中,主要是中亚作者的著作中都能见到它,例如,尼牙孜-穆罕默德·胡干迪的《塔里赫-伊·沙鲁希》(*Тарих-и Шахрухи*)、法兹里·纳曼噶尼的《欧默尔-纳梅》(*'Умар-наме*)、米尔咱卡兰达尔·穆什里夫的《沙-纳梅-伊·欧默尔汗伊》(*Шах-наме-йи умархани*)(参见 *Бахаристан*,开罗本,第 22—23 页,同书第 70—71 页;参见 B.B 巴托尔德对后一首诗的译文《土著人论俄罗斯征服》,第 342 页)。

91. 这些话显然应作如下理解:根据本书作者拥有的史料情况,在阿布都·克里木汗统治时期,蒙古国没有经受剧烈的内外震荡。总的看来,它与其他史料的记载有共同之处。*Бахр ал-асрар* (第 82 叶正面和 82 叶背面)是其中之一种,它指出了国内统治的安定,另一部书——《海答尔史》说"阿布都·克里木汗生活在心灵的平衡与安谧状态中,他从来不曾有过敌手——骚动的激发者"(第 428 叶背面)。同时还根据这位马赫穆德·本·瓦里记载,汗同昔班尼王朝保持着友好关系并和他们经常交换使节,不止一次地在蒙古国同哈萨克的苏丹们、吉尔吉斯的首领们作战,获得所有战役的胜利(*Бахр ал-асрар*,第 82 叶背面)。17 世纪初的史料 *Тазкире-йи 'Абдал-Маннан*(第 11 叶正面)记载了汗对吐鲁番(准确地说是拉达克)的一次征伐。阿布都·克里木汗还有一次征伐,但这次是东方,是甘州——甘肃省的省会。这一事件在穆罕默德-

阿瓦兹的圣徒传《兹亚·库鲁卜》(Зийа' ал-кулуб)一书中提到。这是一部关于霍加伊斯哈克的书,大概在1012年/1603—1604年完成于中亚(《兹亚·库鲁卜》,第276叶背面。关于著作和作者,见博罗热金《前伊斯兰教宗教》(Доисламские верования),第182—189页;米柯卢霍-马克拉伊《介绍》,第2辑,第184号;尤金《报道》,第71—76页)。利用这项史料的穆罕默德-沙迪克·喀什噶里在自己的著作中也引用了这些情报(《霍加传》,第17页;《霍加传》,肖译本,第33页)。

92. 阿明·[本]·阿赫马德·拉兹对汗做了如下评论:"遵循先辈的传统,他通晓大部分手工作业和精雅艺术,在制作弓、箭及演奏乐器方面特别有成就。好像他必须要以自己的劳动来养家糊口。"(Хафт иклим),上述穆罕默德-海答尔关于阿布都·热希德汗的这条史料(手抄本,C395,第101叶背面;罗斯译本,第147页)移用到阿布都·克里木汗身上。

93. 直译是"在未完成教仪的净洗时,他不在地上站立"。

94. 霍加穆罕默德-伊斯哈克·瓦里是阿赫马德·霍加集-伊·哈桑伊(见注释20)的第七子(根据一些史料记载是第四子),纳克什班底-霍加派中黑山派霍加的创始人,以进行最积极的传教活动而闻着。他母亲出生于喀什噶尔的萨亦德家族,因此,也称他为霍加-伊·喀什噶里;在蒙古国他以哈兹拉特-伊·阿奇赞-伊·卡兰著名。一些史料记载说,除塔吉克语外,他还能读会写突厥文,在阿克苏和奇拉(和田地区)建造了一些修室。此外,他在全国有64个代理人(哈里发)。给我们流传下来的有两部伊斯哈克传——穆罕默德·阿瓦兹的 Зийа' ал-кулуб,在1012年/1603—

1604 年完成于河中地区；毛拉维沙-穆罕默德·帕伊拉维的 *Джалис ал-муштакин*，看来在穆罕默德汗的帮助下于 1008 年/1599—1600 年在叶尔羌写成。作者们虽然用伊阐的"奇迹"进行明显的辩护和天真的赞颂，但是从这些著作中显示出一位谨慎而灵活的政治家的形象，他老练而巧妙地利用伊斯兰教来达到自己的目的。我们必须指出，在 16 世纪 80—90 年代，蒙古国汗的政权还相当有威望，以至于能把伊斯哈克这样有影响的霍加从国内撵走。990—999 年/1582—1591 年间霍加伊斯哈克从某地到达喀什噶尔，以后在各地活动，在这里大约度过了三年。他在阿布都·克里木汗死以前已离开这里。他有三个儿子——霍加库特卜·丁（住在撒马尔罕父亲的麻扎）；霍加沙巴兹（伊斯哈克在世时，七岁死去）；穆罕默德-亚希亚，以霍加沙迪著名（是他在叶尔羌的继承人）。他的一个妻子是"无耻人"——黑山派领导人晒赫鲁特发拉赫·丘斯提的女儿。霍加伊斯哈克在 1008 年 3 月 10 日/1599 年 9 月 30 日去世于萨马尔罕，表年诗——*шайх-и заман* 与此日期相合。据沙-马赫穆德·楚剌思记载，他活了 94 岁（*Анис ат-талибин*，第 94 叶正面）。

95. 据史料记载，阿赫马德·哈桑伊（死于 949 年/1542—1543 年或 956 年/1549 年）有 13 个儿子。长子穆罕默德·阿明，以自己的别号伊阐-伊·卡兰、霍加卡兰或霍加-伊·迪赫比迪著名。过了一段时间他与兄弟霍加伊斯哈克（据一种史料记载是阿赫马德·哈桑伊的第四子，但据另一种史料是第七子）发生了激烈的斗争，这场斗争注定不会结束，在他们的曾孙时为了争夺宗教的领导权，因而是为了争夺在他父亲的信徒和穆里德之中——即在整个黑山派的霍加晒赫·穆尔施德中的实际领导权。后来,这场斗争演变成公开的政治斗争,伴随着暗杀、下毒和武装冲突,被卷进来的一部分教团分裂成两派——白山派(актаглик)和黑山派(каратаглик),后者以霍加伊斯哈克(死于1008年/1599年)为首。这场斗争越出了河中地区漫延到蒙古国、哈萨克和吉尔吉斯的领地,纳卡什班迪派在上述地区用这两个敌对派别的力量进行自己的传教活动,扩大思想影响的范围和招收新的穆里德,这就是说,增加晒赫——领袖的收入。17 世纪初的史料 Джалис ал-муштакин(关于该书,见米柯卢霍-马克拉伊《介绍》,第 2 辑,第181号)和18世纪中叶的著作 Джами' ал-асрар(见同书第202号)按下列顺序(括号里的顺序是根据《加米·阿斯拉尔》)列出了儿子们的名称:一、霍加穆罕默德-阿明,以霍加卡兰或霍加-伊·迪赫比迪著名;二、霍加杜斯特-霍加(霍加锡迪克);三、伊阐霍加巴哈·丁(穆罕默德-霍加);四、霍加伊斯哈克;五、伊阐霍加阿布都·哈里克(霍加巴哈·丁);六、伊阐霍加锡迪克(霍加杜斯特);七、伊阐霍加哈桑(霍加阿布都·哈里克);八、伊阐霍加伊拉希(霍加哈桑);九、伊阐霍加穆罕默德-阿里(霍加伊拉希);十、伊阐霍加晒赫(霍加穆罕默德-阿里);十一、伊阐霍加穆罕默德(霍加晒赫);十二、伊阐苏丹-伊卜拉欣;十三、伊阐霍加乌拜达拉赫(霍加阿布达拉赫)。参见 Джалис ал-муштакин,第16叶背面;《加米·阿斯拉尔》,第 352 叶正面及背面;参见《霍加传》(Тазкире-йи хваджаган),肖译本,И.伊莱亚斯前言,第 7—9,11 页。И.伊莱亚斯在指出阿赫马德·哈桑伊的七个儿子时,把霍加伊斯哈克作为最后一个列入自己的名单,但是他没有提到自己的史料依据。见

《霍加传》，肖译本，注释 32。

96. 霍加伊斯哈克传的作者穆罕默德-阿瓦兹记载说：他应阿布都·克里木汗的邀请到达蒙古国（Зийа' ал-кулуб，第 24 叶正面）。我们在穆罕默德-沙迪克·喀什噶里（《霍加传》，第 16 页）那里也发现了这一情报。同时我们必须记住，穆罕默德-阿瓦兹的著作是穆罕默德-沙迪克编纂这个国家的 16 世纪下半期历史之事时，不是唯一的，但也是基本的史料。这一史料还未得到我们已有的其他著作的直接证明。没有任何一种史料指出霍加伊斯哈克抵达蒙古国的准确日期。我们认为是在 990—999 年/1582—1591 年间。

97. 据毛拉维沙-穆罕默德说，霍加伊斯哈克刚到时苏菲苏丹不在城里，因为他前去沙土克-博格拉汗的陵墓拜谒。没有受到应有尊敬的势力强大的伊阐的不满情绪在作者转引的他的话中清楚地反映出来："活猫比死狮好。"参见 Джалис ал-муштакин，第 38 叶正面至 39 叶背面。

98. انابت کردن，意为"转向""回到真主那里""悔过"。在 15 至 17 世纪的圣徒传著作中，这个动词有特定意义——"承认某人对自己的统治"，"承认某人是自己的导师"，"请求精神指导"，即成为穆里德。参照 Та'лим аз-закирин，第 52 叶正面至 55 叶正面。

99. 直译为"时间就是金钱"。

100. 在大量叙述中的所有史料都报道了关于霍加伊斯哈克对穆罕默德汗产生的巨大影响。《阿尼斯·塔里宾》（第 88 叶背面）指出一个有趣的现象，关于汗把不论从河中还是从矿场开采的玉石之收入全部交给修室的居住者使用（看来伊阐修建的修室在和田

بسال ناعزد ساخت كانى وآبى را با فتوحات ديكر بنام خانقاه نشينان أ附近 的奇拉:
وحاعبلان سنكن يشم او سال。必须指出，把如此重要的国家财富转归霍加所有并不是第一次；例如：阿布·法兹勒指出，阿布都·热希德汗转授"玉河"），因而就是把销售玉石的收入，赏赐给霍加阿赫拉尔的孙子霍加穆因，他由于出售玉石成为巨富（参见 Акбар-наме，伯威里吉译本，第 2 卷，第 301—302 页）。显然，这些赏赐是临时的，史料引用上述话时指出了这一点"年年规定收入"。关于采玉场，见注释 67。

101. 这位伊本·玉素甫被本书作者在另一部书中作为伊斯哈克在和田的哈里发-霍加伊斯哈克在蒙古国的 64 位哈里发之一而提到。参见 Анис ат-талибин，第 93 叶正面。

102. 霍加阿布都·曼南传的作者报道，阿布都·克里木汗和其宰相霍加阿布达拉赫后来成为这位"圣者"的穆里德。可是，他的这一报道完全是或然性的，正如两个关于这位晒赫的"奇迹"的荒诞叙述一样，它召唤汗去阿布都·曼南那里居住，结果他成了他的穆里德，以强调自己前辈的神圣和重要。参阅 Тазкире-йи 'Абд ал-Маннан，第 6 叶正面，第 10 叶背面。

103. 其他史料也记载了关于阿布都·克里木汗与霍加伊斯哈克之间的不和。看来，我们作者的叙述是相当客观的，因为与 Тазкире-йи 'Абд ал-Маннан 的作者所谈的争吵原因如此近似。在汗同阿布都·曼南一起在喀喇-哈加吉村遇到霍加伊斯哈克后，他来看望霍加。汗长时间地等着霍加伊斯哈克，但是他仍然没有去他那里。两三个星期后汗派一名急使命令他去和田，并由那里去 Дехбид。霍加伊斯哈克当天就离开了叶尔羌（Тазкире-йи 'Абд

ал-Маннан，第 12 叶背面至 13 叶正面）。两位霍加伊斯哈克传的作者，一位是捎带地，另一位是较详细地，但都只记载了汗的活动。同时，毛拉维沙-穆罕默德认定[说]汗不怀好意地对待[伊斯哈克]是妒忌者和敌人的诽谤和阴谋（在这一点上他的记载同沙-马赫穆德·楚刺思的说法相同。后者在自己的另一部著作中指出宰相乌拜达拉赫是阴谋反对"长老"的罪魁和发起者——Анис ат-талибин，第 97 叶正面）。伊斯哈克应当时和田的统治者库拉伊什苏丹之请前往那里，并在奇拉地方招收穆里德，生活了三年。然而，"因为妒忌者们不事罢甘休"，汗下令让他出境（Анис ат-талибин，第 40 叶背面至 41 叶背面，93 叶正面）。看来这件事同霍加伊斯哈克远不显著的活动有关系，大概这些行动导致了库拉伊什苏丹反对中央政权的起事。对照 Анис ат-талибин 与 Бахр ал-асрар（第 82 叶正面）的情报，可以探讨这些事件之间的联系。

穆罕默德-阿瓦兹——《霍加传》(Тазире-йи-хвдждган，第 16—17 页）的作者几乎是重复他的话——更详细地讲述了这种不和：阿布都·克里木汗用恰当的礼仪迎接霍加伊斯哈克，但未表明做他的穆里德的愿望。40 天后给伊斯哈克送来一匹配着旧鞍鞯和带着一副打着一层又一层补丁的挽具的矮马。两天或三天后汗的急使到达，命令他出境。霍加伊斯哈克前去吉尔吉斯。的确，这位传记作者补充说，后来汗改变了主意，请霍加回来，但他不同意（Зийа' ал-кулуб，第 24 叶背面至 25 叶正面，第 27 叶正面；并参照尤金《报道》，第 73 页）。应该指出，据穆罕默德-沙迪克·喀什噶里记载，霍加伊斯哈克在该国度过了 12 年（《霍加传》，第 19 页；肖译本，第 34 页）。当然，国家出现威望极高且势力强大的伊阐，他由忠实的、武装起来的、狂热的信徒伴随,自然不能不干扰中央政权,这个政权竭力地尽快同霍加伊斯哈克脱离关系,并把他驱逐出境。这一事实是值得注意的,因为它证明:当时汗的政权还足够有力,才决定走这一步。在这一点上,那些宗教界的封建主们无疑地支持了汗,他们认为来自撒马尔罕的霍加伊斯哈克是最主要的对手,害怕因此丧失自己的权利和影响。

104. 托库兹干是叶尔羌地区一座不大的城,行政上隶属于叶尔羌(参见比丘林《介绍》,第135页)。据穆罕默德-沙迪克·喀什噶里记载,叶尔羌附近的托库兹干是黑山派霍加的灌溉土地(《霍加传》,第32页;肖译本,第38页)。И. 伊莱亚斯在注释中指出,托库兹干意译就是"九个村庄",他引用肖的注释列出顺序如下:普亚尔马、古马、赞果亚、乔达尔、桑朱、博尔亚、达瓦、柯什塔克和维格拉克。他们全部分布在叶尔羌以南和东南(《霍加传》,肖译本,第38页,注释18;杜曼《土地政策》(Думан, *Аграрная политика*),第64页,注释4)。

105. 原文是نیاز هندی (意为"贫穷"、"贫困")。16至18世纪的圣徒传著作表明,在苏菲派文学中这个词具有固定意义"请求庇护","穆里德的身份纳入高人门下"。通常,向苏菲派权威人士提出这一请求时必须同时带上钱币或某种礼品(经常是极大量的)。参见 *Та'лим аз-закирин*,第54叶正面至55叶正面;*Зийа' ал-кулуб*,第19叶背面,70叶正面至背面,121叶背面,125叶正面,128叶正、背面,147叶背面。

106. 据《阿尼斯·塔里宾》(第90叶背面)记载,库拉伊什苏丹派自己的儿子胡达班德苏丹去库木-拉巴特迎接霍加伊斯哈克。

注　释

毛拉维沙-穆罕默德指出，库拉伊什苏丹携带自己的全部宫廷［官员］和儿子们去迎接"长者"（Джалис ал-муштакин，第 41 叶正面）。

107. 据《阿尼斯·塔里宾》（第 91 叶正面）记载，霍加伊斯哈克在该地建造修室，在此留下了自己的粗毛织品衣服（خرقه）和外套（طاق），他们周围的当地居民——"全是蒙古人"——举行宗教仪式。这则史料还补充说，穆罕默德汗把位于同一地方的柯克-古木巴兹村作为"尼亚扎"奉送给伊阐。

108. 本书作者在自己的另一部著作中转述这一段时补充说："库拉伊什苏丹和他的孩子们（他有许多孩子）没有得到汗的头衔……他们（孩子们）全都是可敬的王子，但没有成为汗。不久后他们全都被杀害了。"（Анис ат-талибин，第 91 叶正面）在《贾里斯·穆什塔金》（第 42 叶背面）一书中可能有霍加伊斯哈克离开和田原因的暗示；他对穆罕默德苏丹说："请您去和田为苏丹服务，并请表达失去一位亲密者的感情。"

109. 据 Анис ат-талибин（第 91 叶背面）记载，霍加伊斯哈克在阿克苏创建了修室，它在 18 世纪初还在发挥作用。

110. 即从河中地区［来］。

111. 关于他的情况，除我们史料报道的以外，还在《喀什噶尔史》（第 72 叶正面）、Зийа'ал-кулуб（第 29 叶背面及以下几页）和 Анис ат-талибин（第 96 叶背面至 97 叶背面）中见到过。据后者的记载，舒图尔哈里发是乌兹别克人，出身于沙布尔干，他母亲在这里拥有一块土地，他父亲伊本·亚明（著名的本地诗人）在他出生后很快就死去了。霍加伊斯哈克居住在沙布尔干以后，舒图尔哈里发成为他的穆里德。哈里发违反母亲和族人的意志。他们请求霍加放弃这个孩子,但他们的请求没有达到目的。他穿着一件老羊皮袄在厨房里服务了七年。伊斯哈克很信任他,哈里发的妻子巴基-阿发克-比比为伊斯哈克保管冬春净洗用的水(由此可以得出结论:伊斯哈克来喀什噶尔前经常在他那里居住)。霍加返回撒马尔罕后,他被委任为喀什噶尔的哈里发和穆罕默德汗的代理人,霍加伊斯哈克给穆罕默德汗关于哈里发有领导一切的权利的命令(иршад-и халифат ал-хулафа')。他有三个儿子:霍加萨亦德-穆罕默德霍加,以霍加谢皮霍加著名;努尔-穆罕默德霍加,以沙希德霍加著名;施尔-穆罕默德霍加,以舒图拉卡霍加著名。舒图尔哈里发八十四岁时死去,葬在苏古贾克的苏费拉尔村。毫无疑问,在穆罕默德汗时期他是霍加伊斯哈克信赖的人物,监督他(穆罕默德汗)并检查他的行为。阿布都·克里木汗死后,他在同霍加的敌人的斗争中起了相当大的作用。在这方面宰相乌拜达拉赫家族的例子具有代表性:按照穆罕默德汗的命令,这一家族及其侍役一起被放逐到和田,宰相的房屋被舒图尔哈里发占据,以后他又把它改建为马厩。除这些关于他的描述外,还必须指出,他通常骑在马上,手里拿着长拐杖以"教训"执拗者。在他前后走着一大群教徒,人数多达四五千。史料记载:脾气暴躁和性格奔放以及镇压和身体力行迅速是其特点。不可能是其他的,这里说的只能是招收和引诱一系列德尔维什组织和联合体中顺从的成员为穆里德。本书作者的下列叙述鲜明地描绘出他这方面的活动。

  112. 对照 *Анис ат-талибин*(第93叶背面),此书指出前者有八个儿子和七个女儿,后者有六个儿子和八个女儿。

113. 原文是阿勒弗－阿塔（Алф-ата）。史料在这里用的是口语形式——用单辅音的唇齿音代替爆发的非鼻音的双唇音 6（或者 п）。

114. 把穆罕默德－阿瓦兹的叙述同这一情节相对照，其中舒图尔哈里发做了类似的亵渎神圣的事，以证实自己的庇护者在这位穆罕默德汗决定向他求援的圣人面前的强大，在这一叙述中墓穴里出现的狮子为龙所代替（Зийа'ал-кулуб，第 29 叶背面至 30 叶背面）。

115. 这一事件发生在 967 年/1559—1560 年（见注释 69）。

116. 据《喀什噶尔史》（第 67 叶背面）记载，他在位 34 年，63 岁死去。Тарих-и амнийе（第 19 页）证实了我们史料的报道。海答尔·本·阿里（第 429 叶正面）的叙述以阿布都·克里木汗的登基作为结束。应该指出，他关于发生在蒙古国的一些事件的报道大多是极其混乱不清的，同可靠的情报相比较，更类似于没有经过检查的传闻。例如，他认为，阿布都·热希德汗死后，他的长子阿布都·拉提夫统治着国家，后者（由于同哈萨克和吉尔吉斯人的斗争）死后阿布都·克里木登基。据他记载，他在位时《海答尔史》编纂完成（我们必须记住，这部著作写于 1020—1028 年/1611—1619 年之间）。海答尔·本·阿里关于下述时间的记载（至今唯一的，还没有任何其他史料证实的）是很有趣的：他大约于 1016 年/1607—1608 年在坎大哈同某一汗－阿里伯克相遇，后者为阿拔斯一世在 1014 年/1605—1606 年派到阿布都·克里木（原文如此）那里，完成使命后返回了故乡。叙述首先以使团的事实吸引人，尽管是奇异的，海答尔·本·阿里向西向使者询问了吐蕃和蒙古国的情况之后，才答应在著作的结尾部分转述他从使臣这里听到的关于这些区域的全部情况。

阿明·[本]·阿赫马德·拉兹(Хафт иклим，第 611 叶背面)在叙述这一国家历史的情况时也终止于阿布都·克里木汗统治时期。我们在他的 Хафт иклим 一书中发现了数量不多的报道同我们在沙-马赫穆德《编年史》中读到的根据别人著作编纂而成的部分有明显的巧合，这种现象说明他们用的是同一的一手材料，这就是米尔咱穆罕默德-海答尔·朵豁剌惕的《热希德史》。同时，在我们感兴趣的问题中，他引用的大部分史料作为资料来说其可靠性值得怀疑。阿明·[本]·阿赫马德·拉兹的这些资料无疑是在印度获得的，众所周知，他的书在那里编成。我们认为它以极混乱和不确切的口头传说和不可靠的叙述为基础。以后海答尔·本·阿里从自己的前辈那里采用了这一段，对它略做修改，补充了一些自己拥有的书面和口头的记载。总之，必须指出，波斯历史文献中至今没有发现谁的著作中有详细的和准确的在这个地区发生的事件的阐述。由于中央亚细亚这一地区的遥远和缺乏同它的直接联系，波斯史学家很少注意到它。他们报道的消息很不确切，因为它们来自第三者，造成了偶然和片段的印象。我们在中亚(河中地区)和印度史学家那里发现了关于这一地区极少量的同他们相反的记载，其特点是比已知的资料更为全面、准确和可靠。这种情况可能是由于共同边界的存在，以及蒙古国同这些国家在文化、政治、外交和贸易上的密切关系，诚然，并不是所有时间都是密切的，例如，阿布都·热希德汗同莫卧尔大帝胡马雍和阿克巴之间的互换使团(Акбар-наме，伯威里吉译本，第 1 卷，第 542、551—552、

609 页；第 2 卷，第 36—37、303、305 页）。

117. 根据传说，穆罕默德在 11 年 3 月 13 日（632 年 6 月 8 日）63 岁时死去。

118. 这件事或者发生于 999 年/1590—1591 年底，或者在 1000 年/1591—1592 年初。如上所述，因为他在伊斯兰历 967 年登基，上述年代正合乎他死去的日期。Тарих-и амнийе（第 20 页）指出，这一日期是他死去的年代和他的继承人穆罕默德汗登基的年代。根据 Тазкире-йи ʽАбд ал-Маннан 作者的说法，他的死或者是在 999 年/1590—1591 年中期，或者在 998 年/1589—1590 年底（Тарих-и амнийе，第 14 叶背面。参见米柯卢霍-马克拉伊《介绍》，第 2 卷，第 151 页）。我们的作者在 Анис ат-талибин（第 94 叶背面）中记载说："阿布都·克里木汗去世时，正是一千年。"但是在《编年史》（第 55 叶背面）中他指出伊斯兰历 999 年是阿布都·克里木汗死去的年代。有趣的是，穆罕默德-阿瓦兹把阿布都·克里木汗的死同汗迫害过的霍加伊斯哈克一件"奇迹"的出现连在一起（Зийа'ал-кулуб，第 29 叶背面）。马赫穆德·本·瓦里记载了一些关于阿布都·克里木汗统治时代发生的事件。据他说，汗的弟弟，统治和田的库拉伊什苏丹在阿布都·克里木汗生命的最后几年举行叛乱并从叶尔羌（原文如此）逃往乌耆和吐鲁番。汗命令穆罕默德苏丹镇压库拉伊什苏丹的起事，在三个月的军事行动后他镇压了叛乱，把库拉伊什苏丹带到叶尔羌的汗那里。阿布都·克里木汗考虑到库拉伊什苏丹已承认错误，让他去印度，阿克巴亲切地接见了他并把一个地区赐给他统治（Бахр ал-асрар，第 82 叶背面，83 叶正面）。马赫穆德·本·瓦里的记载为更早的史料所证实。这样，*Джалис ал-муштакин*（第 51 叶背面至 54 叶正面）的作者在记述库拉伊什苏丹的叛乱时援引平息这次叛乱的穆罕默德汗的话。尽管作者没有指出这一事件的日期，然而从上下文可以看出，穆罕默德汗讲述这一事件时已经是国家的统治者了，况且讲述的开头几句话表明，起义发生在阿布都·克里木汗在世的时候（他没有指出）。阿布·法兹勒指出，他被阿布都·克里木汗派出去是由于在他的儿子胡达班德苏丹和穆罕默德汗之间发生了冲突。库拉伊什苏丹携带全家和侍役到达巴里赫，并由此前去印度（奇怪的是他的八个儿子中只有肇事者本人——胡达班德苏丹留在故乡）。997 年 10 月 8 日（1589 年 7 月 21 日）阿克巴在沙迪沙普尔城接见了他（*Акбар-наме*，伯威里吉译本，第 3 卷，第 840、844 页），并派他担任哈弗特萨迪（хафтсади）职务（*Айин-и Акбари*，布劳赫曼版，第 2 卷，第 226 页（原文），第 178 号）。库拉伊什苏丹在 1000 年/1591—1592 年死于痢疾（*Акбар-наме*，伯威里吉译本，第 3 卷，第 931 页）。他的一个儿子沙-穆罕默德在阿克巴时期担任西萨迪职务（《阿伊因-伊·阿克巴》，布劳曼版，第 1 卷，第 229 页（原文），第 310 号）。因此，根据上述史料的记载，库拉伊什苏丹可能在 996 年/1587—1588 年左右动身。

119. 库车（Кусан）是"东突厥斯坦"古城居民点库叉（Куча）的名称之一，是中央亚细亚最大的文化和商业绿洲。它曾进入回鹘国、蒙古斯坦（看来是）和蒙古国的版图。16 至 18 世纪的穆斯林史料通常指出，库车没有起多少独立的作用。然而库车和拜城有时是一个单独的行政单位，它依据于本地政治形势和叶尔羌中央政权的力量，时而依附于它，时而脱离它而独立存在，时而成为蒙古国的东部疆域。同位于蒙古国最边界的库车城堡起着重要的战略作用。一般地说，统治王朝的代表统治着该地区和城堡。参见伯希和《注释》，第126—132页。

120. 沙汗是满速儿汗（见注释34）的长子、蒙古国东部（吐鲁番和焉耆）的统治者，于父亲在世时继位。对沙汗的详细评述，见穆罕默德-海答尔，手抄本C395，第87叶背面至第88叶正面；罗斯译本，第129页。

121. 沙-马赫穆德·楚剌思简短地转述了这一段，《热希德史》中有较详细的记载（参见穆罕默德-海答尔著，手抄本C395，第85叶正面至第86叶正面；罗斯译本，第125—126页）。

122. 西蒙古或卫拉特（准噶尔）的族名。我们在译文中保存了突厥语形式卡尔梅克（калмак，قلهاق）以便同伏尔加河的卡尔梅克（калмык）相区别（见柯特维奇《俄罗斯档案文书》（Котвич, Русские архивные документы），第791页：……卡尔梅克这一专门术语保存下来专用于表示这样一部分卫拉特人，即居住在伏尔加河、顿河和乌拉尔河沿岸，并且自己已习惯于这一名称而忘记了旧名字"卫拉特"的这部分卫拉特人。）

123. 据《明史》报道，沙汗死于1570年（这一年为伊斯兰历977—978年）对卡尔梅克一次常规性的征伐中。这部编年史还指出，父亲（即曼苏尔汗）死后，他的兄弟穆罕默德作为沙汗的敌人和对吐鲁番和焉耆宝座的觊觎者出现，虽然没有成功，但他仍然占领了哈密地区的一部分，并在这里站稳了脚跟。他娶了卫拉特一个氏族中的女子之后，依靠该氏族的帮助不断地扰乱沙汗，他的地位也更加巩固了，沙汗死后，穆罕默德很快就登上了吐鲁番的宝座并派遣使团去中国。但是他的三位兄弟不承让他的政权,其中一个索菲(苏菲)觊觎王位,宣布自己为苏丹并且也派使团去中国朝廷(穆罕默德-海答尔,罗斯译本,N.伊莱亚斯前言,第106,123—124页;布莱特施奈德尔《中世纪研究》,第2卷,第198—201页)。而穆斯林史料没有提到曼苏尔汗(死于950年/1543—1544年)有多少儿子,也没有提到他们的名字,我们在其中也未发现关于反对沙汗行动的任何报道(尽管穆罕默德-海答尔已经指出他对父亲周围的人不成体统的行为)。《热希德史》的报道只是提示说曼苏尔汗不少于两个儿子:"曼苏尔汗临死前让自己的长子沙汗登上宝座,并且至今,即952年他还是焉耆和吐鲁番的汗"(穆罕默德-海答尔著,手抄本C395,第87叶背面至88叶正面,罗斯译本,第129页)。

这样,《热希德史》间接地证明了《明史》关于沙汗有几个兄弟,他们在他死之前都活着,并且积极地参与记叙政权之争。在这方面,佚名史学家用不协调的声音顺便谈到沙汗在死后国内没有汗(《喀什噶尔史》,第71叶正面)。我们以为这种意见可以用两种相互矛盾的观点解释:或者在权利之争中任何一个兄弟都未获得显著的优势,以控制其他人并成为全权的统治者(但是这似乎同《明史》关于穆罕默德和苏菲的记载相抵触),或者在沙汗死后觊觎者在激烈的内讧中在肉体上相互消灭了,从而使焉耆和吐鲁番汗的男系断绝。不管怎样,库拉伊什苏丹利用这种局势,来到吐鲁番,脱离了同叶尔羌汗的关系(参看注释118和115)。

124. 我们的作者引用的关于穆罕默德汗与沙汗(从949年/1542—1543年起统治吐鲁番)相互关系中的这一段,看来大约发生在阿布都·克里木汗统治时期的978年/1570—1571年,根据史料记载,穆罕默德汗被掳五个月后,他的儿子舒贾·丁·阿赫马德汗在焉耆出生,而后者在1028年/1618—1619年五十岁时被杀(见我们的译文第194页)。参见《喀什噶尔史》(第68叶背面至69叶正面)一书中这一段叙述。

125. 苏菲(即伊卜拉欣)苏丹早在霍加伊斯哈克时期约996年/1588年死在喀什噶尔。据毛拉维沙-穆罕默德说,在喀什噶尔时,穆罕默德汗在伊阐的影响下征伐塞勒库尔的哈萨克和吉尔吉斯;征伐以胜利结束,不过,也同上次只是有艾米尔们进行的[征伐结果]一样(见 *Джалис ал-муштакин*,第45叶背面至53叶背面)。

126. 可见他大约卒于999年/1590年,距阿布都·克里木汗之死时间不长。

127. 阿布都·克里木汗去世的日期或者是999年/1590—1591年底,或者是1000年/1591—1592年(参见注释118);沙-穆罕默德·楚剌思的记载指出,穆罕默德汗是在兄长死去三个月后从征伐蒙古斯坦返回立即登极的,把这一记载同上述其他一些关于汗死后伊斯兰历1000年的史料(书目见注释118)相比较,可以得出这样的结论。

128. 蒙古斯坦,楚河和塔拉斯河河谷的一部分。早在15世纪60—70年代在卡尔梅克(即卫拉特)乌卢斯阿玛桑吉的压迫下,吉尔吉斯的牧场迁移到此地。参见彼得罗夫《概要》,第49页。关于两河之间的这一地带,也参见巴托尔德《1893—1894年报告》,第37—57页;科热米亚科《中世纪早期城市》(*Кожемяко*, *Раннесредневековые города*)。

129. 阿布·法兹勒记载,在阿布都·热希德汗去世后,阿布·萨亦德很快在 967 年/1560 年底和 968 年/1560 年初同自己的母亲丘丘克哈尼姆(!)和兄弟苏菲苏丹一起到达巴达克山。在一系列似乎由于到来者干涉米尔咱苏来曼治下的巴达克山的内政而引起的谈判、互相指责和争执之后,阿布·萨亦德娶了哈拉木比吉木的长女,并留在巴达克山,治理妻子的陪嫁——鲁斯塔克地区(见 Акбар-наме,博威里吉译本,第 3 卷,第 214—215 页)。可是看来他在鲁斯塔克时间不长,因为过了一段时间后我们在叶尔羌又见到了他,当时阿布都·克里木汗委派他为和田城和地区这一封地的统治者。他在巴达克山里生活得怎样,他为什么由此返回,很遗憾,史料没有做任何报道。

130. 据阿布都·曼南传的作者记述,阿布都·克里木汗的宰相霍加乌拜达拉赫在汗死后三个月死去(Тазкире-йи 'Абд ал-Маннан,第 14 叶背面。同时参见 Анис ат-талибин,第 97 叶正面)。

131. 阿布都·热希德汗(940—967/1533—1560)的第十一个儿子。详见注释 44。

132. 塞勒库尔是"东突厥斯坦"的西部和西南部边境的一个地区,即帕米尔高原塞勒库尔山脉东坡的河谷地区,在土曼兹河、塔什库尔干河、喀喇苏河及其支流的流域。这条河分别从巴达克山、帕米尔、瓦罕去喀什噶尔和叶尔羌的天然通道(斯坦因《古代和田》,第 1 卷,第 23 页,他的《内陆亚洲》,第 1 卷,第 53—58 页,第 2 卷,第 853 页,注释 3;他的 Serindia,第 1 卷,第 72—80 页;科尔尼罗夫《喀什噶利里亚》(Корнилов, Кашгария),第 136—141 页)。

瓦罕是历史上的一个地区,包括喷赤河上游两岸及其在瓦罕山脉和兴都库什山之间的支流,看来我们的作者把塞勒库尔西南部和毗连塔格-杜巴什的瓦罕东部地区都作为阿布都·拉希木苏丹的领地。斯坦因，Serindia 第 1 卷，第 60 页及以下几页；他的《内陆亚洲》(Innermost Asia)，第 2 卷，第 863 页及以下几页。

133. 阿布都·热希德汗的第十二子(据其他史料记载是第十三子)。

134. 穆罕默德汗在 1000 年/1591—1592 年登位后立即进行了分封。关于在父亲死后三个月，即 967 年/1560 年出生的阿布都·拉希木汗年龄的记载证明了这一假设。

135. 库什比基是汗军大本营的长官，根据上下文判断，是蒙古国主要行政职位之一。据其职能来看，它近似 18—19 世纪布哈拉廓什比基-伊·库勒的职位：汗国内艾米尔下面的头号人物，"他的职能可以说是宰相，汗国的全部事务都通过他，再由他报告艾米尔；每当后者离开首都时，库什比基代守艾米尔的职位。[他]不能离开首都的内城(арк)到任何地方去"(Убайдулла-наме，谢苗诺夫译本，第 45 页，注释 2)。据哈内科夫(И. Ханыкову)的意见，在 19 世纪上半期的布哈拉"宫廷里最高的和最大的官员是库什比基，或者宰相，他比伊纳克高一级。……而他的职能是多方面的，根据其管理的部分，他是艾米尔以下的首要人物……"(《介绍》(Описание)，第 187 页)。威里亚米诺夫-泽尔诺夫(В. В. Вельяминов-Зернов)指出，"库什比基(管理皇室鹰、猪的贵族)是[浩罕——俄译者]汗国赐给最重要的城池和地区的行政长官的荣誉称号"(《历史通报》(Исторические известия)，第 331 页)。同时参见谢苗诺夫《制度概要》(Семенов，Очерк устройства)，第

53—54、61页,他的《布哈拉论文》(Бухарский трактат),第148页,此书谈到同俄罗斯宫廷狩猎官的名称相符的库什比基这一职务。执行库什比基职能的人物可以明确如下:"统领携带者如猎禽、猎狗等狩猎用的全部装备的猎人们的狩猎官。"同时参见阿布都拉伊莫夫《概要》(Абдураимов, Очерки),第75—81页;他的《廓什比基》(Кошбеги),第54—60页。

136. 据 B. B. 巴托尔德说,昔班尼王朝"最杰出的国君"出生于1532—1533年,从968年/1560—1561年以自己迟钝的父亲的名义统治,从991年/1583年父亲死后自己统治;在1006年/1598年征伐哈萨克时死于撒马尔罕。详见巴托尔德《阿布都拉·本·伊斯坎德尔》,第487—488页。

137. 由此可见,昔班尼王朝军队的征伐发生于1002年/1593—1594年底,或者1003年/1594—1595年初(如果认为阿布都·克里木汗死亡的日期是肯定的,见注释118)。据《哈布都·曼南传》的作者记载,阿布达拉赫汗的军队在1000年/1591—1592年,即狗年(第14叶背面:تاریخ مزار بود در سال سکن آمد)侵入蒙古国。这条史料中有两处不确切。其一,大家都知道,乌兹别克人是在穆罕默德汗登位后到来的,而他登位是在伊斯兰历1000年;其二,狗年是1007年/1598—1599年(如果考虑到突厥民族采用的十二生肖周期是统一的,没有什么差别这一点的话;但是如果注意到毛拉穆萨在 Тарих-и амнийе 中提供的, B. T. 尤金指出的关于从苏丹-萨亦德汗时期以后"东突厥斯坦"使用的这一纪年的特殊性的说明,那么这一狗年是1003年/1594—1595年,与我们的假设相同。参见《资料》(Материалы),第482—483页)。必须指出，关于征伐的报道仅存于在印度和蒙古国写成的历史文献中。所有的中亚作家都用沉默来回避这一事实（马赫穆德·本·瓦里和穆罕默德-阿瓦兹除外），我们认为这一点可以解释为：出征具有短期的侦察性质或军事行动的性质，人们大概把它当作一次侦察。这种解释已被乌兹别克军队到达喀什噶尔城，又被它们围攻叶尔羌的行动所证实。由于这次出征没有肯定的结局并且在某种意义上是不成功的，看来当代作家们认为可以用沉默来回避它，况且阿布达拉赫汗统治的最后岁月的激烈事件很快接着发生。

《喀什噶尔史》（第 69 叶正面）的佚名作者指出，那支军队的数量，即十万人，但只是在霍加木-库里廓什比基指挥下的。穆罕默德·本·瓦里谈到大批的（像潮水一样）军队；在艾米尔和苏丹中，他指出有乌兹别克苏丹、多斯土木苏丹和霍加木-库里廓什比基（Бахр ал-асрар，第 83 叶正面）。穆罕默德-阿瓦兹两次讲到乌兹别克的征伐，把军队的数量定为大约五万，提到了阿布达拉赫汗和乌兹别克汗的兄弟多斯土木苏丹的名字（Зийа ал-кулуб，第 30 叶背面至 31 叶正面，第 103 叶正面）。看来，穆罕默德-阿瓦兹指出的数字仍然定得相当高，然而，这个数字当然更接近真实。这里还必须考虑到，他的著作在上述事件后很快写成于撒马尔罕，作者作为亲眼目睹者还保存着对征伐的鲜明印象。霍加伊斯哈克传的另一个作者也谈到同乌兹别克征伐喀什噶尔有联系的事件；但我们在他那里没有发现这么详尽的说明（Джалис ал-муштакин，第 34 叶正面至背面）。阿布·法兹勒仅指出"大量的军队"（Акбар-наме，博威里吉（Беверидж）译本，第 3 卷，第 844 页）。本书作者在 Анис ат-талибин 中很简短地谈到这次征伐，指出军队的首领是霍加木-库里廓什比基。引人注意的是,他认为乌兹别克征伐的原因是:阿布达拉赫汗是阿布都·克里木汗的朋友,似乎为了保卫以和田为封地的阿布都·克里木汗的儿子沙-海答尔-穆罕默德苏丹已被侵犯的权利而起来反对穆罕默德汗。此外,穆罕默德-沙迪克·喀什噶里在重述自己的史料 Зийа ал-кулуб 的情报时,只是错误地用鲁斯塔木苏丹代替多斯土木苏丹(或者是抄写者的错误),看来,更可能的是穆罕默德-沙迪克错读了自己的史料;对照رستم 和 دوستم(参见《霍加传》,第 20 页;肖译本,第 34 页)。多斯土木苏丹是阿布达拉赫汗的兄弟,在阿赫西地区统治过一段时间(参见 Зийа' ал-кулуб,第 45 叶背面;Шараф-наме-йи шахи,第 482 叶正面;Бахр ал-асрар,第 234 叶正面)。可能在穆罕默德-玉素甫-蒙施的话里对乌兹别克的阿布达拉赫汗征伐喀什噶尔有某种暗示:"……在阿布达拉赫汗时期大多数(昔班尼王朝成员)死于对伊朗、喀什噶尔和达什特伊·钦察(Дашт-и Кипчак)的征伐中。"(Тарих-и муким-хани,谢苗诺夫译本,第 70 页)

138. 关于穆罕默德·巴尔拉斯的情况,见注释 46。

139. 除我们的作者和佚名作者的《喀什噶尔史》(第 69 叶正面至 71 叶正面)以外,我们在马赫穆德·本·瓦里那里发现了对这些事件最完整的记载,这些事件是在得到了乌兹别克人征伐的情况之后接着发生的。据马赫穆德·本·瓦里记载,汗是在叶尔羌得到了乌兹别克军队行动的情报。他把叶尔羌的要塞预先托付给"忠诚的人们"后,由此前往喀什噶尔(Бахр ал-асрар,第 83 叶正面)。

140. 佚名作者的《喀什噶尔史》(第 70 叶正面)是 جوزهليك:贾

乌扎雷克（Джаузалык）。

141. 阿拉库——据《热希德史》记载，是位于喀什噶尔附近的一个要塞（穆罕默德-海答尔著，手抄本 C395，第 55 叶背面；罗斯译本，第 76 页）。

142. 孔吉——喀什噶尔的一个坊区或关厢。关于"马哈拉"（махалла）这一术语，见穆克米诺娃《若干资料》（Мукминова, Некоторые данные），第 20 页；她的《简史》，第 79—80 页。

143. 据马赫穆德·本·瓦里记载，穆罕默德汗从喀什噶尔出发迎击乌兹别克，在沙-海答尔-穆罕默德苏丹·本·阿布都·克里木汗从和田来到后，关于乌兹别克人在乌什-塔尔哈出现的传闻传播开了。汗在城墙外的军营里。战斗前，他把自己的军队作为中军，自己任总指挥，右翼委任沙-海答尔-穆罕默德苏丹和米尔咱基亚斯·萨噶里奇，左翼委任阿布·萨亦德苏丹和艾米尔海答尔伯克·楚剌思。次日，乌兹别克人用自己的左翼进攻蒙古人的右翼并击溃了它。汗不得不把米尔咱海答尔伯克·楚剌思从左翼撤下来，让他率领 1500 名士兵组成的一支部队发起冲锋，这在某种程度上恢复了局势。汗看到军队接近于失败，便缓慢而有序地撤回城内；乌兹别克人也没有追击。汗在城内防守，把急使分别派往全国各地征集军队。在撤回喀什噶尔时，沙-海答尔-穆罕默德苏丹离开了他，借口征集军队去了自己的封地和田（Бахр ал-асрар，第 83 叶正面至 84 正面）。这样，在喀什噶尔城下的战斗中乌兹别克没有取得决定性的胜利，长期围城的问题摆在他们面前，根据以后的事情判断，看来这并没有吸住他们。

144. 根据上下文可以看出，16 世纪在喀什噶尔和叶尔羌之间有两条道路。由于我们不能确定博格拉-库米居民点的方位,因而不清楚乌兹别克人从哪条路去叶尔羌;穆罕默德汗的路线经过英吉沙、克孜勒尔和廓克-拉巴特村,即车马经常走的大路。看来,汗走的路比乌兹别克军队走的路要近些,虽然马赫穆德·本·瓦里指出,他们走的是"最近的路"(Бахр ал-асрар,第84叶正面)。穆罕默德-海答尔记述了这条路(罗斯译本,第295—296页)。关于从英吉沙到叶尔羌的两条道路。见瓦里汗诺夫《从喀什噶尔到叶尔羌》,第448页;科尔尼罗夫《喀什噶里亚》,第340—341页。

145. 这里指的是阿赖山脉和外阿赖山脉之间高山地带的阿赖河谷,克孜尔河沿着这条河谷向西流去(中游称为苏尔赫-奥卜河,下游称为瓦赫什河),他是阿姆河的主要支流。经过这条河谷走塔尔德克和沙尔特山口去费尔干谷地。

146. 马赫穆德·本·瓦里接着说,乌兹别克人在喀什噶尔城下遇到一些阻碍后经过博格拉-库米走"最近的路"向该国纵深处的叶尔羌前进。为了阻止乌兹别克人侵占首都,汗得到他们行动的消息后,过了一昼夜,就沿着去廓克-拉巴特的路出发了(Джалис ал-муштакин,第36叶正面至背面和《喀什噶尔史》,第70叶背面至71叶正面也记载了对叶尔羌的征伐)。第三天午后乌兹别克人到达叶尔羌并在布尔吉布斯坦扎营。对他们要求交出城的回答是:移交城池将在次日凌晨进行。但是临近深夜穆罕默德汗到了,立即准备明天的战役。在这次战役中蒙古军队开始取得一些胜利,但最终还是遭到了失败,汗在叶尔羌城固守。乌兹别克人在叶尔羌城下取得胜利后,开始在该国掠夺,然后去了河中(Бахр ал-асрар,第84叶正面至背面)。马赫穆德·本·瓦里的记载就是这样(我们做了简要的叙述)。把这种史料的载录同我们掌握的所有其他载录相对比,可以看出,乌兹别克人并未获得决定性的胜利,他们在喀什噶尔城下未获得决定性的胜利,他们在喀什噶尔城下未取得显著的优势,而叶尔羌城下胜利后,仍未能占领该国的主要城池。因此根据他们的行动可以假设:整个征伐完全是侦察性的,并没有把征服该国列为自己的长远计划。这极可能是一次以掠夺为目的的征伐,即捉拿俘虏、抢劫动产和牲畜,长期围攻城堡只能妨碍这一目的的实现,而且也不在乌兹别克人的计划之内。至于本书作者,他写的是统治王朝的历史,含混不清的失败或没有明显后果的不成功在他的笔下当然很容易变成辉煌的胜利,况且乌兹别克人很快就离开了该国。在这方面,他很晚写成的 Анис ат-талибин(第 107 叶正面)中有对这些事件的评述。在这里取得胜利的不是汗,而是霍加伊斯哈克,汗只是一个普通的宗教预见者的工具,胜利是由于霍加伊斯哈克的祈祷和庇护降临给他的。根据完全合理的原因,我们在两位霍加伊斯哈克传的(参见 Джалис ал-муштакин,第 34 叶背面至 36 叶背面;Зийа' ал-кулуб,第 30 叶背面至 33 叶正面,第 102 叶背面至 103 叶正面)作者那里发现了对这些激烈事件后果的完全相同的态度。阿布·法兹勒(Акбар-наме,伯威里吉译本,第 3 卷,第 844 页)的记载无疑引起了人民的兴趣;喀什噶尔的征伐没有给乌兹别克军队带来成功,它被击溃后返回了。完全可能,乌兹别克军队的匆忙离去对他可能产生类似的影响。参见阿基穆什金《喀什噶尔征伐》(Акимушкин,Кашгарский поход),第 5—9 页。

147. 沙拉特是喀什噶尔至奥什路上的一个山口,从阿赖谷地经过阿赖山去北方。参见肖《喀什噶尔王子》(Shaw, *A Prince of Kashgar*),第 281 页;科尔尼亚洛夫《喀什噶利亚》(Корнилов, *Кашгария*),第 330—331 页。

148. 乌克-萨拉尔是一个在库什-尤基谷地的居民点,从喀什噶尔沿此路到伊尔克什塔木,再到阿赖谷地。参见库罗帕特金《喀什噶利亚》(第 242—247 页)。

149.《喀什噶尔史》(第 72 叶正面)记载,他从乌兹别克逃脱后到汗那里。我们的作者指出他是穆罕默德汗的高级艾米尔,在喀什噶尔战役中他在沙-海答尔-穆罕默德苏丹和田军队里。很可能,米尔咱和他一起去了和田,六个月后由那里返回(参见注释 143)。

150. 我们的作者在 *Анис ат-талибин*(第 95 叶正面)中指出,哈吉穆拉德为了奖赏[自己]代汗去朝圣,请求给他"一块[相当于]8 拉伊亚特(ра'ийатов)的土地";汗签署了尼山(нишан),奖给他[一块土地]作为私人财产(милк)。

151. 库特卜(кутб,极端)——这样称呼苏菲派在世圣徒的首领,[他们]分布在世界各处,而且对于人们来说是玄妙的(阿拉伯文为 риджал ал-гайб,波斯文为 хафт тане 或 хафт ахйар)。根据苏菲派的理论,这些圣徒——"隐蔽的男子"——以普通人的身份生活;贫穷并且不为人所知,但是他们的精神力量却如此巨大,全世界都由于他们的祈祷和夜间礼拜而免受灾难。在苏菲派文献中,不论是宗教品级的数量还是每个品级圣徒的人数都不统一(例如,参见胡吉维里的 *Кашф ал-махджуб* 和伊本·阿拉比的 *Футухат ал-маккийа*)。一些作者统计有 356 位"隐蔽的男子",

把他们分为七个等级：库特卜·阿克塔卜（或者噶乌斯）、库特卜、阿赫亚尔、阿乌塔德、阿卜达勒、努喀巴和努贾巴。另一些人认为圣徒还要多，把他们分成十个等级：库特卜、伊马曼、阿乌塔德、阿弗拉德、阿卜达勒（或者鲁喀巴）、努贾巴、努喀巴、阿萨伊卜、胡喀玛（或者穆弗拉东）、拉贾比雍。每位"圣徒"都属于上述的某一个等级，通常居住在指定的地方，拥有明确规定的特权和活动范围。死后空位由低一级的"圣徒"移补。参见 *Бурхан-и Кати'*，穆因本，4，2344；马西格农《概论》(Massignon, *Essai*)，第112页及其以下页；戈尔茨海尔《阿卜达勒》(Goldziher, *Abdal*)，第94—95页；彼特鲁舍夫斯基《伊斯兰教》(Петрушеский, *Ислам*)，第237页。

152. 关于哈吉穆拉德两次朝圣和穆罕默德汗的叙述，沙-马赫穆德·楚剌思在 *Анис ат-талибин*（第94叶背面至95叶正面）中的记述略有不同；并参见《喀什噶尔史》（第72叶正面至背面）。

153. 对照我们译文的第157页，这里谈到在967年/1559—1560年他父亲死后三个月他出生了，译文第170页谈到登基那一年穆罕默德汗33岁，汗把塞勒库尔和瓦罕领地的统治权留给了他。看来，这些领地还是阿布都·克里木汗分给他（汗）的。

154. 看来，所指的是哈萨克施盖汗（卒于1007年/1598年）的儿子塔瓦克库勒（即台维克尔）汗。关于他的记载，见威里亚米诺夫-泽尔诺夫《研究》，第2部，第312—313、322—330、338—352页；阿布都拉伊莫夫《概要》第61、63—64页和注释222. 并参照 В. П. 尤金译文中的叙述（《资料》，第380页）。

155. 我们在其他史料中也发现了关于胡达班德苏丹叛乱的记载。例如，马赫穆德·本·瓦里说道，穆罕默德汗统治初期他从叶尔羌逃到焉耆和吐鲁番,在这里稳固地位后起事。穆罕默德汗让"在这些领地"的哈布都·拉希木苏丹攻打他,命令阿克苏、拜城和库车的军队副总阿布都·拉希木苏丹指挥。阿布都·拉希木在围攻焉耆三个月后迫使胡达班德苏丹投降,因为城里发生了大饥荒。胡达班德被送往首都,并很快在都城死掉了(其实汗命令他离开他的国境),而阿布都·拉希木苏丹本人获得了吐鲁番和焉耆地区的领地(Бахр ал-асрар,第 82 叶背面至 83 叶正面)。我们在马赫穆德·本·瓦里那里发现的关于先是库拉伊什苏丹(第 82 叶正面)的起事,而后是他的儿子胡达班德苏丹的[起事]的叙述是十分类似的,这引起了人们的注意。毫无疑问,他知道这两件事,但是他不拥有关于这件事的详细情报,致使这些时间不同的起事在细节叙述方面如此相似。

Джалис ал-муштакин(第 54 叶正面至 56 叶正面)的记载——穆罕默德汗时期在喀什噶尔写成的著作,关于汗这个人物这一部分叙述同我们作者记载的许多情节相符,其中也有关于卡尔梅克的记载(奇怪的是,根据这项史料,由汗任命征伐吐鲁番的米尔咱-沙和阿布都·拉希木千方百计地拖延执行命令)。《喀什噶尔史》(第 71 叶正面至 72 叶正面)用另一种观点更为详细和全面地叙述了胡达班德苏丹的叛乱(该段的转述见巴托尔德《报告》,第 176—177 页)。然而把佚名作者的这些资料同其他史料相比较,说明他把不同时间的两件事(其中他不知道第一件事)的事实与情节合二为一了:穆罕默德汗遵照阿布都·克里木汗的命令镇压的库拉伊什苏丹的叛乱(看来大约在 996 年/1587—1588 年,因为 997 年/1589 年叛乱的苏丹已在印度,见注释 118)与他儿子胡达班德苏丹发动的叛乱,看来后一次叛乱就在乌兹别克人到来之前(1002年/1594年底至1003年/1594年初)。起义为米尔咱-沙和阿布都·拉希木苏丹所镇压。这样,在以焉耆和吐鲁番为中心的蒙古国东部发生的这些事件的年代叙述如下:沙汗在1570年同卡尔梅克的会战中死去后,由于他兄弟之间的内讧,他们每人都想夺取政权,国内不存在中央政权了,大概佚名作者关于国内没有汗的看法应作这样的解释(《喀什噶尔史》,第71叶正面)。库拉伊什苏丹利用这种动荡不定的局势来到焉耆和吐鲁番,看来他利用远离国家中心控制了这一地区,开始执行独立的政策:阿布都·克里木汗采取果断措施,库拉伊什苏丹被打败,丧失政权后和全家一起被逐出该国(如果他是在失败后立即被逐出的,那么这是在996年/1587—1588年)。但是胡达班德苏丹避免了放逐,并在一段时间后定居在吐鲁番和焉耆,据佚名作者报道,[他]在这里统治了12年(《喀什噶尔史》,第72叶正面)。佚名作者的记载值得怀疑,因为他没有被事实的年代次序所证实。大概胡达班德苏丹统治了大约三年(1002—1004/1594—1596),最终被推翻。发生这一事件[的原因]或者是由于他同他的父亲一样因为自己追求独立(史料中称为"叛乱")而引起中央政权的不安,或者说由于反对汗想把国家的这一部分作为阿布都·拉希木汗的领地;后者打败了胡达班德苏丹并获得了领地的统治权,[这件事]发生在1004年/1595—1596年(见注释243)。

156. 据《喀什噶尔史》(第72叶背面)记载,他死在喀什噶尔地区(并参照我们的上述译文,第176页)。

157. 霍加穆罕默德-亚希亚更以霍加沙迪或阿齐兹拉尔霍加

木著名。Анис ат-талибин（第96叶正面）记载,他在穆罕默德汗统治中期到达,汗把法伊扎巴德和桑-喀什赐给他;该书(第98叶正面)还谈到霍加沙迪到喀什噶尔时还是个七岁半的小孩,而汗死那一年他已二十一岁了。这样,他的到达是在1004年/1595—1596年或1005年初/1596年。

158. 在 Анис ат-талибин（第96叶正面）中科克拉巴特(Кок-Рабат)这个地方被称作德尔维什的居住地(лангар,兰干),这是从叶尔羌到英吉沙路上的第二站。我们知道,兰干也有"驿站"的意思。参见罗泽费里德《兰干》(Розенфельд, Название Лангар),第861—864页。

159. 据《喀什噶尔史》(第72叶正面)的佚名作者记载,胡达班德苏丹在去叶尔羌的途中病死,"人们把他葬在[阿勒墩]祖父和父亲脚下"。据马赫穆德·本·瓦里记载,他失败后住在叶尔羌的汗宫里,在极度寂寞中很快死去(Бахр ал-асрар,第83叶正面)。

160. 见注释46。

161. 阿布都·热希德把自己的女儿嫁给他。据《热希德史》记载,人们称呼她巴迪·贾玛尔哈尼姆。她嫁给了哈萨克阿拉迪克苏丹的儿子布伊达什汗(参看注释39—41、51)。在阿布都·热希德汗的压力下,当布伊达什汗去向他求援时,这桩婚姻被废除了,把她嫁给了穆罕默德·巴尔拉斯(穆罕默德-海答尔著,手抄本C395,第323叶背面;罗斯译本,第453页)。

162. 莫卧儿穆罕默德沙里木大帝(1605—1627),阿克巴的长子;登基时采用了阿布·穆扎法尔·努尔·丁·穆罕默德-贾罕基尔帕德沙这一名字。可见,沙里夫-哈桑可能在1013—1018年/

1605—1610年去印度,即贾罕基尔登基和穆罕默德汗死去的那一年。Тузук-и Джахангири（第1卷,第372、408页）中两次指出某一米尔咱沙拉夫·丁·侯赛因·喀什噶里艾米尔1026年3月20日/1617年3月28日在德克坎战争（декканской кампании）中由于表现勇敢晋级为哈扎尔旁萨迪（хазарпансади）,以后在同一年被任命为邦噶什（Бангаш）地区统治者。

163. 大概指的是巴达克山的红宝石采集矿场。关于它们的情况,参见比鲁尼《矿物学》,第74、436页;阿巴耶娃《概要》(Абаева, Очерки),第118页。

164. 即999年/1590—1591年（参见注释118、127）《喀什噶尔史》（第72叶背面）的佚名作者在证实我们的史料关于汗的年龄及其统治年限的同时,也指出他死的日期是1018年/1609—1610年;他还报道说,人们把汗葬在阿勒墩——氏族的大墓穴里。Тарих-и амнийе（第20页）中有汗的年龄（72岁）和统治年限（18年）的记载;这项史料还指出,他在阿布都·克里木死后于1000年/1591—1612登基。P.肖的译文出版者H.伊莱亚斯也指出汗的死亡年代是1018年/1609—1610年（《霍加传》,肖译本,第35页,注释10）。此外,沙-马赫穆德·楚剌思在Анис ат-талибин（第94叶背面97叶正面）中说:"在第一千年阿布都·克里木去世,穆罕默德汗巩固住了国家统治的宝座。"他用某一阿訇德霍加纳西尔写的哀悼汗死的一首表年诗: قطب عالم کو کبه وبال روز است
(213+6+33+53+111+141+461=1018)证明穆罕默德汗死的日期在1018年/1609—1610年。

耶稣会神甫鄂本笃（Бенедикта Гоэса）的旅行在穆罕默德汗统

治时期,他在寻找从印度经过巴达克山到中国的道路时,由喀布尔同商队一起于 1603 年 11 月到达叶尔羌,受到穆罕穆德汗的接见。在该国度过一年半并访问过和田,鄂本笃和汗的商队一起于 1605 年春经过阿克苏、库车(Куча)和焉耆去远方。这位葡萄牙神甫在自己的日记中指出汗才 12 岁的侄儿统治着阿克苏,而他的私生子(!)在焉耆统治;他还注意到这个城里有一个很坚固的堡垒。参见《鄂本笃游记》(*The Journey of Benedict Goës*),第 219—234 页。

165. 本书作者在《编年史》中引用的关于穆罕默德汗的大部分叙述在 *Анис ат-талибин*(见第 95 叶正面至 97 叶正面)中作了重述。

166. 见《可兰经》,第 89 章 27—28 节。

167. 在穆罕默德汗统治末期又镇压了焉耆和吐鲁番领地的一次叛乱,由胡达班德苏丹幸运的敌手、这一地区的统治者阿布都·拉希木汗发动。只有唯一的一条史料向我们记载了这一事件——马赫穆德·本·瓦里[指出]:知道掠夺了拜城和库车的弟弟起事后,穆罕默德汗派自己的孙子帖木儿苏丹和胡达班德苏丹的儿子穆罕默德·哈斯木苏丹去镇压他,并把阿克苏、库东和拜城的军队交给他们。在喀纳勒地方经过两天战斗,阿布都·拉希木战败逃往吐鲁番,把焉耆留给了胜利者。在这之后,帖木儿苏丹去阿克苏把征伐的结果报告了祖父,穆罕默德-哈斯木在焉耆定居,当时阿布都·拉希木仍留在吐鲁番(*Бахр ал-асрар*,第 84 叶背面至 85 叶正面)。我们只在马赫穆德·本·瓦里的书里发现了这些时间的全部详情,这是由于他的著作是在巴里赫写成的,叶尔羌王朝的许多成员以及有影响的艾米尔们被赶出或跑到这里,他们的讲述是他情报基本的,而且在多数情况下是唯一的史料来源。他指出许多积极参加所记事件的人物,并注明"他现在生活在巴里赫"(见第85叶正面、第87叶正面及背面和以下),直接强调指出情报的提供者。可见,他所记叙事件的参考者和目睹者的口头叙述是马赫穆德·本·瓦里关于16世纪末至17世纪初蒙古国历史的基本史料。

168.《喀什噶尔史》(第73叶正面)也记载了这一点。据 Бахр ал-асрар 记载,汗的叔叔,塞勒库尔的总督阿布·赛文德苏丹和他一起被驱逐到河中地区。他们两人都死在那里。本书作者(参见译文第176页)说,阿布·萨亦德是喀什噶尔的总督,早在穆罕默德汗在世时就死在那里。佚名作者(《喀什噶尔史》,第72叶背面)也谈到这一点。在这种情况下,我们宁肯倾向于沙-马赫穆德·楚剌思和佚名作者的叙述。

169. 伊玛目-库里汗(1611—1642)是统治河中地区的阿施塔尔汗王朝(贾尼王朝)的第四位代表(该王朝的第一位汗是贾尼-穆罕默德(1599—1601);第二位是巴基-穆罕默德(1601—1605);第三位士瓦里-穆罕默德(1605—1611)。见达维道维奇《历史》(Давидович, История),第12页,注释9)。伊玛目-库里汗于1642年被推翻,不久后带着豪华的仪仗经过伊朗去朝圣,1652年死在麦地那。

170.《喀什噶尔史》(第73叶正面)也是这样。可见沙-海答尔-穆罕默德在舒贾·丁·阿赫马德汗于1018年/1609—1610年登基后没有立即被放逐,至少是在一两年后,因为在1611年伊玛目-库里巩固了汗位。

171. 据马赫穆德·本·瓦里记载,吉尔吉斯有三千人,以后他们的乌卢斯提拉卡(ﻛﻠﻚ)为首攻打乌什,并掠夺了它,俘获了居民。帖木儿苏丹在延吉-阿尔特(Ианги-Арт)山口附近追上他们,并击溃了[他们],杀死一千人,俘获二百人,救出了乌什的俘虏。在这之后他前往喀什噶尔,被任命为这里的总督(Бахр ал-асрар,第85叶背面)。必须指出,根据其本身的意义喀什噶尔是首都之下该国的第一个中心;史料表明,汗位的继承人或正式宣布的继承人几乎全部都任命为这里的总督。

172. 穆罕默德-哈斯木苏丹是胡达班德苏丹(见注释155)和穆罕默德汗的女儿哈迪木捷哈尼姆的儿子(《喀什噶尔史》,第71叶正面至背面)。

173. 看来是作者或抄写员的笔误,库车应理解为焉耆。根据以后的上下文,所指的只可能是这座城,否则,穆罕默德-哈斯木战败后由此逃跑便无法理解。同时参考注释167,在此转述了马赫穆德·本·瓦里记载的有关局部镇压阿布都·拉希木汗叛乱和关于穆罕默德-哈斯木定居在他丧失的焉耆的情报。毫无疑问,马赫穆德·本·瓦里在这方面是准确的,因此他们的记载阐明了阿布都·拉希木以后的企图。

174. 我们的作者注意的是第二种情况,当汗族幼支的叛乱成员寻求外援时,借用了卡尔梅克的军事力量。有趣的是,在这种情况下卡尔梅克获得了极大的利益:采用观望态度,他们始终站在强大者一方,掠夺向他求援的战败者而后离开。参看《喀什噶尔史》(第84叶正面)中的这一段。

175. 拜亚兹(байаз)是手稿汇编(不论内容还是外表都是纪念

册的形式)通常但不是必须的包括许多诗人的小型诗歌作品(这样的汇编有时候包括书信体和公文体的范本、散文片段、谚语、俗语等)。这些汇编或者由诗歌爱好者编辑,或者按照他的指示由抄写员收集。他们的内容丰富多彩;一定范围内诗人的作品,一种诗歌体裁的范例,不同诗人的同一题材等。用来表示这类汇编的拜亚兹这一术语最初是河中地区、阿富汗和印度部分地区特有的,在伊朗,这样的纪念册大部分称为钧格(джунг)或萨费涅(сафине——"方舟"(ковчег))。

176. 我们在佚名作者的《喀什噶尔史》(第 83 叶背面至 84 叶正面)中也发现了这样的记载;马赫穆德·本·瓦里没有详细地谈这一点,仅指出穆罕默德-哈斯木为不久前的敌人的假意所欺骗(*Бахр ал-асрар*,第 85 叶背面)因为这一事件也发生在以提拉卡比为首的吉尔吉斯人出动的那一年,那么,在这种情况下穆罕默德-哈斯木或者是在 1018 年/1609—1610 年底,或者是在 1019 年/1610—1611 年初被杀。

177. 巴布尔和穆罕默德-海答尔在讲述关于官位的争执时,指出蒙古左、右翼氏族的分配顺序略有不同(*Бабур-наме*,伯威里吉版本,第 100 叶背面;萨里耶译本,第 117 页;穆罕默德-海答尔,手抄本 C395,第 226 叶正面至 227 叶背面,罗斯译本,第 306—307、308—309 页)。

178. 根据马赫穆德·本·瓦里的情况,由于诽谤者的诋毁,阿布都·拉希木汗处死了他(*Бахр ал-асрар*,第 87 叶正面)。

179. 马赫穆德·本·瓦里根据自己情报提供者的口述(其中有当时的乌什(Уч)阿奇木米尔咱哈斯木·楚剌思的兄弟拉提夫,

他是所记事件的积极参加者)用下列方式叙述了帖木儿苏丹的这些征伐。那位娶了舒贾·丁·阿赫马德汗女儿并拥有克里雅封地的阿布·萨亦德苏丹(阿布都·克里木苏丹的儿子)起来反对中央政权并逃到阿布都·拉希木汗那里。后者刚打败穆罕默德苏丹并占有库车。他任命阿布都·克里木为库车的行政长官,他们一起去了阿克苏。阿克苏的行政长官米尔咱哈斯木·拜林请求汗帮助。为了攻打阿布都·拉希木,帖木儿苏丹从喀什噶尔出发了,他是汗位的继承人,除[自己的]军队外,叶尔羌的部队也交给了他。侵犯者撤退了,让出了阿克苏地区,在库车立住了脚。在夺取城堡的企图落空后,帖木儿苏丹蹂躏了郊区后离去。次年,他又来到了库车城,如此残酷地围攻,致使阿布都·克里木去请求阿布都·拉希木帮助,由于缺粮,他将不可能不交出城。为了给城堡解围,派出哈萨克的伊斯坎达尔苏丹率领 15000 名士兵,但是在离库东不远的地方被海答尔伯克·楚剌思和米尔咱哈斯木指挥的一万名士兵的军队击溃。阿布都·克里木看到求援的希望落空后,便屈服于胜利者的仁慈了。人们把他带到叶尔羌,汗宽恕了他,重新派他去克里雅(*Бахр ал-асрар*,第 85 叶背面至 86 叶背面)。马赫穆德·本·瓦里继续记载,帖木儿苏丹在这次征伐后去了卡尔梅克领地,战胜他们之后拆散了吉尔吉斯和哈萨克的部落。阿布赖苏丹把自己的女儿嫁给了他。这样,帖木儿苏丹"使这些地域内骚乱的尘埃落下来"(同上书,第 87 叶正面)。

180. 海答尔伯克·楚剌思是喀什噶尔的阿奇木,这一地区的主要艾米尔和帖木儿苏丹的阿塔里克,是汗位继承人的强有力下属,占有该国最有影响的职位之一。

181. 塔瓦赤（тавач）——在 14 至 17 世纪的河中地区，国家机构的军事行政机关中执行王朝最重要指令、起着副官作用的人物。他们被赋予极广泛的职能，特别是统治集结军队或召唤打猎。蒙古国这些官员的职能看来同上述情况接近。详见格列科夫和雅库博夫斯基《金帐汗国》（Греков и Якубовский, *Золотая орда*），第 344—346 页。

182. 达鲁花（даруга）是一个含义极广的术语，基本意思是统治、监察和监督。不论是在伊朗还是在河中地区达鲁花在不同时期被称为中央行政机关的代表，执行不同的职能并被赋予各种全权。一、城市的达鲁花具有总督的意义；二、在地方统治者中达鲁花具有监督税收的意义，并且是财政机关在该地区的最高代表；三、管理世俗贵族和宗教贵族的封建大地产，汗的大地产中也有一个或几个执行这种职能的达鲁花；四、全军的达鲁花监督军队出征和露营的秩序，履行现代"宪兵"的职能；五、此外，达鲁花这一职位可以属于各总督府，在这种情况下便兼任上述几个职能。И. П. 彼特鲁舍夫斯基指出：18 世纪末的晒金汗国（Шекинском ханстве）"达鲁花这一术语用来表示土地所有者而不是官员……"（伊万诺夫《经济》（Иванов, *Хозяйство*），第 37 页；彼特鲁舍夫斯基《农业》（Перушевский, *Земледелие*），第 392 页及注释 8；参见兰博顿《达鲁花》（Lambton, *Darugha*），第 163—164 页）。

183. 即杀死了。

184. 基拉克（即噶拉格）亚拉克是国家行政官员，负责从各地区提供军队必需的装备、粮食、饲料和武器。它的职能在不同时期是不一样的，在变动。关于基拉克亚拉克这一术语，参见伊万诺夫

《经济》,第 66 页;阿里-扎德《13 至 14 世纪阿塞拜疆史》,第 246 页;彼特鲁舍夫斯基《农业》,第 393 页。

185.《喀什噶尔史》(第 73 叶背面)的佚名作者极简单地提到对楚剌思的艾米尔们的惩治;他在这里谈到帖木儿苏丹骤然死去,把这一事件看作是为上述艾米尔们被杀害降下的惩罚。帖木儿苏丹死于 1023 年/1614—1615 年,因为在他死后出生的苏丹马赫穆德死于二十二岁,这是在 1045 年/1635—1636 年(见我们的俄译文第 209 页)。相应地,帖木儿苏丹摧毁楚剌思氏族的艾米尔们这件事发生于 1022 年/1613—1614 年。

186. 马赫穆德·本·瓦里关于试图脱离喀什噶尔政权的叙述有些不同:胡达班德苏丹的儿子,伊斯坎达尔苏丹的兄弟(!)沙拉夫·丁苏丹带着自己的一帮拥护者(马赫穆德·本·瓦里尊称为"一群恶棍和流氓")从叶尔羌跑到喀什噶尔,企图盘踞在那里,因为帖木儿苏丹死后喀什噶尔没有总督。阿赫马德汗派军队追赶他们,在途中截住他,击溃了他的部队,把沙拉夫·丁苏丹送往汗那里。汗放逐了他,而且伊斯坎达尔苏丹也难免这样的遭遇,但是有影响的艾米尔们替他说情,于是汗改变了自己的命令(《巴赫尔-阿斯拉尔》,第 88 叶背面至 89 叶正面)。看来,汗的这个意图不是没有根据的,因为据马赫穆德·本·瓦里说,在所记这件事[发生]一年后,伊斯坎达尔苏丹在阿克苏发动了叛乱。

187. 同时参照 B. T. 尤金译文中的这段叙述(《资料》,第 380—381 页)。

188. 直译为"打断手"。

189. 马赫穆德·本·瓦里[记载的]这些事件在时间顺序上

发生在沙拉夫·丁苏丹试图叛乱之前,因为在他的叙述中它们早在帖木儿苏丹死之前,即在 1023 年/1614—1615 之前就发生了,马赫穆德·本·瓦里引用自己的情报和事件参加者米尔咱拉提夫·楚刺思(顺便说一下,他是本书作者的亲属)的话用下列方式叙述了事件的前后经过。以前为阿布都·拉希木汗服务的阿布·哈迪·马克里特来到阿赫马德汗这里,受到了接见,被任命为胡达班德苏丹的儿子伊斯坎达尔苏丹的阿塔里克,并和后者一起被派往焉耆、和田、阿克苏的军队和叶尔羌的部分军队交给了他们。他们到达焉耆后用一个月的时间抢劫了整个区,然后在库车停下,交给他们的军队返回了。一年后阿布·哈迪请求汗帮助,许诺在这种情况下可以不费很大力气占领焉耆,并使它并入汗的领地,因为当地居民通知他,他们将站在他一边,汗给他和伊斯坎达尔苏丹派去由米扎尔布吉尔-比克齐克和阿布都·噶法尔·伊塔尔齐指挥的 1500 名援军及阿克苏的全部军队。根据得到的关于他们运动的情报,阿布都·拉希木放弃焉耆去了吐鲁番。侵占焉耆后他们在城里和郊区建立了自己的秩序,这些激起居民的不满,他们几乎起义。当时阿布·哈迪又向汗求援,汗给他派了以米尔咱库里-巴喀维勒为首的 500 名士兵和以米尔咱沙·穆拉德·亚尔基为首的 1500 名阿克苏的军队,拜城的阿奇木苏卜罕-库里伯克也加入了他们。他们都一起在焉耆集合。阿布都·拉希木从吐鲁番反击他们。这时艾米尔们由于帖木儿苏丹死去的消息发生了争执;此外,焉耆的居民开始公开表示自己对阿布都·拉希木汗的好感。后者认识到对他的有利局势,开始围城。在继此之后的一系列冲突和战役中,有一次哈萨克伊斯坎达尔苏丹牺牲了。伊斯坎达尔苏丹和阿布•哈迪在一个夜晚不知道为什么离开了焉耆城堡。提前得到居民们情报的阿布都•拉希木追上了他们,但在夜战中遭到了惨败,被迫撤退。他带领小股军队进入焉耆并稳住阵势。会战的有利结局允许伊斯坎达尔苏丹平安返回库车,在这里住下来并放弃焉耆——"附近地区骚乱的酵母"。在库车,伊斯坎达尔苏丹和阿布•哈迪之间发生了意见分歧,阿克苏的行政长官米尔咱哈斯木知道这些后,派遣米尔咱马奇德率领 700 名骑兵援助伊斯坎达尔苏丹,阿布•哈迪于是派遣一名急使去阿布都•拉希木那里,建议他来库车,而自己由于占领了城堡,等阿布都•拉希木到来便向他臣服。这时,阿布都•拉希木的同盟者、哈萨克伊施木汗进入库车。由于阿布•哈迪的诡计,同盟者们攻打了伊斯坎达尔苏丹;后者在当天没有失败,但是在会战继续的条件下,失败的命运不可避免地降临到他头上。因此米尔咱马奇德俘虏苏丹,带到阿克苏并向汗报告了一切。阿赫马德汗命阿克苏的行政长官米尔咱哈斯木为伊斯坎达尔苏丹的阿塔里克(*Бахр ал-асрар*,第 87 叶正面至 88 叶背面。片段译文见《资料》(*Материалы*),第 335—338 页)。马赫穆德•本•瓦里关于蒙古国东部事件的记载比我们作者引用的一些片段更为联贯和合理,尽管后者也有大量的详细情节。奇怪的是两位作者的记载并不是重述,而是互相补充,其中包括军队的数量。"他们征集的地点","军队首领的名称"等在许多细节上都相符合。这种情况我们可以这样来解释:他们两个人的情报来源相同——他们情报的提供者都是这些事件的参与者。如上所示,马赫穆德•本•瓦里本人指出这一点,沙-马赫穆德•楚剌思在这方面无疑也使用了家族的传说,这里自然把更多的注意力放在有其家族代表参与的事件上。值得注意的是,在沙-马赫穆德理所当然地利用每个便利的时机强调这一点的时候,马赫穆德·本·瓦里没有指出楚剌思家族怎样明显参与国家生活。

190. 图格比基(тугбиги)是汗大本营的伯克,其职责是保护汗本人的旗帜,每当隆重的场合和进行军事行动时便举着它。

191. 指的是阿克苏的阿奇木哈斯木伯克·拜林。

192. 库木-阿雷克(Кум-Арык-Дарья),是阿克苏河的当地名称。参见斯坦因《内陆亚洲》,第 2 卷,第 836、839 页,他的 *Serindia*,第 3 卷,第 1299 页。

193. 巴尔楚克(Барджук)或巴尔丘克(Барчук),是克孜尔河(或者喀什噶尔河)岸上马拉尔巴什(Маралбаши)城的旧称,位于从叶尔羌去阿克苏与乌什的路上。参见《鄂本笃游记》,第 206 页;《世界境域志》,米诺尔斯基译本,第 281 页。据瓦里汗诺夫说,巴尔丘克和马拉尔巴什是两个不同的居民点:"这些村庄居住着一个叫做多隆(долонов)的独特部落,并且有自己的统治者。"(《状况》(*O состоянии*),第 295 页)。这一意见结合我们作者的话(译文第 247 页),可得出结论:多隆人 17 世纪时居住在那里。参见尤金《氏族部落构成》(Юдин, *O родоплеменном составе*),第 57、62 页。

194. 阿伊-科勒村是图什刊河两岸的一个村庄,从阿克苏区巴尔丘克(马拉尔巴什)再到叶尔羌会途经这个地方。从萨里格-阿卜达勒至叶尔羌、阿克苏(阿克苏附近)的路上,Б. 高斯指出了这一点(《比涅迪克特·高斯游记》(*The Journey of Benedict Goës*,第 227 页,同书 Г. 尤拉的注释与伯希和(П. Пельо)的注释,第 228 页)。

195. 据马赫穆德·本·瓦里记载,在伊斯坎达尔苏丹得到阿克苏领地一年后,他和阿布都·拉希木汗建立了友好关系并歼灭了我们作者指出的汗的艾米尔们。根据得到的关于这件事的情报,舒贾·丁·阿赫马德汗从克里雅调来阿布都·喀米木苏丹,开始出征阿克苏。三个月占领城堡的企图落空后,他们返回了叶尔羌,汗把整个和田给阿布都·克里木作为封地。过了不久他因为被控告支持伊斯坎达尔苏丹,被汗放逐到巴勒提。他在那里过了不长时间去了印度,由此迁往巴里赫,以后在 1043 年/1633 年获得巴达克山的基什木城为封地。阿赫马德汗再也没有率军队去阿克苏,但他派阿里-库里·巴哈杜尔带着正式停止骚乱的建议去伊斯坎达尔苏丹那里,同时私下嘱咐自己的使者劝告居民背叛苏丹。阿里-库里得到苏丹的命令后劝说居民站在自己一边。他们起义了,捉住并杀死了苏丹(Бахр ал-асрар,第 89 叶正面至 90 叶背面)。根据马赫穆德·本·瓦里的年代顺序,这次叛乱发生在阿赫马德汗被杀(1024 年/1615 年)前一年,因为根据他的计算,这件事是发生在 1023 年/1614—1615 年。《喀什噶尔史》(第 73 叶背面至 74 叶背面)佚名作者的讲述与沙-马赫穆德的叙说相结合,同时他用艾米尔们,特别是米尔咱沙-穆拉德·喀尔格(不过,在伊斯坎达尔苏丹被阿克苏的居民出卖后,他在去叶尔羌路上的萨伊阿雷克地方杀死了自己的庇护者)的恶劣影响来阐述伊斯坎达尔苏丹的叛乱。

196. 据马赫穆德·本·瓦里说,帖木儿苏丹的儿子苏丹阿赫马德被派往阿克苏,米尔咱马纳克是他的阿塔里克(Бахр ал-асрар,第 90 叶正面)。

注 释

197.《喀什噶尔史》(第 73 叶背面)佚名作者记载,阿布喀苏丹的兄长穆罕默德-萨亦德苏丹被驱逐。

198. 值得注意的是,在阿赫马德汗领地的这份清单中缺少该国东部城。看来,阿布都·拉希木持久而顽强的斗争带来了成果,他和曼苏尔汗及其继承人沙汗一样成为独立的统治者。如果穆罕默德还能顺利地控制并镇压王朝一些成员的分离活动的话,那么这会使该国震动并使其服从。他的儿子也就有足够的力量统治蒙古国西部地区,因为阿赫马德汗使吐鲁番和焉耆服从自己的企图已大体上被阿布都·拉希木汗顺利地打消了。

199. 既然本书作者没有准确阐明这个人是什么地方的"米拉卜",那么可以假设,沙纳扎尔米拉卜管理灌溉系统,即分配用水及监视渠道的适宜状况和巴楚(马拉尔巴什)附近的灌溉沟渠。巴楚用克孜尔河的水浇灌农田。关于米拉卜的职能和特权,见阿布都拉伊莫夫《概要》,第 297—298 页。

200. 巴赫施——这里指的是私人秘书,汗的办事员。关于 18 世纪末布哈拉巴赫施的职责和担任该职务的官员的职能,见谢苗诺夫《布哈拉论文》,第 143 页。

201. 米拉胡尔是御前马厩长,管理马匹和汗出游,监督马的装备和饲料供给。哈内科夫指出:"……他管理艾米尔的马匹,从这一官级起能骑马进宫。"(《介绍》(Н. В. Ханыков, *Описание*),第 184 页)并参照谢苗诺夫《布哈拉论文》,第 150 页,他的《制度概要》,第 60 页。

202. 一个不明确的词 اوفرى,参阅《喀什噶尔史》,第 75 叶正面,其中有该词,大概是条河流、灌溉渠或地名。

203.《喀什噶尔史》(第 74 叶背面至 75 叶背面)中佚名作者的复述与本书作者的叙述略有偏差,其中他把沙军队的人数定为六百。该内容的略述见巴托尔德《报告》,第 119—120 页。

据马赫穆德·本·瓦里记载,沙家族密谋反汗,这是由于舒贾·丁·阿赫马德汗亲近的几个出身低贱的人,委任[他们]高级职务(Бахр ал-асрар,第 90 叶正面)。后一种意见无疑值得注意,因为汗大概决定要同有影响的艾米尔的跋扈进行斗争,用知名度少些而势力强大(但忠于他依赖他)的人代替他们,他有可能靠他们推行自己的政策。

204. 因此,据本书作者说,他于 1028 年/1618—1619 年被杀,因为登极是在 1018 年/1609—1610 年,据马赫穆德·本·瓦里记载,汗死于 1024 年/1615 年(Бахр ал-асрар,第 90 叶正面)。《喀什噶尔史》(第 78 叶正面)中的一首表年诗指出舒贾·丁·阿赫马德汗死亡的日期是沙库什特(шах кушт)"杀死了沙"一定在 1026 年,又报道说,阿布都·拉提夫苏丹于 1026 年/1617 年登极。参见《霍加传》,肖译本,伊莱亚斯前言,第 4 页,这里谈到沙-舒贾·丁·阿赫马德汗称有 1611 和 1615 年日期的命令。

205. 对于库拉伊什苏丹来说,在这种情况下不应把"兄弟"的称呼理解为直接意义的兄弟,而是平等意义的称呼(例如,请对照统治宫廷的首领之间的官方信函往来中的"国王,我的兄弟"的称呼)。因为库拉伊什苏丹是十三岁的阿布都·拉提夫苏丹的堂叔父。库拉伊什苏丹是阿布都·热希德汗的第十个儿子羽奴思苏丹的儿子,他不可能是舒贾·丁·阿赫马德汗·本·穆罕默德汗——阿布都·热希德汗的第五子——的儿子。就阿赫马德汗是他的父亲这点来说,直接含有指出他是阿赫马德汗的臣民的意思,这是其一;其二,舒贾·丁·阿赫马德汗是家族中的最长者和国家的统治者。从这点来看,他是库拉伊什苏丹的父亲。

206. 亚萨乌勒(йасавул,或也萨乌勒 есавул)是一低级官吏,其职责是向廊什基、阿塔里克、地方统治者和其他高官介绍请愿者。他们也履行这些人的各种托付。A. A. 谢苗诺夫认为,亚萨乌勒是"宫廷部门的低级侍役,其职能是执行政府行政部门各种一般任务。"(见 Тарих-и Абу-л-файз-хани, 第162页,注释第357;阿赫穆道夫《国家》(Ахмедов, Государство), 第102—103页)。

207. 本书作者所说的几个地点均在英吉沙叶尔羌之间;米尔咱海答尔指出在克孜尔村之后到叶尔羌还有三站——阿克-兰干、科克-拉巴特和小拉巴特(见肖《喀什噶尔王子》,第284页及以后几页)。在本书作者所处的时代,科克-拉巴特是最重要的德尔维什居民点(兰干)。我们没有足够证据来证明喀喇-哈贾吉和小拉巴特是一个地方,但原文很明显可以看出,喀喇-哈贾吉在科克-拉巴特和叶尔羌之间。还可以对照 Бахр ал-асрар(第90叶正面),此书指出库拉伊什苏丹在小拉巴特遭到失败。

208. 据马赫穆德·本·瓦里记载,库拉伊什苏丹和自己的兄弟一起被杀(Бахр ал-асрар, 第90叶正面)。佚名作者也说,他被杀(《喀什噶尔史》,第78叶正面),他兄弟萨伊夫·穆鲁克被驱逐出境。

209. 我们在《喀什噶尔史》(第76叶正面至78叶正面)中也发现了关于这些事件的叙述,叙述的内容和顺序以及从塔吉克语逐句译为喀什噶尔语的整个段落无疑是佚名作者广泛使用了沙-

马赫穆德·楚剌思的《编年史》。但是,他在许多方面阐述得不够详细,而且省去了一些段落。这些段落在前人的著作中得以保存(如,库拉伊什苏丹和阿布都·拉提夫汗来往信函的内容等)。马赫穆德·本·瓦里很少注意这些事件。他叙述的事件经历如下:当关于杀汗的凶手和宣布库拉伊什苏丹为汗的消息传到喀什噶尔时,阿布都·拉提夫立即向叶尔羌进发,在小拉巴特打败了篡位者。库拉伊什苏丹的统治只持续了九天(Бахр ал-асрар,第90叶正面)。

210. 据马赫穆德·本·瓦里记载,这件事发生在1024年/1615年,当时以阿帕克汗闻名的阿布都·拉提夫汗十三岁(Бахр ал-асрар,第90叶正面)。《喀什噶尔史》(第78叶正面)叙述的日期晚一些,是在1026年/1617年。本书作者报道的全部事件,包括阿布都·拉提夫汗登极,发生在1028年/1618—1619年。

211. 霍加纳西尔可能就是阿訇德霍加-纳西尔,他为穆罕默德汗之死写了一首题为1018年表年诗的哀歌(Анис ат-талибин,第95叶正面)。后来,阿布达拉赫汗怀疑他(还有其他达官显贵)支持苏丹-阿赫马德汗,将其处以死刑。

212. 纳基卜(накиб)是一含义广泛的术语,必须历史地看待它。它依据时间和地点的不同,在官僚国家机构、宗教等级制度、军人名称等中表示不同职能。很遗憾,我们没有掌握纳基卜在蒙古国的职能与特权的资料。我们也不知道这个术语后面隐藏着什么,它在这个国家中职权的性质和本质怎样。但我们可以同邻近的河中地区作一些比较。河中地区的国家制度同蒙古国区别不大,整个生活方式相似——不论是俗人的还是宗教的。必须指出,该名称在这种情况下有时被用于这个国家的构成——"小布哈拉地区"。我们不能不指出这些地区之间有某些相似性。马赫穆德·本·瓦里在 *Бахр ал-асрар* 中指出,纳基卜的位置在汗左边,紧靠汗位之左,连汗位继承人都在下面(巴托尔德《仪式》,第394页)。看来这里着重指出的是纯粹的宗教因素,对宗教教职的尊重,并不是作为国家高官的纳基卜的声威和性质。A. A. 谢苗诺夫在他发表的那篇18世纪末的史料译文中指出:纳基卜的职能归"萨亦德族系的人专有……其次,纳基卜在出征和转移战场时主管部队组织、装备和安置,通知前锋后卫、左右翼、中军及埋伏地点,不许有一定职权的、受尊敬的(或有益的)人做不符合它(职能)的事。"(谢苗诺夫《布哈拉论文》,第140页)。总的来说,史料这种记载同H. B. 哈内科夫关于纳基卜职能性质的说法是相符的,哈内科夫指出,当艾米尔不在时纳基卜分管军人事务,其职能是军事法官。因此这一职责在我们的史料中只提到过一次,很难判断,其职能性质同上面所说多少有相似之处。如我们所见,具有萨亦德身份的这个人应该拥有的,与其说是宗教威望,不如说是军事知识。这在蒙古国看来不是主要职位,因此本书作者在列举委派担任国家一些主要职能,诸如汗的阿塔里克、宰相、叶尔羌和喀什噶尔阿奇木、廊什比基、伊施喀噶和穆塔瓦里时,一次也没有提到它。统领阿里·本·阿比·塔里卜家族并在同一地方居住(在这种情况下的该国)的全体萨亦德的首领多被称为纳基卜。关于17世纪末至18世纪初纳基卜在伊朗的各种职能和特权,见 *Tadhkirat al-muluk*,第83页和148页。

213. 换句话说,他掌管老喀什噶尔所在的土缅河水灌溉系统。由此可以断定,他被委任为喀什噶尔地区的米拉卜,或者确切些说,是这条河到它同克孜尔河在城东南三公里交汇处所流经的那些地方。

214. 穆塔瓦里即德尔维什寺院、宗教学校或某个慈善机关的瓦各夫①监督人。但本书作者没有更明确地说出塔西尔米拉胡尔被任命为什么监督人。关于穆塔瓦里制度,见彼特鲁舍夫斯基《伊斯兰教》,第160页。

215. 关于桑株该地情况,参看第1卷,第90页;肖《喀什噶尔玛》,第293页。

216. 米尔咱马纳克-楚剌思也是苏丹阿赫马德·本·帖木儿的阿塔里克。苏丹阿赫马德是阿布都·拉提夫汗的侄子。

217.《喀什噶尔史》(第78叶正面)的佚名作者证实了本书作者这种说法;据马赫穆德·本·瓦里记载,汗13岁(Бахр ал-асрар,第90叶正面)。

218. 即把自己的氏族上溯到"突厥始祖"阿阑豁阿的长子不浑(Букуну),"……所有的喀塔金部落都源于此。"(见热希德·丁,斯米尔诺娃译,第14页;阿布·哈孜《突厥世系》,德明宗版第62页,德明宗译本第66页。)

219. 可见,哈吉阿里把已故艾米尔的尸体从巴格达运到麦地那,把他葬在巴基·噶尔喀德墓地,这是麦地那第一个而且是最古老的穆斯林墓地。它位于城东南的城墙边,据穆罕默德陵墓不远。伊斯兰教创始人(包括阿里河侯赛因)的亲属及其许多老战友,以

---

① вакв,不动产。——汉译者注

及伊斯兰教最初的一些重要活动家均葬于此。巴基墓地被公认为圣地之一,穆斯林朝圣者认为拜谒它是令真主喜悦的事。详见 Wensinck, *Bazmee Ansari*,第 957—958 页。

220. 参照 В. П. 尤金完成的这段译文(《资料》,第 382—384 页)。

221.《喀什噶尔史》(第 78 叶背面)的佚名作者极概略地转述了这一段,保留了全部要点。马赫穆德·本·瓦里报道说,阿布-哈迪·马克里特在遣急使请求阿布都·拉提夫汗派某个王子来的同时,玩了两面把戏。得到阿布达拉赫苏丹后,阿布-哈迪重新开始对阿布都·拉希木持敌对行为,在最后三年内,每当后者来到库车城下时,他便总是来援助叶尔羌(*Бахр ал-асрар*,第 90 叶背面)。

222. 988 年/1580 年哈克-纳扎尔汗在同昔班尼王朝巴拉克(纳乌鲁兹-阿赫马德)汗之子的斗争中阵亡,忠诚于阿布达拉赫汗的施盖成为他的继承人。施盖为他服务后,在后者同巴巴汗(990 年/1582 年被杀)的斗争中给予了很重要的帮助。施盖获得豪金特(Ходженте)领地,他的儿子帖维科里获得大量礼物和阿法林克特(Афаринкет),该领地在泽拉夫珊河谷。但帖维科里在父亲死后(990 年/1582 年于豪金特)次年断绝了对布哈拉的从属关系,进入了草原,由此开始侵扰阿布达拉赫汗。在 1006 年底/1598 年夏得到阿布都·穆明汗被杀死的消息后,他率领大军向河中地区进发。他的战绩并未持久(尽管他几乎占领全国);帖维科里在布哈拉城下的战役中负伤,退到塔什干,1007 年初/1598 年秋死在那里(威里亚米诺夫-泽尔诺夫,《研究》,第 2 部,第 312—313,322—330,338—352 页)。钦察人霍加木-库里伯克·巴尔赫的《钦察史》(Тарих-и кипчак)(《资料》,第 395 页)和 Зийа' ал-кулуб(第 36 叶背面至 37 叶正面)也记载了这些事件。他的兄弟伊施木苏丹·本·施盖汗参加了这次出征,占据撒马尔罕后率领两万名士兵驻扎在这里。据伊斯坎达尔-蒙施报道,他迫使帖维科里汗在第一次失利(1007 年/1598 年)后继续斗争(Аламара-йи 'Аббаси,第 1 卷,第 591—592 页)。1020 年/1611 年伊施木汗率领五千哈萨克人参加了瓦里·穆罕默德和伊玛目-库里汗之间的内争,站在后者一边。1035 年/1625 年他在突厥斯坦,曾担任汗的史官的阿布哈孜从花拉子模到达他——未来的汗那里,并住了三个月。过了两年多一点时间,伊斯木汗杀了哈萨克汗吐尔逊-穆罕默德(1628 年左右)。只是从这时起,他的权力才能够扩及塔什干并成为哈萨克的汗。有人说他在占领塔什干后不久的 1628 年就死去,但这同以下记载相矛盾:1635 年卡尔梅克的巴图尔洪台吉在同他的战斗中捕获了他儿子,后来的汗贾罕吉尔。1635 年是伊斯兰历 1044—1045 年。M. L. 瓦特金还指出一个他死亡的更晚一些的日期——1643 年,我们认为这是可信的。这样,在自己的堂兄弟帖维科里汗死后,伊施木汗在 1598 年大概未被承认为全体哈萨克唯一的汗。17 世纪 20 年代拥有塔什干的吐尔逊-穆罕默德汗也是这样(见注释 235)。伊施木汗来到阿布都·拉希木汗这里,据本书作者说,是在阿布都·拉提夫苏丹统治时期(1028—1040 年/1619—1631 年),五年后他率领自己的写队参加了阿布都·拉希木汗那儿的斗争。将近 1625 年时他返回故乡并拥有塔什干。1628 年占领塔什干并消灭自己的敌人后,他成为哈萨克的汗,一直统治到临终——1643 年(见威里亚米诺夫-泽尔诺夫《研究》第二卷,第 348、

370—379页;瓦特金《纲要》,第84页;阿布都拉伊莫夫《纲要》,第112、114、115页;还见库兰《中亚》,第47页)。关于卫拉特巴图尔洪台吉1643年出征哈萨克的记载很有趣,И. Я. 兹拉特金记载了他的战果(《历史》,第160、197—199页)。巴德利《俄国·蒙古·中国》第2卷,第123—125页。

223.《喀什噶尔史》(第79叶正面)的佚名作者记载,他做了汗的女婿。马赫穆德·本·瓦里(Бахр ал-асрар,第90叶背面)指出,阿布都·拉希木汗和伊施木苏丹结亲。前者娶了伊施木苏丹兄弟(库丘克苏丹)的女儿,后者得到阿布都·拉希木汗的女儿帕德沙哈尼姆。他们在焉耆——他们临时去那儿——举行了隆重的婚礼后去阿克苏。帕德沙哈尼姆同伊施木苏丹有个叫艾哈尼姆的女儿,她早于母亲死去,被葬在阿勒墩(见我们的译文第221页)。

224. 据马赫穆德·本·瓦里记载,尽管米尔咱阿布-哈迪同阿布都·拉希木汗关系不好,仍用他的名字制币,用汗的名称虎图拜。他派去八百名战士去援助汗。这则史料还说,当阿布都·拉希木在江吉穆尔-奥格兰同伊施木苏丹联合时,拜城阿奇木苏卜罕-库里伯克就已站在前者一边(Бахр ал-асрар,第90叶背面)。

225. 亚尔-巴施村和萨乌克-布拉克位于阿克苏南部和东南部10—12公里处。参照《资料》,第553页,注释11,其中援引了Н. М. 普尔热瓦里斯基的著作(《从恰克图到黄河源头》(Н. М. Пржевальского, От Кяхты на истоки Жёлтой реки),第485页)。

226. 阿克-亚尔和阿拉尔居民点分布在阿克苏到乌什途中,离阿克苏不远。А. Н. 库罗帕特金认为,包括几个村落在内的重要地区拥有一个共同的名称阿拉尔(库洛帕克金《喀什噶利亚》,第298页,对照《资料》,第553页,注释14)。

昆-巴什是阿克苏和巴楚之间的村落,在昆-阿雷克河与图什干河之间。

227. 据《喀什噶尔史》(第79叶正面)的佚名作者记载,他率领五万战士同喀什噶尔的一万二千名战士合成一支部队。

228. 马赫穆德·本·瓦里依据自己消息的通报者米尔咱拉提夫·楚剌思——阿克苏和拜城地区斗争的目击者和积极参加者——的资料极详细地叙述了该事件。据他报道,阿布都·拉希木汗和伊施木汗结亲后,他们再次去阿克苏。阿克苏的统治者苏丹阿赫马德·本·帖木儿苏丹派急使请自己的叔父阿布都·拉提夫汗(阿帕克汗)援助。汗派遣米尔咱里扎-伊·楚剌思和米尔咱达拉卜-巴尔拉斯为首的一万五千名战士,从喀什噶尔挑选一千人让米尔咱喀马勒巴尔拉斯和米尔咱沙-曼苏尔乌尔达比基率领,自己也着手准备出征。不过他很快就派米尔咱拉提夫·楚剌思率领一支三百名战士的部队去援助阿克苏。这支部队巧妙地潜入城中帮助居民固守。失利后阿布都·拉希木汗和伊施木苏丹前往乌什。伊施木苏丹在阿克亚尔驻扎时,他派了四千人去毁坏乌什地区。乌什阿奇木米尔咱马兹德出其不意地攻打哈萨克人,并击溃之,俘获了二百人。之后伊施木苏丹和阿布都·拉希木汗再次围攻阿克苏,阿克苏的居民得知阿帕克汗的行动,顺利地打退了他们的袭击。阿帕克汗在距城三站路的地方制止了后退。其中的焉耆居民把阿布都·拉希木汗带到拜城。之后,遵循同伊施木苏丹的条约,阿布都·拉希木派急使去阿布都·拉提夫汗那儿议和,阿布都·拉希木汗建议霍加沙迪(穆罕默德-亚希亚)做调停人,在他的影响下缔结了和约,恢复了和平,双方便离去了。阿布都·拉提夫汗留下1500名士兵让霍加拉提夫率领去阿克苏,自己去叶尔羌,伊施木苏丹去拜城,阿布都·拉希木汗则去焉耆。两个月后,霍加拉提夫离开阿克苏来到叶尔羌。当时伊施木苏丹不顾签订的和约,从拜城向阿克苏进发,在贾木(Джам)扎营;纳扎尔苏丹驻扎在附近。这时卡尔梅克的首领苏丹台吉率领五千名战士攻打他们的营地并摧毁之,只留给他们一天的干粮,然后翻山去了蒙古斯坦。"这次侵袭后,人们把苏丹台吉称为阿勒坦台吉。"(第91叶正面)。伊施木苏丹进入阿克苏附近的群山。阿克苏居民请求阿帕克汗援助,后者便派米尔咱费鲁兹、米尔咱阿布都·拉赫曼·朵豁剌惕和米尔咱拉提夫·楚剌思从叶尔羌带二千名战士,以米尔咱拉提夫·喀鲁奇和米尔咱沙-曼苏尔乌尔达比基为首从喀什噶尔带一万五千人,米尔咱库尔班从和田带三千骑兵去援助。伊施木苏丹去拜城并建议阿布都·拉希木汗攻占阿克苏,因为以后再也不会有这种好时机。后者来了,于是他们占领该地后来到这里,但没能攻占它,除被围者以外的全体居民都服从阿布都·拉希木汗。然后,汗和苏丹前去阿克-亚尔,以欺骗手段占领其要塞。他们再次来到阿克苏城下,猛攻二十天,但未能攻占。这时汗出动的消息传开了。焉耆军在抓获阿克苏居民并占有地区后退往拜城。在拜城,该城阿奇木苏卜罕-库里暗中串通阿克苏居民起事反对阿布都·拉希木汗,不许带走阿克苏、拜城和焉耆的居民。阿布都·拉提夫汗从阿克苏来到拜城,已经追了敌人两天。当知道伊施木苏丹途径蒙古斯坦区焉耆时,阿布都·拉希木汗经过库车返回。他任命苏卜罕-库里为拜城阿奇木,带着居民一起返回阿克苏。阿布·哈迪表达了对汗的忠诚,在克孜尔-拜（Кызыл-Бай）荣幸地获得。然后汗把米尔咱沙里夫·拜林和霍加拉提夫为首的两千人军队留在阿克苏后,前往叶尔羌,但是汗离开后阿布都·拉希木汗立即再次起事,苏卜罕-库里去阿克苏向苏丹阿赫马德汇报了这件事。后者向阿布都·拉提夫汗报告:在这种情况下控制不住拜城。汗允许拜城居民移到阿克苏,但是居民们用暴动来回答汗的决定。一部分逃往库车的阿布-哈迪那儿,一部分跑散了。苏卜罕-库里来到阿克苏。这之后阿布都·拉希木三次到阿克苏城下又离去。所有这些内讧持续了不下五年的时间。这一时期阿布-哈迪攻打哈萨克苏丹的大本营一次,把自己的女儿嫁给了他的俘虏库丘苏丹的儿子。骚乱的第六年伊施木苏丹去了塔什干。阿布都·拉希木则安心地驻扎在焉耆。阿布-哈迪当时派了一名急使去阿勒坦台吉那儿,让他迁到拜城游牧。五千卡尔梅克人来到拜城,阿布-哈迪又送给他们一千人,他们便去了阿克苏。他们毁坏郊区,掳获大量战利品后返回。就在这时苏丹阿赫马德袭击了卡尔梅克的阿勒坦台吉,夺回了掠去的财产和牲畜（Бахр ал-асрар,第91叶背面至93叶正面,参看译文《资料》,第339—346页）。把本书作者、《喀什噶尔史》和马赫穆德·本·瓦里提供的情报进行比较,描绘的画面是很有趣的。同我们所述相同,在舒贾·丁·阿赫马德汗时期,叶尔羌已经丧失对该国东部地区的控制,而恢复它的企图仅仅导致了阿布都·拉希木汗力量的加强,舒贾·丁·阿赫马德汗死后,阿布都·拉提夫汗统治时期,阿布都·拉希木汗继续向西扩张。他大概不希望单枪匹马,而是求助于哈萨克苏丹。为了粉碎他盘踞阿克苏河拜城的企图,中央政权动用了全部力量。史料明确记载,这使阿布都·拉提夫及其同伙十分吃力,动用了全部武力,以霍加沙迪为首的宗教界封建主也积极参加了这次斗争。彻底打破阿布都·拉希木汗的企图仍不顺利,因为例如拜城始终在他手中,而且是伊施木苏丹的大本营。在持续性的(超过五年)斗争之后出现了某种均衡力,大概双方都决定号召迁来的拜城居民归属自己。必须指出,据马赫穆德·本·瓦里记载,汗决定把拜城留给阿布都·拉希木汗。汗政权的软弱和威望的下降证明叛乱的艾米尔阿布-哈迪·马克里特的地位,他身居库车,拥有强大的要塞,认为自己绝对安全,根据局势的变化见风使舵。卡尔梅克人利用内讧两次对蒙古国进行抢劫性的袭击,但是他们在这一时期的干扰还具有偶然性,据传记作者穆罕默德·阿瓦兹所证实(见 *Зийа'ал-кулуб*,第 85 叶背面至 86 叶正面)。

229. 霍加伊斯哈克(穆罕默德-伊斯哈克·瓦里)的陵墓最初在萨费杜克村(或伊斯费杜克村)他的府邸,位于撒马尔罕附近的迪赫比德。这同萨马利亚的报道一样。这些资料为伊斯哈克正如阿布·塔西尔霍加所说,由于库哈克河(即泽拉夫珊)流到麻扎跟前,霍加伊斯哈克的弟弟阿布达拉赫霍加把其遗骨移到自己的村子——坐落在城外的巴格伊-布兰德村,葬在靠近帖木儿领地(*чарбаг*)的水库北面(*Абу Тахир-ходжа*,阿夫沙尔版,第 89 页)。穆罕默德-萨迪克·喀什噶里指出,伊斯哈克葬在伊斯费杜克(《霍加传》,第 22 页)。

230. 这两个人大概是一个宗教封建主,另一个是军事首领和高官,都死于暗杀。史料报道,强大的伊阐和霍加大范围暗杀他们厌恶的人,日后成为其传记作者和后人天真地称为"奇事和奇异行为"。《齐亚·库鲁卜》和《贾里斯·穆什塔金》通篇都是霍加伊斯哈克这样的"奇事";关于居伊巴尔晒赫(джуйбарских шейхах),见阿布·阿巴斯·穆罕默德塔里卜的 *Матлиб ат-талибин*。

穆罕默德-玉素甫被杀可从上面的叙述来理解,因为在年幼的阿布都·拉提夫左右的人对这位强大艾米尔的行为不满。当不能直接用军事政变消灭他时,就除掉他,大概是借助某个忠诚的穆里德盲人的毒药或匕首。至于舒图尔哈里发(关于他的情况,见注释3)在我们拥有的史料中(其中包括本书作者成书较晚的 *Анис ат-талибин*)关于他与霍加沙迪之间的分歧什么也没说,这种不和可能非常严重,以致使他丧命。据 *Анис ат-талибин*(第97叶背面)记载他在暮年(84岁)去世。只能推断穆罕默德于1018年/1609—1610年死后,成为哈里发特胡拉发(*халифат ал-хулафа'*),在宫廷中拥有很高的威望和巨大影响,他可能妨碍了霍加沙迪,甚至起来反对过他。当然,这只是猜测。

231. 佚名作者更确切地说,库尔班·楚剌思被认命为苏丹马赫穆德的阿塔里克,苏丹马赫穆德赐给他喀什噶尔,是喀什噶尔阿奇木(《喀什噶尔史》,第80叶背面)。

232. 穆罕默德-海答尔注意到沙纳兹河(或者是灌溉渠),几个村庄都使用它的水,大概是在英吉沙东南六法尔萨赫(фарсахах)之地(肖《喀什噶尔王子》,第284页);他还谈到同名河谷、山脉和隘口。通过河谷有一条从喀什噶尔西南去巴达克山的路(穆罕默德·海答尔,罗斯译,第295—296页)。可疑的是,吉尔吉斯部队在这段时间向该国深处走得如此远,但人们又注意到这样一个事实:汗军首领是叶尔羌阿奇木。

233. Анис ат-талибин(第97叶背面)记载,阿里·施尔伯克在这次战役中身亡,舒图尔哈里发的二儿子努尔-穆罕默德霍加和他在一起,努尔-穆罕默德霍加后来被称为沙希德霍加。

234. 参看 В. П. 尤金译文中这段叙述(《资料》,第384页)。

235. 前文(见译文第201页)已经指出,阿布都·拉提夫汗的母亲是吐尔逊汗喀塔金的姐妹。多亏阿布·哈孜,我们才有可能断定,他就是吐尔逊-穆罕默德汗,至少在17世纪20年代,吐尔逊-穆罕默德汗就被认为是哈萨克大部分地区的汗并拥有自己的大本营塔什干,在那里用自己的名称制币。1030年/1621年在与哈萨克的伊玛目库里汗(1611—1642)的斗争中两次失利,被迫讲和,塔什干统治者吐尔逊-穆罕默德同全哈萨克苏丹的代表谈判('Аламара-йи 'Аббаси,卷二,第963页)。同其对手伊施木汗一样,他也被作者作为霍加塔吉·丁·朱巴里的通信人在 Матлаб ат-талибин(第122叶背面)中提到。1035年/1625—1626年在他那儿发现了从其兄弟伊斯凡吉亚尔处逃往草原的阿布·哈孜的住所。阿布·哈孜在塔什干住了二年。吐尔逊汗大约在1038年/1628年被伊施木汗所杀(见威里亚米诺夫-泽尔诺夫《研究》,第2部,第372—375页;丘罗斯尼科夫《历史纲要》,第151、153页;阿布都拉伊莫夫《纲要》,第114—115页;阿布·哈孜《突厥世系》,德明宗版,第306页;德明宗译本,第328—329页)。值得注意的是,他儿子正是在父亲死后从塔什干逃往叶尔羌的。

236. 一些史料记载的阿布都·拉提夫汗的去世年代及其统治时间和年龄极相近。例如"马赫穆德·本·瓦里报道说,他在位十二年,二十五岁时,即 1036 年/1626—1627 年去世。"(《巴赫尔·阿斯拉尔》,第 93 叶正面)佚名作者指出,他死于 1037 年/1627—1628 年,汗当时二十五岁零三个月,他统治了十二年(《喀什噶尔史》,第 81 叶正面);据 Тарих-и амнийе(第 20 页)记载,他统治十二年后于 1037 年/1627—1628 年二十六岁时去世,还需指出,Матлаб ат-талибин(第 123 叶正面)的作者把汗作为霍加塔吉·丁·朱巴里(死于 1056 年/1646 年)的同代人谈到,并列出各种礼品,喀什噶尔地区的拥有者阿帕克汗把它们送给了霍加。

237. 据马赫穆德·本·瓦里记载,最有影响的艾米尔们还在阿布都·拉提夫汗生病时就讨论了汗的继承人问题。他们选中了帖木儿苏丹的儿子,统治阿克苏的苏丹-阿赫马德汗。艾米尔们派自己人去他那儿,当汗去世的消息传来时,苏丹-阿赫马德汗去了叶尔羌(Бахр ал-асрар,第 93 叶正面至背面)。和我们的史料相同,佚名作者开列了参加苏丹-阿赫马德汗登极的"国家支柱",也包括霍加沙迪(《喀什噶尔史》,第 81 叶正面)。必须指出,在这个名单上,叶尔羌阿奇木米尔咱哈孜·巴尔拉斯,宰相霍加拉提夫和喀什噶尔省长米尔拉库尔班-楚剌思被列在前面。

238. 喀喇-喀什是和田绿洲同名河流边一大居民点,位于和田以北。该居民点阿奇木的职位相当重要,大概由于喀喇-喀什是中心,并出产名玉。

239.《喀什噶尔史》(第 82 叶正面)佚名作者的报道同沙-马赫穆德的不同之处仅在于:由苏丹-马赫穆德进行的从喀什噶尔去叶尔羌并获全胜的一次出征。该书指出,苏丹-马赫穆德的行动得到索库尔比·库什奇的支持,后者派出七千名吉尔吉斯人组成的部队去援助喀什噶尔总督,但佚名作者没有做出 К. И. 彼得罗夫得出的结论(《纲要》,第 61 页)。彼得罗夫借助他的情报说:"马赫穆德苏丹(原文如此!)……取得胜利并登上宝座应归功于索库尔比。"从沙-马赫穆德·楚剌思谈到的吉尔吉斯人只参加了苏丹-马赫穆德第一次相对失利的出征的报道来看,我们认为 К. И. 彼得罗夫得出这样的结论有些仓促,因为他没能顺利地占领叶尔羌,而次年他不得不再次出征。

240. 换句话说,他打了一整天(从半中午到太阳下山)。

241. 据《喀什噶尔史》(第 83 叶正面)记载,这些事件发生在 1042 年/1632—1633 年;但从马赫穆德·本·瓦里的话语里可以得出,阿赫马德汗失败得要早一些,因为被苏丹-马赫穆德汗放逐的艾米尔之一——米尔咱拉提夫·楚剌思于 1040 年/1630—1631 年来到巴里赫(Бахр ал-асрар,第 94 叶正面)。

242. 他大概在 1004 年/1595—1596 年为穆罕默德派出。参看注释 155。

243. 佚名作者报道说,在这方面可把他同曼苏尔汗相比,他在位 40 年,终年 77 岁(《喀什噶尔史》,第 85 叶背面)。因此,他必定死于 1044 年/1634—1635 年,因为他出生于 967 年/1559—1560 年,在乌兹别克人远征蒙古国失败后不久的 1004 年/1595—1596 年驻扎在吐鲁番和焉耆(参照注释 155)。这一史料还记载了他九个儿子,秩序略有变化:阿布达拉赫汗、阿布勒-穆罕默德、伊卜拉欣汗、苏丹-萨亦德巴巴汗、伊斯玛因汗、沙汗、阿法克汗、赛德赞汗、曼苏尔汗(第 85 叶正面)。看来,托博尔斯克的哈萨克伊万·彼特林报道了他的情况,称他为奥卜托汗。1620 年,遵米哈伊·费多罗维奇沙皇帝之令,伊万·彼特林被派去搜集鄂毕河、中国和其他国家的情报(巴德利《俄国·蒙古·中国》第二卷,第79页)。

244. 后来,曼苏尔苏丹被阿布达拉赫汗驱逐,1070年/1659—1660年宣布和阿布-穆罕默德汗的儿子马赫迪一起去印度,到达后,分别得到现金六千和四千卢比的援助,同时被赐予了职务:前者任哈扎里,后者任哈夫特萨迪('Аламгир-наме,卡尔库特版,第565—566页;Ма'асир-и'Алагири,卡尔库特版,第32页)。

245. 《喀什噶尔史》(第85叶背面)记载,得到父亲死去的消息后,阿布-穆罕默德和叛乱的艾米尔喀穆拉签订了和约,返回焉耆登位。但是,当阿布达拉赫和米尔咱阿布·哈迪一起到达焉耆时,他把汗位让给了哥哥,前往吐鲁番。

246. 佚名作者转述说,米尔咱阿布·哈迪把长女嫁给阿布达拉赫汗,次女嫁给苏丹阿赫马德汗(弗拉德汗),把三女儿嫁给吐鲁番的阿布-穆罕默德。他试图用这种方式集权力于一手,然而,在得到阿布达拉赫汗的同意后,艾米尔们在拜兰节的大宴席上把他除掉了(《喀什噶尔史》,第86叶正面)。

247. 居民点、驿站在阿克苏去拜城(往东)途中。

248. 阿布达拉赫汗的高级艾米尔。

249. 人们称她为哈萨克哈尼姆。

250. 马赫穆德·本·瓦里报道,苏丹-阿赫马德来到叶尔羌的兄弟这里,但未指出他从阿克苏逃跑的原因。同时指出,汗亲切接见了他(Бахр ал-асрар,第93叶背面)。

沙马勒巴格是汗在叶尔羌北郊的宫殿和花园。对照 Анис ат-талибин（第 99 叶背面），该书指出沙马勒巴格是苏丹-阿赫马德的府邸。

251.《古兰经》的两章引文（《古兰经》，第 76 章 21 节，第 78 章 34 节）。

252. 本书作者在 Анис ат-талибин（第 99 叶背面至 100 叶正面）中极明显地暗示说，苏丹-马赫穆德汗（克雷奇汗）被密谋除去，霍加沙迪是密谋的首领。按照强大伊阐的直接命令参加的作者的亲属、以哈里发伯克著名的米尔咱马齐德和冯基哈里发在苏丹-阿赫马德登极这件事中起了积极作用（参阅上述《作者生平介绍》(Сведения об авторе)，第 31 页，注释 26）。

253. 据佚名作者记载，他统治了两年又六个月（《喀什噶尔史》，第 83 叶正面）。

254. 据 Анис ат-талибин 记载，由于霍加沙迪替苏丹-阿赫马德说话，后者赐给他库马尼村作为酬谢（见《喀什噶尔史》，第 87 叶正面），他们[的关系]很快就冷淡了，霍加沙迪以后的行为说明了这一点。无疑，这位拥有巨大经费和一千名穆里德的有影响的宗教封建主的态度在阿布达拉赫汗的成绩中起了很大作用。

255. 据佚名作者说，这位达官是霍加沙迪的女婿，在上述图尔该城败北后，霍加沙迪派他去了阿布达拉赫汗那儿（《喀什噶尔史》，第 87 叶背面）。

256. 马赫穆德·本·瓦里极其简略地提到那些导致苏丹-阿赫马德"自愿"放弃汗位的全部事件。他仅报道说，汗由于艾米尔们站在他的敌人一边反对他而离开，去了巴里赫。1046 年/

1636—1637年初,苏丹-阿赫马德汗到达伊玛目-库里汗那儿,阿布达拉赫则占据了喀什噶尔。马赫穆德·本·瓦里用这些话结束了蒙古国的历史篇章(*Бахр ал-асрар*,第94叶正面至背面)。

257. 沙-马赫穆德·楚剌思关于苏丹-阿赫马德汗有联系的事件、他的逃往河中地区,以及伊玛目-库里汗给予他的帮助和以后的行动的情报已经不止一次地不仅被我们引用的史料所证实(*Анис ат-талибин*,第100叶正面至背面,《喀什噶尔史》,第90叶正面至背面),而且还为阿布都·哈米德·拉胡里在印度写成的著作 *Падшах-наме* 所证实。这是一部关于沙-贾罕(1628—1658)统治的著作,阿布都·哈米德·拉胡里在1053年/1643—1644年下面用自己的情报通告者阿拉赫杜斯特的话转述了苏丹-阿赫马德汗逃跑、出征安集延和灭亡的情况。阿拉赫-杜斯特和汗的阿塔里克——自己的父亲(《喀什噶尔史》第90叶正面谈到的两个人——父亲和儿子,在跟随苏丹-阿赫马德汗的亲信中)一起陪同自己的保护人去伊玛目-库里汗那里,参与围攻安集延。苏丹-阿赫马德汗死后,他大概成了伊玛目-库里的亲信,因为在1051年/1641—1642年曾陪他去朝圣(*Падшах-наме*,第2卷,第349页)。

258. 据佚名作者记载,他终年27岁,总之,在该国统治了5年又5(或6)个月(《喀什噶尔史》,第90叶背面,第89叶背面),看来,苏丹-阿赫马德汗死于1048年/1638—1639年(对照 *Падшах-наме*,第2卷,第349页,该书谈到苏丹-阿赫马德没有立即出征喀什噶尔,而是一段时间以后)。

259. 据佚名作者记载,这件事发生在1048年/1638—1639年(《喀什噶尔史》,第89叶背面);毛拉穆沙也谈到这一日期(*Тарих-и*

амнийе，第 20 页）。H. 伊莱亚斯（《霍加传》，前言，第 4 页）谈到阿布达拉赫汗两件有准确日期（1637 年和 1643 年）的命令。对于第一个文献，我们查不出与佚名作者关于把 1048 年/1638—1639 年作为他登极日期的报道有何矛盾之处，因为作为阿布都·拉希木汗的继承人，他能够发出这个命令。看来穆罕默德萨迪克·喀什噶里极模糊而且概略地提供了至 17 世纪末的该国史。只有这样才能说明如下事实，他把阿布达拉赫汗作为穆罕默德汗（死于 1018 年/1609—1610 年）的直接继承人，用缄默来回避统治该国约三十年的穆罕默德汗的族系（《霍加传》，第 23 页）。这样，他错误地把伊斯玛因苏丹作为阿布达拉赫汗的儿子。

260. 乌奇比基·贾万噶尔大概是左翼艾米尔之长；乌奇比基·巴兰噶尔是右翼之长。参阅 Doerfer《突厥和蒙古的构成》（*Turkische und mongolische Elemente*），Bd Ⅱ，135—137。

261. 阿布都·拉希木汗的孩子用这种方式统治了全国：他的次子统治东部，伊卜拉欣苏丹（第三子）治理和田，阿卜杜拉汗坐镇叶尔羌。

262. 阿布都·哈米特在沙-贾罕统治时期的公务人员清单里列出本书上述显贵之大半（*Падшах-наме*，第 2 卷，第 743—749 页）。可见，他们到印度后，被授予从 пансади 到 хафтсади 的职务。须知，他们不是立即一起都去了印度，其中一些人几年后才去（对照见注释 257）。

263. 卫拉特这一封建主的名称在阿拉伯字形中的转写不论是沙-马赫穆德·楚剌思的《编年史》（第 69 叶背面）或是佚名作者的《喀什噶尔史》（第 90 叶背面）记载都十分模糊：该名称既可以读

作تمر(С. м. р.),也可以读作شمر(Ш. м. р.)(后种写法是我们在 Анис ат-талибин 的抄本里发现的)。咱雅班第达的传记作者拉特纳巴尔德指出,在强大的卫拉特众首领中有一位叫苏迈尔,1662年夏其游牧区在僧格大本营以南:"当呼图克图离开 Хотона 经过 Кэрэ Хадай 时,苏迈尔在途中把他请到自己这里。"(鲁缅采夫,第57页) J. H. 鲁缅采夫据另一木刻家和抄本提供了这个名称的不同读法——Сумур。因此我们在用穆斯林文献转写的阿拉伯字形中把卫拉特封建主的名称读作تمر或شمر,作为苏迈尔,认为咱雅班第达的传记作者、楚刺思及佚名作者所说都是同一个人。关于出生于卫拉特的游方僧咱雅班第达·奥什托尔古因·达拉伊,见巴特马也夫《咱雅班第达》及《咱雅班第达的作用》。

264. 佚名史家补充说,塞林在搏斗中负伤,因此阿克萨克人称塞林为"瘸子塞林"(Колченогий Серен)。但他在此未指出,卡尔梅克进军阿克苏是次要行动,因为在此之前一年里他们在和田城下取得了胜利(《喀什噶尔史》,第91叶正面)。

265. 勃律是许多文献中记载的一个山地国名(现在的努里斯坦,从1896年起大部分归入阿富汗)。《热希德史》记载其疆界如下:"勃律斯坦东部以喀什噶尔和叶尔羌地区为界,北部同巴达克山为邻,西部与喀布尔和拉木干(Ламганом)为界,南与克什米尔辖区为邻"(穆罕默德·海答尔著,手抄本 C395,第294叶背面;罗斯译文,第385页,同书伊莱亚斯注,对照巴托尔德,Кафиристан,第21—22页;斯坦因《西域考古记》,第1卷,第28、32—34页)。马基道维奇(И. П. Магидович)记载该地区形势如下:"……帕米尔东部,即萨雷阔勒岭及其平行的阿克塞巴什、喀什噶尔、坎达尔塔格和帕斯克木诸山脉,它们均为塔里木河诸上游河流。"(参见《马可·波罗游记》,米纳耶夫译,第269页,并参见斯坦因《古代和田》,第1卷,第4—6页,伊斯坎大罗夫《兴都库什》)。

266. 巴达克山是阿姆河河源喷赤河左岸的一块山地,占据着科克恰河及其支流地区。巴达克山在亚洲贸易、战略及迁徙路线中的地位多半决定着该地区的历史命运。在通往印度的海路未开辟以前,巴达克山作为运输中转中心和商业经纪人,意义尤其重大,因为这里是从中国去印度、从印度去中亚甚而去伊朗和欧洲的商道中心。从远古时代起,巴达克山就以开采青金石和宝石(ла'ла)矿驰名。遗憾的是,这个古老国家的中世纪史(至17世纪中叶)因为文献较少和记载舛误而研究薄弱。见斯坦因,《西域考古记》,第1卷,第26、28、32页;巴托尔德《巴达克山》,第343—347页;阿巴耶娃《纲要》,第97—112页;《巴达克山史》(*Та'рих-и Бадахшан*);库什科基《喀塔干与巴达克山》(*Кушкекии,Каттаган и Бадахшан*),第96页及以后几页。

267. 据佚名作者报道,阿布达拉赫汗镇压了米尔咱施尔-穆罕默德在库车的起事后,于次年进行了这次出征(《喀什噶尔史》,第92叶正面)。因此,远征勃律和巴达克山约发生在1050年/1640—1641年。

268. 《喀什噶尔史》(第92叶正面)的作者指出两位可萨人首领的名字是穆罕默德-玉素甫和扎列-喀希木。

269. 这些山地的政治疆界变动极大,依当地统治者和外来征服者的胜负而定(参见阿巴耶娃《纲要》,第95—115页)。因此本书作者(其实和佚名的《喀什噶尔史》一样)在记载阿布达拉赫汗征

勃律时，主要是谈进军巴达克山。但是不排除在所描写的时代里，
巴达克山的统治者已控制了勃律北部，因此阿布达拉赫汗从巴达
克山方面，即从北部或者西北部攻入了该国。

270. 巴托尔德注意到（所引手抄本，India Office No. 1496）人
们在马赫穆德·本·瓦里那儿肯定是把沙巴布尔作为"向纳季尔-
穆罕默德表示臣服的奇特拉尔和巴什库尔的统治者"来提及（巴托
尔德《报告》，第183页，注释357）。有趣的是如Т. Г. 阿巴耶娃所
说："……不仅巴达克山的统治者，而且瓦罕、舒格赫（Шугнана），
罗尚（Рошана），达尔长兹（Дарваза），奇特拉尔（Читрала）的统治
者都认为自己是马其顿·亚历山大的后裔"（《纲要》，第99页）。

271. 据《喀什噶尔史》记载，进军库车后，汗便袭击了奥什，之
后攻入巴达克山和勃律，然后在纳伦地区攻打吉尔吉斯人（第91
叶背面至第93叶正面）。

272. 奥什东面的 Карванкул 隘口大概在奥什和 Гульча
之间。

273. 卡普兰-库勒科勒在奥什的 Гульча 附近，是个地点和隘
口。必须指出，卡普兰-库勒这个不大的湖泊在奥什以南。

274. 根据传统，毛拉纳阿尔沙德·丁说服秃黑鲁帖木儿汗加
入穆斯林，借助后者及其兀鲁斯的全体蒙古人（穆罕默德·海答尔
著，手抄本C395，第12叶背面至13叶正面；罗斯译本第14—15页）。

275. 可能是誊写员的笔误，把英吉沙写成了英吉-希沙里克。
这样一来，似乎在指另一个地名 Кулфина，即 Колпина（或
Келпина），后一个大站在英吉沙到叶尔羌的路上，还是穆罕默
德·海答尔把它作为 Колпин-Рабат 谈到（参见肖《喀什噶尔王子》，

第 284 页,斯坦因《西域考古记》,第 3 卷,第 1302—1305 页)。还须指出,如果我们的假设成立的话,那么这是在沙-穆罕默德那儿遇到的特例,当时该地中心城的阿奇木还同时兼任这里一个小据点的阿奇木。

276. 佚名作者说他们在比施-布伊那克失败(《喀什噶尔史》,第 92 叶正面)。

277. 乞兰是一个居民点,在巴楚去阿克苏途中一条不大的同名河边(参见 The Journey of Benedict Goës,第 227 页,及伯希和注释,第 228 页;及 Pelliot, Notice sur Early Jesuit travellers,第 391 页)。

278. 汗出征吉尔吉斯的决定遭到苏卜罕库里伯克的反对,后者是喀什噶尔阿奇木,尤勒巴尔斯汗的阿塔里克,他反对这一决定,汗的反应是:不强迫自己等待——伯克被撤职,由沙巴兹伯克接替(《喀什噶尔史》,第 92 叶背面)。

279. 喀喇-喀什是同名河边的一个大村庄,这条河汇入和田河,从和田向北流入和田绿洲;是最古老的玉石采集中心之一。

在我们掌握的穆斯林史料中没有一条谈到以玉龙喀什为名的居民点。但是,И. 比丘林指出和田附近有一座玉龙喀什城(《介绍》(Описание),第 139 页)。也许本书作者所指为分布于玉龙喀什河的玉石采地、汇入和田河的第二条主要河流。和田城位于玉龙喀什河岸,广大绿洲都使用和田这个名称。产于该河支流的玉石以质高色纯驰名。

280. 霍加库特卜·丁是霍加穆罕默德-伊斯哈克的长子,作为麻扎瓦各克弗的监护人,常年住在撒马尔罕其父亲的陵墓处。

281. 据 Анис ат-талибин（第 96 叶正面）记载,他在七岁半——穆罕默德汗统治时期在舒图尔哈里发的陪伴下来到叶尔羌,汗去世时他 21 岁。因此,他生于 997 年/1588—1589 年,在 1004 年/1596 年底或者在 1005 年/1596 年初到达叶尔羌。这则史料（第 100 叶背面）还指出。霍加沙迪去世时 56 岁,他必定死于 1053 年/1642—1643 年,即比《编年史》作者所说早两年。早在蒙古国时期霍加沙迪就以阿齐兹拉尔霍加著名；该史料又指出,"他的波斯语有一些弱点"。

穆罕默德-亚希亚是最大的宗教和世俗封建主；他控制着众多的盲目的穆里德——徒众（其数量达一万）和财产（包括以"尼亚扎"名义从蒙古国诸汗那儿得到的几个村庄）。他在中央政权衰弱时期显示出重要性,在某些条件下对国内事务具有决定性影响。很显然,作为穆斯林的导师和领袖,与其说由于宗教上的推崇和尊敬,不如说是由于上述原因。霍加沙迪和笃信宗教的苏菲派相比,更类似富裕强大的封建主。他大概仍然不如他父亲本人表现得那么强大无疑：少数史料提到他；而有时只是泛谈。他死于喀什噶尔,却葬在叶尔羌城郊——阿勒墩,阿布达拉赫汗和宫廷的全体官员参加了葬礼。绰号叫霍加-谢皮哈里发的霍加萨亦德·穆罕默德哈里发成为其子穆罕默德-阿布达拉赫（还未成年）的导师和众徒的宗教首领。这位哈里发在霍加沙迪的麻扎附近修建了四十个修室（Анис ат-талибин,第 98 叶正反面,第 100 叶背面至 101 叶正面）。据穆罕默德·沙迪克·喀什噶里记载,霍加沙迪死在叶尔羌,并葬在那儿（《霍加传》,第 23—25 页）。

282. 若根据库什比基（见注释 135）这一术语的内含,可推测库什比基·巴兰噶尔管理诸部的义勇队和构成军队右翼的狩猎组织。众所周知,游牧民族在和平时期从事的狩猎被认为是备战的最好方式。由此得出库什比基·巴兰噶尔是和平时期军队右翼的艾米尔之长,乌奇比基·巴兰噶尔则是战时军队的右翼之长(后者见注释260)。

283. 在这种情况下,作者之父(沙-马赫穆德本人把这些话置于他之口是完全可能的)为了强调自己笃信并遵循伊斯兰指令,谈到他完成了必须自愿的五功之最后一功,祈祷被作为塔哈吉米德,在黎明前的黑暗时举行。

284. 作者在 Анис ат-талибин(第 99 叶正面至背面)中重复其父这则有些详情和准确日期的叙述。令人好奇的特征是,为了强调和加强伊阐的关系,作者的父亲赠他"一匹漂亮的阿拉伯跑马"。

285. 据扎希尔·丁·巴布尔说,哈堪门和同名大灌溉渠在城墙南边。从这扇大门流到南郊和小山坡前的花园里,这座小山坡在巴布尔时代称做阿伊什(Бабур-наме,伯威里吉版本,106 叶正面至背面,107 叶背面;Бабур-наме,萨里也译本,第 124—126 页)。

286. 在该任命之前,努尔·丁·苏丹在和田,把伊卜拉欣苏丹和伊斯玛因苏丹逐往焉耆后,他被任命为此地总督,其阿塔里克沙伯克曾任阿布达拉赫汗第一任(按时间)宰相。

287. حيان 的写法,用 ا 代替我们的推测出的 و ,这引起一定兴趣,可由此得出两种假设:"a"众所周知,14 世纪的资料中;在一些非伊朗人的语言中鼻辅音前的元音"o"转写成 ا,例如,希腊语 номус 是蒙古语 ном(закон——法律)。从这种写法中还可以看出阿拉伯字形对塔吉克语的影响,其中长元音"a"被转写成ﻭ,发"o"的音。

288. 沙-马赫穆德·楚剌思列举的阿布达拉赫汗的对外政治行动——入侵、进军和征伐间接的邻居——我们认为都缺乏严肃长远的入侵计划和同新土地建立联系。这很可能是试图依靠军事成果来巩固已经动摇的中央政权,借助掳获的战利品显示已经结束了开始的危险内讧的力量。在免去国家达官显贵和艾米尔们的职位后,汗的行为已及于此,用汗信任的人代替他们,一部分军事氏族联盟的贵族离开政权去了其他地方(见《编年史》,第73叶背面)。本书作者对汗这种想法不以为然,因为他本人就是个有影响的军事游牧封建主中的移民;公正地认为汗这种努力是个有充分权力的主人在该国控制政权和上层氏族贵族。资料给我们提供的只是阿布达拉赫汗这种想法和行为。我们不能说,他们是否触及了社会-经济关系,据事件以后的发展可以断定多半没有触及。

289. 见注释228。

290. 据佚名史学家报道,米尔咱沙-曼苏尔伯克在苏丹-阿赫马德汗时就占据了和田省长的位置;他才12岁又7个月时已是阿布达拉赫汗的阿塔里克(《喀什噶尔史》,第93叶正面)。如果这则消息引用的这条唯一的史料可靠的话,那么大概军事游牧贵族或者在1060年下半年/1650年年底,或者在1061年年初/1650年年底至1651年年初(阿布达拉赫汗于1048年/1638—1639年登极)试图用不痛苦的途径排除阿布达拉赫汗,劝他去朝圣。

291. 亚提什比基(йатишибиги)这一术语的词源极明显:"夜晚侍卫汗的伯克"(来自 йатиш——"君王夜晚的卫队"、"夜晚的哨兵",参见布达戈夫《词典》(Будагов, Словарь),第2卷,第322页)

或者是拥有布哈拉的米尔沙勃职务的叶尔羌城警察局长"夜晚的侍卫长"——关于该职责和地位，见 Тарих-и Муким-хани，谢苗诺夫译，第 257 页，注释 174；《制度纲要》(Очерк устройства)，第 48—51 页。

292. 佚名作者关于屠杀吉尔吉斯人的记载也很相似(《喀什噶尔史》，第 93 叶背面至 94 叶正面)。但我们不赞成 К. И. 彼德罗所译《喀什噶尔史》中的这一段(《纲要》(Очерки)，第 155 页)，因为他在一些地方用自己的阐释代替了译文。我们翻译这段原文如下："把萨提木-比和一些吉尔吉斯人从英吉沙召回后，他(阿布达拉赫)任命喀喇-库丘克比为英吉沙阿奇木，[但]喀喇-库丘克比却从英吉沙逃跑了。同时，吉尔吉斯人恶毒地反对汗，安排以萨提木为首的一部分吉尔吉斯人、乃蛮、钦察、康里人及其他人去叶尔羌和喀什噶尔，另一些人去阿克苏与和田，他们[在那里]住下。把萨提木比委任给乌台米什伯克，喀喇克奇比委任给阿尤卜伯克。委派以萨提木比为首的[全体]吉尔吉斯人组成[一支正规]部队。喀喇克奇听说[这一切]后跑了。允许阿尤卜伯克、沙-马赫穆德沙及其儿子穆塔里卜霍加跟踪他们……"

293. 据本书作者(第 67 叶背面)记载，巴巴汗是阿布都·拉希木汗的第五子，阿帕克苏丹是第六子，而佚名作者(第 85 叶正面，100 叶正面)却说，巴巴汗是第四子，作者称他为苏丹-萨亦德巴巴汗，相应是第七子。我们还从该作者那儿得到如下关于巴巴汗的报道。阿布达拉赫汗在叶尔羌站稳后，把哈密给了他，并任命米尔咱图拉克伯克为阿塔里克。他以虔诚著名，为了同异教徒斗争,向中国①大规模进军,攻下肃州,肃州居民自愿臣服,用他的名称虎图拜和制币,以后又侵入甘州——"中国最大的省",同时获得了丰厚的财物。由于得到情报说吐鲁番人攻占了他的封地,他不得已取消了向北京进军的打算。他返回哈密后恢复了低地位。

阿布勒·穆罕默德很快就死了。苏丹-萨亦德巴巴汗从哈密来到吐鲁番,人们宣布他为汗,此后,他把自己的兄弟伯克们逐往叶尔羌。但是他在吐鲁番的时间大概不长,因为其兄弟伊卜拉欣起来反对他,在布克沁宣布自己为汗。巴巴汗把吐鲁番留给自己的敌人,退往哈密,其子穆罕默德也来到这里,他是辟展的统治者,其初击退了吐鲁番人夺取这座城的企图。

在伊斯玛因汗向卡尔梅克人发动第一次进军时,伊卜拉欣汗在吐鲁番被那些不满的臣民杀死,重又承认苏丹萨亦德巴巴为吐鲁番汗。巴巴汗终年五十三岁,其中在吐鲁番统治了 25 年,他有三个儿子,其中长子是阿布都·热希德,是第一个到达吐鲁番被宣布统治哈密的人(《喀什噶尔史》,第 100 叶正面至 101 叶正面;巴托尔德《报告》,第 187 页)。П.伯希和指出,汉文史料中记载了叫巴巴汗的人,他在哈密(哈密)统治;据这则史料记载,他儿子(!)土伦台(或土伦泰)1649 年试图攻占甘肃,巴巴汗本人也在稍后被叶尔羌统治者逮捕入狱,他在哈密的地位转给了阿布·穆罕默德的儿子(伯希和,*Notice Critiques*,第 49 页,Абул-Ахмад(阿布勒-阿赫马德))。他还在斯帕塔里的使团日记(дневнике посольства Спатария)中作为 1676 年吐鲁番的统治者提到此事(巴德利《俄国·

---

① 指清王朝统治下的中国。——汉译者注

蒙古·中国》,第2卷,第375页)。

佚名作者引用的这些资料,事实上补充了沙-马赫穆德·楚剌思关于17世纪下半期吐鲁番和焉耆政治史的报道。如果佚名作者上述巴巴汗的生平和统治真实的话,那么该书记载的阿布勒-穆罕默德死亡的日期就是可信的。这样,巴巴汗就死于1091年/1680年,出生年代是1038年/1628—1629年。因此汉文资料关于他儿子普伦台1649年企图夺取甘肃的报道就是错误的,大概所指应该是巴巴汗本人(对照土伦台——苏丹巴巴伊)。П.伯希和根据的这则史料使得这位法国汉学家在自己的注释中犯了错误。П.伯希和还指出两个统治者,一个是苏丹-萨亦德汗,继承阿布勒-穆罕默德,另一个是巴巴汗,在哈密稳固了地位。问题在于,П.伯希和的这则史料把一个人的名字分为两部分,正是苏丹萨亦德巴巴汗本人,把他读为两个人,这样就造出了两位汗(《编年史》,第67叶背面;《喀什噶尔史》,第85叶正面、100叶正面,伯希和,*Notice Critiques*,第49页)。

294. 他们两人在1066年/1655—1656年之前被阿布达拉赫汗逐出该国,在阿布勒-穆罕默德去世四年后,他来到奥兰格兹卜(Аурангзиба)的宫廷(见注释244)。

295. 如果这则报道与事实相符的话,这种情况下在阿布达拉赫汗于1048年/1638—1639年登基,阿布勒-穆罕默德不是立即得到吐鲁番和焉耆领地,这可从沙-马赫穆德·楚剌思(第69叶正面)的记载中得到说明。П.伯希和指出,三年后——1051年/1641—1642年阿都拉汗(即阿布都·拉希木汗)的二儿子阿布勒-阿赫马德(即阿布勒-穆罕默德)统治着吐鲁番,1653年死于此(伯希和，*Notice Critiques*，第 49 页）。

阿布勒-穆罕默德统治的最后几年和其继承者苏丹-萨亦德巴巴汗统治的最初几年吐鲁番发生的一些事件（除佚名作者——见注释 293——记载的一段外），在一些使用汉文史料的论著中（格力高利耶夫《东突厥斯坦》，Григорьев, *Восточный Туркестан*），第 2 卷，第 352 页；布莱特施耐德尔《中世纪研究》，第 2 卷，第 201 页；穆罕默德-海答尔著，罗斯译，伊莱亚斯前言，第 107—108 页）有局部的、其真相极不连贯不明确的反映。这几位作者都不同程度地对涉及吐鲁番的两份文献内容进行了全部转述或引证（*Mémoires*，第 15—16 页）。其中一份是 1647 年清帝国幼帝顺治关于吐鲁番统治者阿布勒·穆罕（В. В. 格力高利耶夫写作"阿卜伦·穆罕"，Э. 布莱特施奈德尔写作"阿布勒-阿赫默德"）遣使去帝国宫廷进贡，吐鲁番已有 280 多年未纳税了。另一份文献记载十年后，即 1657 年，另一个贡使又由此来到，见波兹德涅耶夫从汉文史料中摘录的关于 1644—1671 年吐鲁番和哈密一些事件极不连贯的资料的综合记录（见他的《历史》（А. М. Позднеевым, *История*），第 98 叶背面至 41 叶正面）。

阿布勒-穆罕默德轻而易举地稳固下来，他是蒙古国东部的统治者。阿布勒-穆罕默德（不是 А. М. 波兹德涅耶夫记载的阿布都·穆罕默德）接受其兄阿布达拉赫汗的委任坐镇吐鲁番。有人认为不能认为这些使者承认做中国清王朝的附属。我们认为，第一个关于阿布勒-穆罕默德成为吐鲁番汗的官方通知书是比较正确的，而第二个关于他的继承者（大概是巴巴汗）登上吐鲁番王位的报道也是准确的；我们知道，阿布勒-穆罕默德死后，接着于

1066年/1655—1656年(《编年史》,第74叶背面)巴巴汗继承了他的王位(《喀什噶尔史》,第100叶背面)。

296. 除去在注释中已经使用过的包括有关哈密报道的少数资料外,我们没有任何其他叙述16至17世纪统治哈密的阿奇木和苏丹争夺此地的穆斯林史料。В.乌斯朋斯基借助汉文史料叙述说,1514年"吐鲁番苏丹曼苏尔再次统治哈密,于是哈密又处于吐鲁番政权之下,统治甘肃约35年(1696年)"(第4页;布莱特施耐德尔《中世纪研究》,第2卷,第195—198,201页)。从汉文史料中摘引的关于哈密州最完整的记载,参见 Imbault-Huart, Le pays de 'Hami ou Khnamil,第1—75页。书评,参见杜曼《土地政策》(Думан, Аграрная политика),第14,31—38,40页。

297.《喀什噶尔史》(第94叶正面)的作者补充说,他还很好地读过 Хамсе,大概指的是尼扎米·干贾维的《五韵诗》(Низами Ганджави, Пятерица)。

298. 对照 В. П. 尤金的这段译文(《资料》,第384—385页)。

299. 塔木喀喇是个村庄,在叶尔羌去英吉沙的路西;恰玛伦是叶尔羌去英吉沙途中略靠东的一个不大的(三十五户)村落,在科勒宾和克孜尔两站之间。见《资料》第554页,注释21—22。

300. 驱逐沙-曼苏尔伯克后不迟于1061年/1650—1651年年初,他获得叶尔羌阿奇木职位,并成为汗的阿塔里克。因此他的死不迟于1061年/1656—1657年年初。

301. 他们在追逐卡尔梅克人时不知不觉从克里雅到了东部。车臣是流入塔里木河水域的同名河边的古代绿洲。详见斯坦因《古代和田》,第1卷,第435—436页。

302. 一位哈萨克汗,伊施木汗的儿子和继承人(见注释212),统治到1091年/1680年。他儿子是本书作者指出的著名的塔乌科汗,他在该年继承了他父亲。根据传统,塔乌科汗(统治到1130年/1718年)由七位参加编纂了一部习惯法。这部汇编叫 *Жеты жаргы*。在塔乌科几乎全部统治时期都和他父亲一样,与卡尔梅克人(诸卫拉特)进行了残酷的、却是取得各种成就的斗争。见库兰特《中亚》(Courant, *L'Asie Central*),第47页;巴德利《俄国·蒙古·中国》,第二卷,第124—125页。

303. 俗语叫晒赫·安塔乌尔,被认为是霍加阿赫拉尔(死于895年/1490年)的前辈,其名称为"神圣"和"绝对正确"的光环所包围;塔什干城的保护者;死于756年/1355年或761年/1359—1360年;其麻扎不久前还在塔什干。详见谢苗诺夫《塔什干的晒赫》,第25—31页。

304. 萨亦德-穆罕默德哈里发的次子乌斯曼霍加比其父活得长。如上所说,萨亦德-穆罕默德哈里发曾是蒙古国霍加沙迪和哈里发胡拉甫(халифат ал-хулафа')的诸幼子的导师(*Анис ат-талибин*,第102叶背面)。

305. 阿特巴什是纳伦河左边一支流巴施河谷地一地方。纳伦河从恰迪尔湖向北——东北流去。古代的阿特巴什某时曾位于阔索伊库尔干废墟上。详见巴托尔德《1893—1894年报告》,第58—60页;贝尔什塔木《历史-考古纲要》,第100页及以下几页。

306. 兀鲁伯(1394—1449年)天象台是四年后,即中等宗教学校竣工后(823年/1420年)四年开始修建,832年/1428—1429年完工。因此,所说的位于恰迪尔湖北岸山隘里的塔什拉巴特建筑建成要更早,因为在黑的儿汗之子穆罕默德时该建筑已载入册籍,他从1408至1415年(或1416年)统治着蒙古斯坦和喀什噶尔(见穆罕默德-海答尔,手抄本,C395,第45叶背面,罗斯译本,第58页,还见《塔什-拉巴特介绍》,我们的作者借用过它并做了相当缩减)。泽兰德(H. Л. Зеланд)在1896年还见过这个建筑物(《塔什拉巴特峡谷》(Ташрабатское ущелье),第116—121页)。第4—5页,Ч. Ч.瓦里罕诺夫附有平面图的介绍(《日记》,卷一,第192—194页)。关于兀鲁伯天象台研究与发明史的最完备最明确的综合记载,见施什金《天象台》(Шишкин Обсерватория)及其《撒马尔罕的天象台》(Самаркандская обсерватория),尼里赛《建筑面貌》(Нильсен, Архитектурный облик)。

307. 据 A. H. 贝尔什塔木说:"去天山之路从楚河过 Шамси-Кочкор 山隘再沿现今道路继续往前走,过纳纶-阿特巴什……到塔什-拉巴特"(《历史地理》(Историческая география),第50页)。阿布达拉赫汗的军队返回时就是走的这条路。

308. 指的是汇入塔什干河的阿克赛河谷地。塔什干河从恰迪尔湖向东流。

309. 这里指的是阿布达拉赫汗的兄弟,他把兄弟从和田派到焉耆,据该史料记载判断,他同自己的兄弟伊斯玛因汗和阿塔里克哈桑伯克一起去了卡尔梅克。

310. 原文 ساریغ یاتوق 清晰,可以推测是抄写员抄错了,应该读作 سالیغ یاتوق,该词前一个字是税收术语,见吉洪诺夫《经济》,第106页;布达戈夫《辞典》,第一卷,第690页。关于 салык 税,见瓦里罕诺夫《日记》,第一卷,第200页,巴托尔德《报告》,第203页,关于

"налог"、"подать"的意义，В. В. 拉德洛夫已在维吾尔法律文献中谈到这个问题。拉德洛夫，(Raloff, *Uigurische Sprachdenkmäler*)，第275、291页。

311. 霍加沙迪的长子，(1049—1096/1639—1685)，号称霍加帕德沙，47岁死在印度。霍加穆罕默德-阿布达拉赫有四个儿子（*Анис ат-талибин*，第103叶正面至105叶正面）。本书作者写了一首他死亡的表年诗（第106叶正面）——بشر ثانى واكو，即1096年。

312. *Анис ат-талибин*（第104叶背面）记载该山隘叫考伊纳克（Койнак，كويكنك）。

313. 我们的作者在 *Анис ат-талибин*（第104叶背面至105叶正面）中谈到汗这次出征时指出，这次出征是反对阿勒坦（他的大本营在裕勒都斯）的兄弟萨马尔（苏迈尔）。作者把阿布达拉赫汗的失利同霍加帕德沙对汗在对待其信徒时的行为不满连在一起。兹拉特金《历史》，第170页）指出，巴图尔洪台吉（1634—1653）统治时期，辉特的索尔多台什游牧于裕勒都斯地区。艾勒丹、塞楞和苏迈尔很可能属于他帐下。

314. 舒尔舒克（Шуршук）在库尔勒与焉耆之间。见《比捏迪克特·高斯行记》，第234、238页；伯希和，*Notice sur Early Jesuit trarellers*，第391页；斯坦因，《西域考古记》，第3卷，第1183页。

315. 我们读不出这句诗，可把它转写在此：مداسه سمبد دود که دبد د دود.

316. 博古尔（Богур）——古城，在库车和库尔勒之间，大约在路途一半处，接近萨雷-喀梅什湖北边，见斯坦因《西域考古记》，第

3卷,第1235—1236页。

317.《喀什噶尔史》(第95叶正面)补充说,他49岁时去世,做了五年汗的阿塔里克和叶尔羌阿奇木。因为他是在米尔咱赫巴兹伯克死后被委任此职的,所以他死的日期必定是1071年底至1072年初/1661年6月至9月,与汗在此时远征失利的时间相符。

318. 他在《喀什噶尔史》(第95叶正面)中被称做阿布达拉赫苏丹,Анис ат-талибин(第104叶背面)中称谓与《编年史》同。

319. 阿什塔尔罕王朝第六位代表,统治年代是1055—1091年/1645—1680年。如他所说,在1091年/1680年他为了自己的兄弟苏卜罕库里汗而拒绝登位,去圣地麦加和麦地那。此外,我们必须指出,穆罕默德-阿明,这位作者为自己的靠山苏卜罕库里汗写成的广博的撰述中引用了37种史料,他把1092年/1681年作为阿布都·阿齐兹汗退位与其兄登极的年代(Мухит ат-таварих,第93、94页)。关于著作和作者情况,见哈木拉耶夫《穆罕默德-阿明及其著作》。穆罕默德-巴迪·撒马尔罕迪在其тазкире中也是该日期(Музаккир ал-асхаб,手抄本,苏联塔吉克共和国学院 No.610,第320、321页)。

320. 布尔罕·丁·库什科基也记载了希莎尔的统治者伯克-穆拉德伯克(称他为伯克穆拉德汗)。据他说,伯克穆拉德被推为каттаган部落之首领,同他们一起迁到孔杜兹,他以后由此扩张其权力,影响及于整个каттаган和Куляб。他死于1110年/1698—1699年(каттагани和巴达克山,第9页),米尔穆罕默德-阿明·布哈里谈到他是由于他的儿子、一位在苏卜罕库里汗(1680—1702年)和乌泰布垒汗(1702—1711年)统治时期起过重大作用的阿塔里克、强大的马赫穆德比。见 Убайбулла-наме，谢苗诺夫译，第 82 页。

321. 看来这是蒙古国非同一般的高贵和有代表性的使团，只有穆罕默德巴迪·撒马尔罕迪在其《塔兹基尔》中做过记载。在我们已知的与他同时代的记载使团的中世纪历史文献中没有一部提到过[该使团]。据上述资料记载（根据苏联科学院东方研究所手稿部提供的初定稿副本）喀什噶尔的尤勒巴尔斯汗的使者提尼木伯克于 1072 年/1661—1662 年抵达布哈拉，他离开时，诗人米尔·努尔·丁·纳格哈特·撒马尔罕迪前去送他。第二次修订稿抄本（根据苏联塔吉克共和国科学院藏稿）补充说，提尼木伯克是尤勒巴尔斯汗的艾米尔，以后派他出使河中地的阿布都·阿齐兹汗那里。就是日期疏漏了（Музаккир ал-асхаб，苏联科学院东方研究所手抄本 D 710，第 380 叶正面；苏联塔吉克共和国科学院手抄本，No.610，第 269 页）。这样，提尼伯克于 1072 年/1661—1662 年出使的事实还是为史料证实，于是对其中指出的日期我们提不出什么疑点。

322. 卫拉特封建国，即准噶尔汗国创始者的第五或第六个儿子，绰罗斯民族的巴图尔洪台吉（1634—1653）（见库兰《中亚》，第 45—47 页）。父亲死后他获得该国一半——南部（＝右部）的统治权；他是鄂齐尔图车臣汗的女婿，卫拉特盟（丘尔干）头号人物的职务分与了他；鲁卜桑台吉获胜后于 1667 年摧毁了阿勒廷罕强国（державу Алтынханов）。但作为全卫拉特的统治者，不是全体都承认他。1670 年底他成为其兄车臣和巴图尔阴谋的牺牲品。（详见兹拉特金《历史》，第 207、209、216—217、229—230 页；伯希和《简评》，第 9、21、25 页；巴德利《俄国·蒙古·中国》，第二卷，索引,第 336 页,"senga"条;库兰《中亚》,第 48 页。)

323. 鄂齐尔图车臣汗之子,大概出生于 1635 年,因为 1652 年巴图尔洪台吉出征贾罕基尔汗的哈萨克时,他 17 岁,在和硕特与绰罗斯中享有很高的威望(见兹拉特金《历史》第 201、209 页;巴德利《俄国·蒙古·中国》,第二卷,第 190 页)。

324. 所指为和硕特阿巴赖台吉——鄂齐尔图车臣汗之兄弟(见注释 329,巴图尔洪台吉——僧格及其兄弟的对手。兹拉特金《历史》,第 197—199、203、207、209—214 页;巴德利《俄国·蒙古·中国》,第一卷,索引,第 267 页,"阿巴赖"条)。

325. 苏衮是从喀什噶尔流向东北的一条山溪,经过喀什噶尔——乌什路面。

326. 汗军运动的路线是和田——Чира——克里雅,并继续向车臣进发,这从我们作者的叙述中可以知道。

327. 在 *Анис ат-талибин* 中我们作者的这段叙述更详尽,情节更丰富。尤勒巴尔斯汗让姑姑沙扎迪-马希木(阿布·哈迪·马克里特的女儿)嫁给霍加阿法克并成为他的继承者和拥护者。了解到这些后,努尔·丁汗认为时机已到,便派努尔-阿曼达鲁花去叶尔羌邀请穆罕默德-阿布达拉赫去阿克苏。霍加同意并去了,这引起尤勒巴尔斯汗的妒恨。一段时间后,他的人在阿克苏区叶尔羌途中抓获乐努尔-阿曼,带到喀什噶尔处死,这同样激起霍加的仇恨,他说:"那件事会降临尤勒巴尔斯汗的,让它降临吧!"(第 103 叶背面至 104 叶背面)。尤勒巴尔斯汗和阿布达拉赫汗之间的政治斗争激烈起来,大概前者决定取得在喀什噶尔有坚固地盘的"白山派"霍加的支持,以便用实力对抗"黑山派"霍加,至少能量相等。另一方面,尤勒巴尔斯汗在喀什噶尔,他不能不注意到"白山派"在该地的力量和影响。必须从这一点来看他关于法伊扎巴德(Файзабад)——喀什噶尔附近(东南方)一个大村庄——的活动。该村子还是穆罕默德汗在约1005年/1596—1597年赐给霍加沙迪的(А.Н.库罗帕特金指出,由若干块地面组成的一广大地区被称为"Файзабадом"(《喀什噶利亚》,第257—258页)。必须指出,穆罕默德-沙迪克·喀什噶里(《霍加传》,第23页)指出,尤勒巴尔斯汗对父亲极无礼,而对霍加穆罕默德·玉素甫、霍加阿法克(死于1105年/1694年)毕恭毕敬。正像我们知道的那样,尤勒巴尔斯汗失利。因此,事件的转变导致成立以其父、努尔·丁汗和穆罕默德-阿布达拉赫为首的反对联盟。他们的方式是严厉果敢的,尤勒巴尔斯汗被迫逃命,他逃出后便奔向卡尔梅克人。

328. 我们的作者在 Анис ат-талибин 中指出,他的言行及其无常,行为自相矛盾,并把这种情况同他有一次从马上摔下来头碰到地联系起来(第104叶正面)。

329. 意思是和硕特拜巴噶斯汗之子鄂齐尔图车臣汗在父亲死后作为卫拉特盟(丘尔干)两位首领之一,于1640年成为继承人;他娶巴图尔洪台吉之女为妻,是巴图尔洪台吉的积极拥护者。17世纪40年代,他的牧场在"巴尔喀什湖与斋桑泊、楚河、伊犁河和阿亚古斯河直至裕勒都斯山之间"。1676或1677年(巴德利认为是1675年)僧格被其兄弟噶尔丹杀掉。(见兹拉特金《历史》,第123、169—170页;巴德利《俄国·蒙古·中国》,第一卷,第181页,注释7,第324页;索引"鄂齐尔图"(Ochirtu)词条;伯希和《简评》,第27、29、82页。)

330. 从苏鲁克村到克孜勒苏河汇合的那段河称作"土缅河",喀什噶尔城在河右岸。(见科尔尼罗夫《喀什噶利亚》,第 174 页;斯坦因《古代和田》,第一卷,第 73 页;肖《喀什噶尔王子》,第 282 页。)

331. 据 Ч. Ч. 瓦里罕诺夫说,19 世纪叶尔羌的中央广场称作恰尔苏(《从喀什噶尔到叶尔羌》,第 450—452 页)。

332. 见穆罕默德-海答尔,手抄本 C395,第 227 叶正面;罗斯译,第 308 页;《巴布尔书》,伯威里吉版本,第 29 叶正面、56 叶正面、88 叶正面、100 叶背面,萨里耶译,第 41—42、70、104、117 页。

333. 汗扎迪德哈尼姆由哈萨克的伊施木汗的女儿所生。许多达官显贵,其中有阿訇、毛拉穆罕默德-阿明·扎哈尼,反对汗处死她的决定,汗回答说:"你们难道要把我出卖给尤勒巴尔斯汗。"

帕伊-科巴克是叶尔羌——邻街街坊区的大门(见 Анис am-талибин,第 104 叶正面;《喀什噶尔史》,第 95 叶背面)。科尔尼罗夫说,叶尔羌北大门叫卡巴噶特(《喀什噶尔史》,第 273 页);Ч. Ч. 瓦里罕诺夫的平面图中该名称用于南大门(《从喀什噶尔到叶尔羌》,第 451 页)。

334. 佚名作者说,当阿布达拉赫汗把尤勒巴尔斯汗的领地喀什噶尔和英吉沙赐给努尔·丁汗后,他在克里雅附近同在和田的尤勒巴尔斯汗进行了战斗。后者在僧格的卡尔梅克人支持下反击他,汗返回了叶尔羌(《喀什噶尔史》,第 95 叶正面至背面)。

335. 据 Н. В. 哈内科夫说,施噶乌勒(шигаvула)(或施喀乌勒(шикавула))的职责是"接见使者,一般是去布哈拉和推荐给艾米尔的外国人,晋见时他带他们去接见厅。"(《介绍》,第 186 页)参见卡特米尔注(《阿布都•拉扎克》('Абд ар-Раззак),卡特米尔译,第502—503页)。

336. 努尔•丁汗大概死于1078年初/1677年6—7月间。据史料记载,他在喀什噶尔统治了一年。如果考虑到尤勒巴尔斯汗的领地在其伊斯兰历1076年逃跑后没有立即转交他,而是过了一段时间之后,引用的上述日期就是大致的。

337. 指的是喀什噶尔东北和西北两个居民点,在通往Teperta隘口途中。阿图吉现称阿图什。上阿图什大约位于喀什噶尔西北35公里处,下阿图什在喀什噶尔东北(约45公里处)。据说,这里因为沙图克-博格拉汗陵著名。(见瓦里罕诺夫《状况》,第290页;《日记》,第2卷,第210页;《世界境域志》,米诺尔斯基译,第281页。)

338. 阿布达拉赫汗于1078年/1667年逃离该国,这一日期为下列资料证实:他到达克什米尔是在1077年/1667至1080年/1669—1670年统治该地的总督穆巴里兹汗辖区时代,而去阿格拉的奥朗兹卜则在伊斯兰历1078年10月8日。这位蒙古王子在位第十一年,即1668年3月22日(见Ваки'ат-и Кашмир,手抄本,第192叶背面;'Аламгир-наме,第1065页)。此外,佚名史家记载,阿布达拉赫汗去朝圣是在他统治的第32年。这个日期必定是1080年/1669—1670年,因为阿布达拉赫汗在叶尔羌登位是1048年/1638—1639年(《喀什噶尔史》,第95叶背面)。《阿穆尼亚史》(Тарих-и амнийе(21))记载,阿布达拉赫汗把国家托付给尤勒巴尔斯汗就走了;1080年/1669—1670年尤勒巴尔斯汗在首都称汗。Ма'асир-и 'Аламгири(71)证实了'Аламгир-наме的记载。我们不怀疑其所载资料的准确性,因为它们是作者们从奥朗兹卜的宫廷每年支出清单中摘出的,其中详细记载着出售数目、日期和人员,所得售款和收据。清单中记载着1078年/1668年接见阿布达拉赫汗时分给他及其以后被处死的侍从的一笔数目相当的礼物。

339. 阿布·穆扎法尔·穆希·丁·穆罕默德-阿乌兰格齐卜(1068—1118年/1658—1707年)是位伟大的蒙古人,沙-贾罕和穆木塔兹-马哈勒的三儿子。

340. 有趣的是阿乌兰格齐卜于1075年4月/1664年10—11月派霍加伊斯哈克出使阿布达拉赫汗。一年后(1076年6月/1665年12月)返回,他呈报说蒙古国和睦有序。霍加伊斯哈克使团是对阿布达拉赫汗1074年10月/1664年4—5月派遣的米尔·霍加·弗拉德使团的回访('Аламгир-наме,第858、914、983—984页;Ma'асир-и 'Аламгири,第51,57页)。

341. 即穆罕默德·本·布尔罕·丁·撒马尔罕迪,著名的霍加干(ходжаган)支派黑山派的苏菲晒赫。穆罕默德哈孜是霍加阿赫拉尔(死于895年/1490年)的学生,后来成为他的继承人。他死于921年/1515—1516年。他的传记资料见穆罕默德-海答尔著,罗斯译本,第211—221、277—279、341—342页。

342. 另一种说法是什叶派,拉菲孜(рафизи)这一术语主要被正统的穆斯林(逊尼派)用于去世的什叶派教徒,称为имамитам 和 зейдитам。

343. 沙-贾罕和穆木塔兹-玛哈勒的女儿——贾罕纳尔比古姆(生于1023年2月21日/1614年3月23日,死于1092年9月/

1681年9—10月)的荣誉称号。她以容貌绝佳著名,由于天资聪颖,被赐予大量塔兰特(талантамн),与兄弟达拉-晒科赫一样,赞成苏菲派思想。穆因·丁·奇什乞(死于633年/1236年)的传记 *Мунис ал-арвах*,关于毛拉沙(992—1072/1584—1661)的论文 *Сахибиййа* 和一些通信集都出自她的手笔。她拥护达拉-晒科赫,可是在阿乌格兰格齐卜获胜后赐给她荣誉称号帕德·沙比古姆和年收入700万卢比的产业。(详见米尔咱《印度伟大的穆斯林妇女》(Mirza, *Great Muslim Women of India*),第387—388页;斯托瑞《波斯文献》(Storey, *PL*),第1卷,第2部,第999—1001页。)

很难说本书作者所指是"根据比古姆-萨希卜的话"讲述的,他可能是指自己手中掌握的她的某个通信集。但可以肯定,不是指关于她的上述两部著作,因为它们写成于这些事件发生很久以前。

344. *Ваки'ат-и Кашмир*(第192叶背面)有关于阿布达拉赫汗到达克什米尔并由此去印度的叙述。这一段在 *'Аламгир-наме*(1063—1067)中叙述极详细;*Ма'асир-и 'Аламгири* 转述了上述资料中(63—64,71)引用的情报,这一叙述被极夸张地转述,但同时包括我们在下面简略叙述的那些有趣的细节详情。来自克什米尔的穆巴利兹汗和吐蕃的穆拉德汗的报告说:阿布达拉赫汗同儿子尤勒巴尔斯汗争夺汗位失败后,在被抢劫毁坏到极点的亲属、家人和侍从的陪同下从喀什噶尔经巴勒提(Балти)到克什米尔;由汗在慕士塔格山隘遇见的霍加伊斯哈克(见上引书)陪同。阿乌兰格齐卜让霍加沙迪克·巴达赫施和赛法拉赫代表国君转交给汗109匹马、金银器具、帐幕、服装、地毯、象和贵重军器等,命令穆巴利兹汗和拉赫尔总督穆罕默德-阿明汗,为阿布达拉赫汗补充了途中一切必需品，满足其全部愿望。此外，从这两者的官款中拨给他五万卢比，其中拉赫尔的官款记在全国金库账上。这些命令传送给汗要经过的沿途全体赞同者和地方官员。1078 年 10 月 8 日/1668 年 3 月 22 日阿布达拉赫汗到达首都沙贾汗阿巴德（Шахджаханабаду）把一座花园交给他并准备了全部必需品。他住在已故的鲁斯塔木汗宫室，三天后受到阿乌兰格齐卜的接见，同时还见到了两位最大的官员：贾法尔汗和阿萨德汗，他们是在郊外陪同汗去宫廷觐见的。阿布达拉赫汗在沙贾汗阿巴德郊外的哈亚特巴赫什花园住了八个月，1079 年 6 月/1668 年 11 月途径苏拉特港去麦加，阿乌兰格齐卜送给他一万卢比路费作为礼物。汗 1081 年/1670—1671 年朝圣返回。同一年即 1082 年/1671—1672 年两次、1082 年/1672—1673 年一次，阿乌兰格齐给他一大笔钱以及相当数量的日常生活用品和服饰用品，他于 1086 年 8 月 10 日/1675 年 10 月 30 日在沙贾汗阿巴德去世（*Ma'асир-и 'Аламгири*，第 105，112—113，118，140 页）。佚名作者记载，汗在去印度朝圣返回途中去世，时年 67 岁。他在蒙古国统治了 32 年（《喀什噶尔史》，第 97 叶背面）。沙·马赫穆德·楚剌思大概得到了关于阿布达拉赫汗印度之行的情报，得到了关于与他抵达该国有关的事件及他代表陪他的那些人的哈吉的情报，我们认为这个"送话器"极可能是巴巴克伯克（《编年史》，第 81 叶正面和 85 叶背面）。

345. 塔噶尔奇是负责征收实物税、向缺粮军队（тагар）供应粮食的官吏。关于税的内容、变化和延伸，见阿里-扎迪《13 至 14 世纪阿塞拜疆史》（Али-заде，*История Азербаиджана XIII - XIV вв*），第 230—232 页；彼特鲁舍夫斯基《农业》，第 383—384 页。

346. 一种修辞风格,常被引用于史料中以表示独裁者的残酷。哈贾吉·本·玉素甫是个历史人物,是倭马亚王朝在伊朗和哈里发国东部地区的总督,一位有本领的统帅、严厉而残酷的行政长官;在执行倭马亚王朝封建贵族政治时,把人民反对该王朝的起义镇压在血泊中,以此使自己获得恶名。我们掌握的消息说,他统治时期约有13万人死于刽子手。他死于95年10月/714年6—7月。

扎哈克是个神话中的人物,费尔多西《王书》中的主人公,残忍、嗜血和狂暴的标志人物。传说扎哈克肩上被恶魔吻过的地方长着两条恶龙,为了避免其撕扯,他每天给它们喝活人的脑浆。

347. 本书作者的另一部著作中没有记载尤勒巴尔斯汗死亡的详情。他把汗的死同穆罕默德-阿布达拉赫一件"奇事"联在一起,因为作者梦见汗死了。伊阐竟给大家讲述了沙-马赫穆德·楚剌思梦的内容,后者没有给任何人讲过这个梦,其中包括伊阐本人。49天后胡达比尔迪·喀喇克亚拉格从叶尔羌带来了尤勒巴尔斯汗去世的消息(*Анис ат-талибин*,第105叶正面至背面)。佚名作者也简而言之地谈到这件事,他补充说,尤勒巴尔斯汗在全国统治了一年,活了四十一岁,其中有三十二年在喀什噶尔统治(《喀什噶尔史》,第98叶背面)。毛拉穆沙指出,尤勒巴尔斯汗统治几年后被杀(*Тарих-и амнийе*,第21页)。如果阿布达拉赫汗逃跑后,一部分军事游牧贵族倒向僧格和卡尔梅克人支持的白山派霍加,拥立尤勒巴尔斯汗登极占了上风,那么伊斯玛因汗和阿勒坦台什联盟的黑山派霍加便除掉尤勒巴尔斯汗进行复仇。本书作者几次谈到一件有趣的事实:卡尔梅克人中敌对两派也同样支持蒙古国中争权的两个联盟:尤勒巴尔斯汗——白山派霍加与伊斯玛因汗——黑山派霍加。值得注意的是,支援他们武器的同时,卡尔梅克还彼此征伐,由艾尔喀伯克、阿里-沙和卡尔梅克人发动的宫廷政变大概发生在 1080 年中期/1669 年底。正如在原文中看到的那样,尤勒巴尔斯汗在父亲离开后没有马上登极,而是过了一段时间,无疑需要与黑山派霍加和伊斯玛因的追随者们争夺首都(对照《编年史》,第 83 叶背面,其中谈到政变的组织者艾尔喀伯克于 1080/1669—1670 年出现在蒙古国。)据 Ma'асир-и 'Аламгири (第 79 页)记载,无论如何,"尤勒巴尔斯汗喀什噶尔阿奇木的使者"阿布都·热希德于 1079 年 8 月/1669 年 1 月被阿乌兰格齐卜接见时注意到尤勒巴尔斯汗使用的"阿奇木"术语,这就是说,在印度传递着蒙古国王朝成员内讧和争斗以及尤勒巴尔斯汗未成为全国的汗的消息。同时我们必须指出,作为全蒙古国的统治者,"瓦里(вали)"这一术语一般指阿布达拉赫汗。因此指出下面的情况是有趣的,穆罕默德-沙迪克·喀什噶里一字未提尤勒巴尔斯汗的短期统治。他指出,阿布达拉赫汗区哈吉后,"伊斯玛因汗登上了叶尔羌的宝座"(《霍加传》,第 26 页)。很难说穆罕默德-沙迪克为什么避谈这个问题;我们不知道这是否与他未掌握情报或尤勒巴尔斯汗未被承认为全国的汗有关。

348.《古兰经》,第 94 章第 5—6 节。

349. 即阿布都·拉提夫汗。

350. 无疑指的是中亚的赛兰(阿拉伯地理中伊斯费贾卜),位于赛河右岸,奇木肯特以东,详见伊万诺夫《赛兰》(Ибанов, Сайрам),第 46—58 页,他的《问题》(К вопросу),第 151—164 页;

马松,《旧赛兰》(Массон, Старый Сайрам),第 23—42 页;皮修林娜《锡尔河沿岸诸城》(Пищулина, Присырдарьинские города),第 22—24 页.

351. 克德胡达是一个极多义项的术语,主要意义是对家庭、住所、后代的权利(直译为房屋主宰)。我们在中世纪时期发现了大量源自上述意义的该词的变体:房屋管理者、管理经济的王朝代表(对照,蒙古人入侵后代替该术语的达鲁花(dāryγa)),一般的房屋主人(=殷实的中农)、乡村财主、乡村或市区之长、部落首长等。乡村或市区可能是一些组成"当地富裕阶层"的克德胡达。见巴托尔德《突厥斯坦文化生活史》,第 209—210 页;彼特鲁舍夫斯基《农业》,第 306 页.

352. 指的是绰罗斯家族的巴图尔洪台吉(1634—1652),僧格之父,卫拉特封建国家的创始人,使卫拉特恢复了强大。详见伯希和《简评》,第 9、22—25、26、27、68、76、80 页;兹拉特金《历史》,第 162—165、167—173、177—204 页.

353. 费尔多西《王书》(Фирдоуси, Шах-наме)中的主角和英雄。关于他的情况,见比尔界里斯《文化史》(Бертельс, История литературы),第 200 页及以下几页;德亚阔诺夫《费尔多西》(Дьяконов, Фердоуси),第 60—108 页.

354. 指的是西西伯利亚南部俄罗斯的居民点、尖柱城堡、堡垒.

355. 因此,卡尔梅克这位走卒生于 1039 年/1629—1630 年,于 1059 年/1649 年开始任职.

356. 据 P. J. 穆克米诺娃说,提木切(тимче)是一种不大、有顶的商业建筑，有几个柱子连在一起，多数情况是为了个人商品和手工业产品的专业化(《简史》，第320页)。

357. 本书作者在 Анис ат-талибин(第105叶背面至106叶正面)中指出："伊斯玛因汗和霍加木帕德沙一起去叶尔羌，由于神圣的霍加木的帮助，汗登上了父辈和祖父的宝座。"В. В. 巴托尔德指出："这之后伊斯玛因和霍加阿帕克(霍加伊阐科梁的儿子和霍加沙迪的堂兄弟)来到喀什噶尔和叶尔羌。"(《报告》，第185页)这是某种误解所致，因为巴托尔德引用的《喀什噶尔史》原文中没有这些资料。相反，这则资料记载说，霍加阿帕克在伊斯玛因汗的军队围城时积极参加了叶尔羌的防御，而后同尤勒巴尔斯汗的孩子们、孩子们的母亲和信徒去了喀什噶尔(《喀什噶尔史》，第98叶正面至背面)。

358. 指的是尤勒巴尔斯汗的孩子们——阿布都·拉提夫苏丹和阿布·萨亦德苏丹，他们同母亲和霍加法克一起在伊斯玛因汗占领首都之前离开叶尔羌去了喀什噶尔。他们的哥哥乌拜达拉赫苏丹18岁时在和田遇害，这是1076年底/1666年3月至6月按照阿布达拉赫汗的命令执行的。

359. 看来是抄写员的笔误或错字。原文中写作ابر，可以假设它来写完的作رادــــــ(兄弟)。如果巴赫拉木苏丹是伊卜拉欣苏丹的兄弟，那么他就是阿布都·拉希木汗的儿子、伊斯玛因和阿布达拉赫的兄弟，然而他未被列入阿布都·拉希木汗孩子们的列表中(见注243)，况且他20岁就死了，因此是在阿布都·拉希木汗死(1044年/1634—1635年)后相当长一段时间才来到世上。

360. 1081年底/1671年初阿布达拉赫汗去朝圣返回印度

(Ma'acup-u 'Аламгири，第 112 页)。因此，和他一起完成朝圣的巴巴克伯克在同年或次年，即 1082 年/1671—1672 年出现在巴里赫。这样他能不早于 1082 年下半年/1672 年初在叶尔羌出现。

361. 沙-穆罕默德·楚剌思这一说法同关于巴赫拉木苏丹之死的记载一样，可以稍微缩小《编年史》成书年代的范围，与作者的这一观点以及 Ma'acup-u 'Аламгири 关于阿布达拉赫汗 1086 年 8 月 10 日/1675 年 10 月 30 日死于沙贾汗阿巴德(Шахджаханабад)的记载相符，可以推测《编年史》的完成不早于 1083 年底/1673 年 2—3 月，也不迟于 1087 年/1676—1677 年(估计本书作者缺少的关于汗去世的情报这时传到叶尔羌)。《编年史》成书时间无论如何不迟于 1630 年夏-秋天，当时卡尔梅克任轻易地侵占了喀什噶尔和叶尔羌，抓走伊斯玛因汗及其全家，之后便离去了。这件事发生后文集不可能予以记载是自然的。

362. 本书作者第一次在此用蒙古国这个名称，详见本书俄译者的《前言》第 11 页，注释 1[①]。

363. 所说为阿布都·拉希木汗之子，生于 1037 年/1627—1628 年。在伊斯玛因被自己的兄弟阿布达拉赫汗逐出后，他和另一个兄弟伊卜拉欣一起投奔卡尔梅克的阿勒坦台什。阿布达拉赫汗离开后，先得到黑山派霍加穆罕默德·阿布达拉赫(霍加木帕德沙)和僧格的对手——阿勒坦的卡尔梅克人的支持，他以阿克苏地区为基地，并于 1080 年/1670 年占据国家心脏，成为汗(还在 1078 年/1667—1668 年，其信徒就在阿克苏预推他为汗)。他竭力稳固

[①] 参阅本书"汉译前言"关于蒙古国的说明。——汉译者注

地位，积极同被他驱逐出国的以霍加阿法克为首的白山派霍加作斗争，大概还遵循兄弟政策，希望避免强大艾米尔和军事游牧贵族的专横，避免他们参与治理国家，用"非名门出身的人"和"小人物"代替。看来这个纲领可以明白佚名作者描述他统治的一些话。汗这些努力显然有成绩，因为一些资料记载着该国统治稳定。据佚名作者记载，伊斯玛因汗的统治持续了"将近"12年，他终年56岁（《喀什噶尔史》，第99叶背面至100叶正面；Тарих-и амнийе，第21页）。因此，卡尔梅克人大约在1092年/1681年废除了他，作者记载说，苏丹萨亦德-巴巴汗死（大概是1091年/1680年）后，其长子、坐镇哈密的阿布都·热希德夺取了吐鲁番政权，他这些报道为其他有年代记载的材料所证实。在他的首倡下，他与其兄——焉耆的统治者穆罕默德-阿明发生军事冲突。卫拉特汗噶尔丹博硕克图（1671—1697）参与了这场内讧，他站在阿布都·热希德一边，解决争端。巴巴汗的三个儿子全部参加了卡尔梅克人向叶尔羌和喀什噶尔的进军，其中长子阿布都·热希德被噶尔丹扶上叶尔羌的宝座，代替被推翻的伊斯玛因汗（《喀什噶尔史》，第101叶正面至背面；巴托尔德《报告》，第186页）。在穆罕默德-沙迪克·喀什噶里叙述中，这些事件发展顺序如下：汗的倒台是他驱逐霍加阿法克引起的，后者去吐鲁番得到"婆罗门"的支持，并携带他们（Ч.Ч.瓦里罕诺夫和М.哈特曼记载的是达赖喇嘛）的信来到噶尔丹帐下，他请求卫拉特首领噶尔丹恢复霍加在喀什噶尔和叶尔羌的权利。噶尔丹毫不迟疑地利用了复杂局势，侵占喀什噶尔，然后是叶尔羌（其中叶尔羌的居民有条件地交出了城池，让霍加的代表统治他们），于是推翻了伊斯玛因汗，把霍加阿法克扶上御座，委任他的儿子亚希亚为喀什噶尔阿奇木长。卫拉特制服该国后离去,同时把伊斯玛因汗带到伊犁。

必须指出,从佚名作者冷静的叙述来看,穆罕默德-沙迪克·喀什噶里整篇讲述(噶尔丹出征和推翻伊斯玛因汗的事实除外)给我们提供的只是关于两位不同教堂的王公感人团结的美妙传说。这段传说出自黑山派霍加的坚定信徒穆罕默德-沙迪克之手(Н. 伊莱亚斯认为他对黑山派信徒有好感,见《霍加传》,肖译本,序言第3页),由此不能不抱有成见。总之,我们十分怀疑穆罕默德-沙迪克·喀什噶里记载的可靠性;因此很难同意 И. Я. 兹拉特金的如下结论(《历史》,第252页):"西藏喇嘛教首领干涉"的事实,对"东突厥斯坦穆斯林领地"臣服"准噶尔汗"起了很大作用。尽管 Ч. Ч. 瓦里罕诺夫、M. 哈特曼和 P. 肖都使用了沙迪克·喀什噶里《霍加传》这部著作,只有 Ч. Ч. 瓦里罕诺夫记载说,蒙古人的国家于1678年被征服。他可能掌握载有该日期的手抄本,我们使用的苏联科学院东方学研究所抄本 D126 中没有这一时间(见《霍加传》,第27—30页;肖译本,第35—37页;瓦里罕诺夫《状况》,第301页;戈利高里耶夫《东突厥斯坦》,第1卷,第353—358页;巴托尔德《报告》,第185—186页;Hartmann, *Der Isamische Orient*,第209—214页;库兰《中亚》,第50—51页;杜曼《土地政策》,第65—66页)。

除 Ч. Ч. 瓦里罕诺夫指出的日期外,还知道继这次推翻伊斯玛因汗之后攻占叶尔羌和喀什噶尔的另外几个日期。如 И. 丘林指出1679年(《历史概述》,第67页),一名被俘的瑞典军官把这件事划入1683年(戈利高里耶夫《东突厥斯坦》,卷一,第353页,注

1),而出身于卡尔梅克的佛教传教士咱雅班第达的传记作者指出："……猴年（1680年）春,（博硕克图汗）在库库戈亚（Кукугойа）度夏时率军去叶尔羌并攻下了它。"（鲁缅采夫,第86页）

不同作者的日期如此不同,大概是由于卡尔梅克人的军队在所有这些年里都在攻打蒙古国引起的。的确,他们实现了他们在军事行动和军事规模中追求的目的,但依靠的具体形势大不相同。众所周知,从17世纪前十年起,他们已开始积极参与撼动蒙古国、动摇中央政权基础的内讧,他们经过周密准备、长期谋划的第一步是占领全国,征伐取得了决定性胜利。据我们看,他们在1680年达到了这一目的,咱雅班第达的传记作者记载道："当时侵占了叶尔羌。"

所说的必须是这种情况：卡尔梅克人在征服性出征后返回了牧地,最初满足于蒙古国的从属地位。为了彻底征服该国,他们需要多次进行这种出征（如噶尔丹博硕克图汗从1679年至1685年不下四次率军出征蒙古国）。最后,我们不知道 И. 比丘林和 Ч. Ч. 瓦里罕诺夫材料的出处,至于佚名作者的情报,他的话已明确说明它不是伊斯玛因汗统治时期的确切年代（他所说的"将近（тахминан）十二年",正是关于这件事）。看来卡尔梅克人攻占叶尔羌和伊斯玛因汗政权垮台的时间在1678—1683年之间某个时间。我们倾向于认为这件事发生在1680年（对照巴托尔德《卡尔梅克人》,第539页,其中"征服喀什噶尔在1682年"）。И. Я. 兹拉特金（《历史》,第252页）倾向于"'东突厥斯坦'被他（噶尔丹——俄译者注）征服是在1678—1679年"。

参 考 书 目

ВАН КазССР — «Вестник Академии наук Казахской ССР», Алма-Ата
ВДИ — «Вестник древней истории», М.
ГПБ — Государственная Публичная библиотека им. М. Е. Салтыкова-Щедрина, Ленинград.
ЗВОРАО — «Записки Восточного отделения (Имп.) Русского археологического общества», СПб., Пг.
ЗИВАН — «Записки Института востоковедения АН СССР», Л.
ЗИРАО — «Записки Имп. Русского археологического общества», СПб., Пг.
ИАН КазССР — «Известия Академии наук Казахской ССР», Алма-Ата.
ИАН КиргССР — «Известия Академии наук Киргизской ССР», Фрунзе.
ИАН СССР — «Известия Академии наук СССР», М.
ИАН ТаджССР — «Известия Академии наук Таджикской ССР», Сталинабад, Душанбе.
ИАН УзССР — «Известия Академии наук Узбекской ССР», Ташкент.
ИВАН — Институт востоковедения АН СССР.
ИВАН УзССР — Институт востоковедения Академии наук Узбекской ССР им. Бируни.
ИВГО — «Известия Всесоюзного географического общества», Л.
ИЗ — «Исторические записки», М.
ИИРГО — «Известия Имп. Русского географического общества», СПб.
ИНА — Институт народов Азии АН СССР.
ИРАН — «Известия Российской Академии наук», Пг.
ИУзФАН СССР — «Известия Узбекского филиала Академии наук СССР», Ташкент.
КИНА — О. Ф. Акимушкин, В. В. Кушев, Н. Д. Миклухо-Маклай, А. М. Мугинов, М. А. Салахетдинова, Персидские и таджикские рукописи Института народов Азии АН СССР (Краткий алфавитный каталог). Под ред. Н. Д. Миклухо-Маклая, т. I—II, М., 1964.
ЛО ИВАН — Ленинградское отделение Института востоковедения АН СССР.
ЛО ИНА — Ленинградское отделение Института народов Азии АН СССР.
МИА — Материалы и исследования по археологии СССР.
МИТУСА — «Материалы по истории таджиков и узбеков Средней Азии», Сталинабад.
ОЛЯ — Отделение литературы и языка АН СССР.
ОНУз — «Общественные науки в Узбекистане», Ташкент.
ООН — Отделение общественных наук.
ПЛНВ — Памятники литературы народов Востока.
ПС — «Палестинский сборник», М.—Л.

ПТКЛА — «Протоколы заседаний и сообщения членов Туркестанского кружка любителей археологии», Ташкент.
СВ — «Советское востоковедение», М.—Л., I—VI (1940—1949); М. (1956—1959).
СВР — «Собрание восточных рукописей Академии наук Узбекской ССР» (Каталог). Под ред. и при участии А. А. Семенова, т. I—VIII, Ташкент, 1952—1967.
СМИЗО — «Сборник материалов, относящихся к истории Золотой Орды, II. Извлечения из персидских сочинений, собранные В. Г. Тизенгаузеном и обработанные А. А. Ромаскевичем и С. Л. Волиным», М.—Л., 1941.
СО — Серия общественная.
СОН — Серия общественных наук.
ТАН ТаджССР — Труды Академии наук Таджикской ССР, Сталинабад, Душанбе.
ТВОРАО — Труды Восточного отделения (Имп.) Русского археологического общества, СПб.
ТИВАН — Труды Института востоковедения АН СССР, Л.
ТИИА — Труды Института истории и археологии.
ТИИАЭ АН ТаджССР — Труды Института истории, археологии и этнографии Академии наук Таджикской ССР, Сталинабад, Душанбе.
ФАН — Филиал АН СССР.
BI — Bibliotheca Indica: a collection of oriental works published under the patronage of the hon. court of directors of the East India Company, and the superintendance of the Asiatic Society of Bengal.
EI — «Enzyklopaedie des Islam» («Encyclopédie de l'Islam», «The Encyclopaedia of Islam»), I—IV, Leiden (Leyde) — Leipzig (Paris, London), (1908), 1913—1934.
EI[2] — «The Encyclopaedia of Islam». New ed., vol. 1—..., Leiden-London, 1960 — ...
GMS — «E.J.W. Gibb Memorial» Series.
GMS NS — «E.J.W. Gibb Memorial» Series. New Series.
JA — «Journal asiatique», Paris.
JASB — «Journal and Proceedings of the Asiatic Society of Bengal», Calcutta.
JRGS — «Journal of the Royal Geographical Society», London.
Notice et extraits — Notice et extraits des manuscrits de la Bibliothèque du Roi (Impériale, National) et autres bibliothèques, Paris.
OTF — Oriental Translation Fund.
PÉLOV — «Publications de l'École des langues orientales vivantes», Paris.
PHT — Persian Historical Texts.
SBAW (SPAW) — «Sitzungsberichte der Königlich Preußischen Akademie der Wissenschaften», philologisch-historisch Klasse, Berlin.

А б а е в а, Очерки. — Т. Г. А б а е в а, Очерки истории Бадахшана, Ташкент, 1964.
'А б д а л - К а р и м Б у х а р и. — Histoire d'Asie Central (Afghanistan, Boukhara, Khiva, Khoqand). Depuis les dernières années de règne de Nadir Châh (1153), jusqu'en 1233 de l'Hégire (1740-1818), par Mir Abdoul Kerim Boukhary. Publiée, traduite et annotée par Ch. Schefer, t. I. Texte persan [Boulaq, 1290/1873-74 (литогр.)], t. II. Traduction française, Paris, 1876 (PÉLOV, vol. I).

'Абд ар-Раззак, пер. Катрмера. — Notice de l'ouvrage persan qui a pour titre Matla-assaadeïn ou-madjma-albahreïn مطلع السعدين ومجمع البحرين et qui contient l'histoire des deux sultans Schah-Rokh et Abou-Saïd, par M. Quatremère, Paris, 1843, — Notice et extraits, t. XIV, pt. 1.

'Абд ар-Раззак Самарканди, рук. — 'Абд ар-Раззак Самарканди, Матла' ас-са'дайн ва Маджма' ал-бахрайн, рук. ИВАН СССР С 443 (574а).

Абдураимов, Очерки. — М. А. Абдураимов, Очерки аграрных отношений в Бухарском ханстве в XVI — первой половине XIX в., т. I, Ташкент, 1966.

Абу-л-Бака б. ходжа Баха ад-Дин, Джами' ал-макамат, рук. ИВАН УзССР № 72.

Абулгази, Родословная тюрок, изд. Демезона. — Histoire des Mongols et des Tatares par Aboul-Ghâzi Bêhâdour Khan, publiée, traduite et annotée par Le Baron Desmaisons, t. I. Texte, St.-Pbg., 1871; t. II. Traduction, St.-Pbg., 1874.

Абу Тахир-ходжа, изд. Афшара. — سمريه در اوصاف طبيعى ومزارات سمرقند، تاليف ابو طاهر خواجه سمرقندى، بكوشش ايرج افشار (انتشارات فرهنگ ايران زمين ۹)، تهران، ۱۳۴۳ [=1965]

Азимджанова, К истории. — С. А. Азимджанова, К истории Ферганы второй половины XV в., Ташкент, 1957.

А'ин-и Акбари, изд. Блохмана. — The Áín-i-Akbarí by Abul-Fazl-i-Allámí Ed. in the original Persian by H. Blochmann, vol. 1—2, Calcutta, 1872—1877 (BI, № 59).

Акбар-наме, пер. Беверидж. — The Akbarnáma of Abu-l-Fazl, transl. from the Persian by H. Beveridge, vol. I—III, Calcutta, 1897—1910 (BI, № 140).

Акимушкин, К вопросу. — О. Ф. Акимушкин, К вопросу о внешнеполитических связях Могольского государства с узбеками и казахами в 30-х гг. XVI — 60-х гг. XVII вв., — ПС, XXI, стр. 233—248.

Акимушкин, Кашгарский поход. — О. Ф. Акимушкин, Кашгарский поход узбеков при Абдаллах-хане, — «Иранская филология (Краткое изложение докладов научной конференции, посвященной 60-летию профессора А. Н. Болдырева)», М., 1969, стр. 5—9.

Акимушкин, Могольско-узбекский союз. — О. Ф. Акимушкин, Могольско-узбекский союз против казахов в середине XVI в., — «Письменные памятники и проблемы истории культуры народов Востока (Краткое содержание докладов V годичной научной сессии ЛО ИВАН СССР, май 1969 года)», Л., 1969, стр. 37—40.

Акимушкин, Персоязычные источники. — О. Ф. Акимушкин, Персоязычные источники по истории Восточного Туркестана, — «Филология и история тюркских народов (Тезисы докладов). Тюркологическая конференция. ЛО ИНА АН СССР, ЛГУ, Восточный факультет», Л., 1967, стр. 49—50.

Акимушкин, Редкий источник. — О. Ф. Акимушкин, Редкий источник по истории Моголии, — «Письменные памятники и проблемы истории культуры народов Востока (Тезисы докладов IV годичной научной сессии ЛО ИНА АН СССР, май 1968)», Л., 1968, стр. 3—5.

Аламара-йи 'Аббаси. — تاريخ عالم آراى عباسى تاليف اسكندر بيك تركمان،

مقدمه وفهرستها بكوشش ايرج افشار، جلد ١ — ٢، تهران، ١٣٣٤ — ١٣٣٥
[=1955-56]

'Аламгир-наме. — عالمگیر نامه تصنیف منشی محمد كاظم بن محمد امین
در احوال نخستین ده سال سلطنت اورنگ زیب عالمگیر پادشاه، باهتمام
اشیاتك سوسیتی بنگاله ...، كلكته، سنه ١٨٦٨ م.

А л и б. Х у с а й н а л - К а ш и ф и, Рашахат, ташкент. изд. — رشحات
عین الحیات، تاشكند، ١٣٣٩ [=1911] (Ст. Ташкент, Литография
Арифджанова).

А л и - з а д е, История Азербайджана XIII—XIV вв. — А. К. А л и -
з а д е, Социально-экономическая и политическая история Азербайджана XIII—XIV вв., Баку, 1956.

Анис ат-талибин. — Ш а х - М а х м у д б. а м и р Ф а з и л Ч у р а с,
Анӣс аṭ-ṭāлибӣн, рук. Бодлеянской б-ки (Оксфорд, Англия), Ms. Ind.
Inst. Pers. 45; рук. ИВАН СССР В 771 (тюрк. пер. *Рафик ат-талибин*).

А х м а д о в, Махмуд ибн Вали. — Б. А х м а д о в, Махмуд ибн Вали,
Тошкент, 1966.

А х м е д о в, Государство. — Б. А. А х м е д о в, Государство кочевых
узбеков, М., 1965.

А х м е д о в, Махмуд ибн Вали и его энциклопедический труд. — Б. А х -
м е д о в, Махмуд ибн Вали и его энциклопедический труд, — ОНУз,
1969, № 11, стр. 62—65.

Бабур-наме, изд. Беверидж. — The Bábar náma, being the autobiography
of the Emperor Bábar, the founder of the Moghol dynasty in India, written
in Chaghatáy Turkish; now reproduced in facsimile from a manuscript
belonging to the late Sir Sálar Jang of Haydarábád, and ed. with a preface
and indices by A. S. Beveridge, Leyden—London, 1905 (GMS, I).

Бабур-наме, пер. Беверидж. — The Bábur-nāme in English (Memoirs of
Babur) by Zahir uḍ-din Muhammad Babur Padshah Ghazi. Transl. by
Anette S. Beveridge, vol. I—II, London, 1921.

Бабур-наме, пер. Салье. — Бабур-наме. Записки Бабура, [пер. М. Салье],
Ташкент, 1958.

Бада'и' ал-вака'и', изд. Болдырева. — З а й н а д - д и н В а̄ с̣ и ф ӣ,
Бадāи' ал-ваḳāи'. Критический текст, введение и указатели А. Н. Болдырева, т. I—II, М., 1961 (ПЛНВ, V).

Б а д м а е в, Зая-Пандита. — А. В. Б а д м а е в, Зая-Пандита (Списки
калмыцкой рукописи «Биография Зая-Пандиты»), Элиста, 1968.

Б а д м а е в, Роль Зая-Пандиты. — А. Б а д м а е в, Роль Зая-Пандиты в
истории духовной культуры калмыцкого народа, Элиста, 1968.

Б а р т о л ь д, Абдулла б. Искендер. — В. В. Б а р т о л ь д, Абдулла
б. Искендер, — Сочинения, т. II, ч. 2, М., 1964, стр. 487—488.

Б а р т о л ь д, Бадахшан. — В. В. Б а р т о л ь д, Бадахшан, — Сочинения, т. III, М., 1965, стр. 343—347.

Б а р т о л ь д, Бограхан. — В. В. Б а р т о л ь д, Бограхан, — Сочинения, т. II, ч. 2, М., 1964, стр. 506—508.

Б а р т о л ь д, Двенадцать лекций. — В. В. Б а р т о л ь д, Двенадцать
лекций по истории турецких народов Средней Азии, — Сочинения,
т. V, М., 1968, стр. 19—192.

Б а р т о л ь д, История. — В. В. Б а р т о л ь д, История турецко-монгольских народов, — Сочинения, т. V, М., 1968, стр. 193—229.

Б а р т о л ь д, История культурной жизни Туркестана. — В. В. Б а р-

тольд, История культурной жизни Туркестана, — Сочинения, т. II, ч. 1, М., 1963, стр. 169—433.
Бартольд, К истории орошения. — В. В. Бартольд, К истории орошения Туркестана, — Сочинения, т. III, М., 1965, стр. 95—233.
Бартольд, К истории Хорезма. — В. В. Бартольд, К истории Хорезма в XVI в., — Сочинения, т. III, М., 1965, стр. 257—259.
Бартольд, Калмыки. — В. В. Бартольд, Калмыки, — Сочинения, т. V, М., 1968, стр. 538—540.
Бартольд, Кафиристан. — В. В. Бартольд, Кафиристан в XVI в., — Сочинения, т. VIII, М., 1973, стр. 21—22.
Бартольд, Кашгар. — В. В. Бартольд, Кашгар, — Сочинения, т. III, М., 1965, стр. 456—457.
Бартольд, Киргизы. — В. В. Бартольд, Киргизы. Исторический очерк, — Сочинения, т. II, ч. 1, М., 1963, стр. 471—543.
Бартольд, Отчет. — В. В. Бартольд, Отчет о командировке в Туркестан, — Сочинения, т. VIII, М., 1973, стр. 119—210.
Бартольд, Отчет 1893—1894 гг. — В. В. Бартольд, Отчет о поездке в Среднюю Азию с научной целью. 1893—1894 гг., — Сочинения, т. IV, М., 1966, стр. 21—91.
Бартольд, Отчет 1916 года. — В. В. Бартольд, Отчет о командировке в Туркестанский край летом 1916 года, — Сочинения, т. VIII, М., 1973, стр. 336—339.
Бартольд, Очерк истории. — В. В. Бартольд, Очерк истории Семиречья, — Сочинения, т. II, ч. 1, М., 1963, стр. 21—106.
Бартольд, Рец. на Илайеса. — В. В. Бартольд, [рец. на:] The Tarikh-i-Rashidi of Mirzá Muhammad Haidar, Dughlát. A History of the Moghuls of Central Asia. An English version ed., with commentary, notes, and map by N. Elias. The translation by E. D. Ross, London, 1895, — Сочинения, т. VIII, М., 1973, стр. 63—73.
Бартольд, Рец. на Таарих-и Эмэние. — В. В. Бартольд, [Рец. на:] Таарих-и Эмэние. История владетелей Кашгарии, сочинение Муллы Мусы, бен Мулла Айса, сайрамца, изданная Н. Н. Пантусовым. Казань, 1905, — Сочинения, т. VIII, М., 1973, стр. 211—219.
Бартольд, Туземец о русском завоевании. — В. В. Бартольд, Туземец о русском завоевании, — Сочинения, т. II, ч. 2, М., 1964, стр. 333—349.
Бартольд, Улугбек. — В. В. Бартольд, Улугбек и его время, — Сочинения, т. II, ч. 2, М., 1964, стр. 23—196.
Бартольд, Хайдар б. Али. — В. В. Бартольд, Хайдар б. Али, — Сочинения, т. VIII, М., 1973, стр. 597.
Бартольд, Церемониал. — В. В. Бартольд, Церемониал при дворе узбецких ханов в XVII веке, — Сочинения, т. II, ч. 2, М., 1964, стр. 388—399.
Бартольд, Чагатайская литература. — В. В. Бартольд, Чагатайская литература, — Сочинения, т. V, М., 1968, стр. 606—610.
Бахаристан. — Абдуррахман Джами, Весенний сад (Бахаристан), Душанбе, 1964.
Бахаристан, каир. изд. بهارستان للعلامة عبد الرحمن الجامى ، طبع المطبعة العامرة ، (قاهرة) ، سنة ١٢٨٥ .
Бахр ал-асрар. — Махмуд б. Вали, Бахр ал-асрāр фӣ манāкиб ал-ахйāр, фотокопия рукописи ИВАН СССР № 82; рук. India Office, № 1496.

Бернштам, Историко-археологические очерки. — А. Н. Бернштам, Историко-археологические очерки Центрального Тянь-Шаня и Памиро-Алая, М.—Л., 1952 (МИА, № 26).
Бернштам, Историческая география. — А. Н. Бернштам, Историческая география Тянь-Шаня и Памиро-Алая, — ИВГО, 1955, т. 87, стр. 42—53.
Бернштам, Проблемы истории. — А. Н. Бернштам, Проблемы истории Восточного Туркестана, — ВДИ, 1947, № 2, стр. 52—71.
Бертельс, Джами. — Е. Э. Бертельс, Джами, — Избранные труды. Навои и Джами, М., 1965, стр. 209—279.
Бертельс, История литературы. — Е. Э. Бертельс, История персидско-таджикской литературы, — Избранные труды, М., 1960.
Бируни, Минералогия. — Абу-р-Райхан Мухаммед ибн Ахмед ал-Бируни, Собрание сведений для познания драгоценностей (минералогия). Перевод А. М. Беленицкого, редакция проф. Г. Г. Леммлейна, проф. Х. К. Баранова и А. А. Долининой, статьи и примечания А. М. Беленицкого и Г. Г. Леммлейна, Л., 1963.
Бичурин, Историческое обозрение. — Бичурин (Иакинф), Историческое обозрение ойратов или калмаков с XV столетия до настоящего времени, СПб., 1834.
Бичурин, Описание. — Бичурин (Иакинф), Описание Джунгарии и Восточного Туркестана в древнем и нынешнем состоянии. Переведено с китайского, СПб., 1829.
Богданович, Геологические исследования. — К. И. Богданович, Геологические исследования в Восточном Туркестане, — «Труды тибетской экспедиции 1889—1890 гг.» — ч. II, СПб., 1892.
Богоявленский, Материалы. — С. К. Богоявленский, Материалы по истории калмыков в первой половине XVII в., — ИЗ, 1939, № 5, стр. 48—101.
Болдырев, Зайнаддин Васифи. — А. Н. Болдырев, Зайнаддин Васифи — таджикский писатель XVI в. (Опыт творческой биографии), под ред. А. М. Мирзоева, Сталинабад, 1957.
Будагов, Словарь. — Л. Будагов, Сравнительный словарь турецко-татарских наречий, т. I—II, СПб., 1869—1871.
Булгаков, К биографии Улугбека. — П. Г. Булгаков, К биографии Улугбека, — ОНУз, 1969, № 8—9, стр. 99—100.
Бурхан-и Кати', изд. Му'ина. — Mohammad Ḥosayn ebn-e Khalaf de Tabriz, Borhān-e Qāte' (Dictionnaire de la langue persane). Ed. entierement revué, annotée et illustrée avec des additions par Moh. Mo'in, vol. 1—4, Teheran, 1955—1956.
Ваки'ат-и Кашмир, рук. — Мухаммад-А'зам Кашмири, Вāки'āт-и Кашмӣр, рук. ИВАН СССР В 720 (583ас).
Валиханов, Дневник I. — Ч. Ч. Валиханов, Кашгарский дневник I, — Сочинения, т. II, Алма-Ата, 1962, стр. 176—205.
Валиханов, Дневник II. — Ч. Ч. Валиханов, Кашгарский дневник II, — Сочинения, т. II, Алма-Ата, 1962, стр. 206—223.
Валиханов, О состоянии. — Ч. Ч. Валиханов, О состоянии Алтышара или шести восточных городов китайской провинции Нан-лу (Малой Бухарии) в 1858—1859 годах, — Сочинения, т. II, Алма-Ата, 1962, стр. 265—412.
Валиханов, От Кашгара до Яркенда. — Ч. Ч. Валиханов, От Кашгара до Яркенда, — Сочинения, т. II, Алма-Ата, 1962, стр. 447—452.
Вельяминов-Зернов, Исследование. — В. В. Вельями-

нов-Зернов, Исследование о касимовских царях и царевичах, ч. 1—3, СПб., 1863—1866 (ТВОРАО, ч. IX—XI).
Вельяминов-Зернов, Исторические известия. — В. В. Вельяминов-Зернов, Исторические известия о Коканском ханстве, от Мухаммеда-Али до Худаяр-Хана, — ТВОРАО, ч. II, 1856, стр. 329—370.
Ворожейкина, Доисламские верования. — З. Н. Ворожейкина, Доисламские верования киргизов в XVI в., — сб. «Вопросы филологии и истории стран советского и зарубежного Востока», М., 1961, стр. 182—189.
Вяткин, Очерки. — М. Вяткин, Очерки по истории Казахской ССР, т. 1. С древнейших времен до 1870 г., [Л.], 1941.
Вяткин, Шейхи Джуйбари. — В. Л. Вяткин, Шейхи Джуйбари. I Ходжа Ислам, — сб. «عقد الجمان». В. В. Бартольду туркестанские друзья, ученики и почитатели», Ташкент, 1927, стр. 3—19.
Гераклитов, Филиграни XVII века. — А. А. Гераклитов, Филиграни XVII века на бумаге рукописных и печатных документов русского происхождения, М., 1963.
Голчин Ма'ани, Тарих. — احمد گلچین معانی، تاریخ تذکره‌های فارسی، جلد اول (انتشارات دانشگاه تهران، ش ١٢٣٦/١)، تهران، ١٣٤٨.
Гольдциер, Культ святых, — И. Гольдциер, Культ святых в исламе, М., 1938.
Греков и Якубовский, Золотая Орда. — Б. Д. Греков и Ю. А. Якубовский, Золотая Орда и ее падение, М.—Л., 1950.
Григорьев, Восточный Туркестан. — Землеведение К. Риттера. География стран Азии, находящихся в непосредственных сношениях с Россиею. Восточный или Китайский Туркестан. Перевел с присовокуплением критических примечаний и дополнил по источникам, изданным в течение последних тридцати лет, В. В. Григорьев, вып. 1—2, СПб., 1869—1873.
Григорьев, Кабулистан и Кафиристан. — Землеведение К. Риттера. География стран Азии, находящихся в непосредственных сношениях с Россиею. Кабулистан и Кафиристан. Перевел с присовокуплением критич. примечаний и дополнил по источникам, изданным в течение последних тридцати лет, проф. В. В. Григорьев, СПб., 1867.
Давидович, История, — Е. А. Давидович, История монетного дела Средней Азии XVII—XVIII вв. (Золотые и серебряные монеты Джанидов), Душанбе, 1964.
Джалис ал-муштакин. — Маулави Шах-Мухаммад б. маулана Хусам ад-Дин Пайрави, Джалис ал-муштакин, рук. ИВАН СССР А 232 (в 581а).
Джами' ал-асрар. — Джами' ал-асрар, рук. ИВАН СССР В 739 (589 d*m).
Джами' ал-макамат см. Абу-л-Бака б. ходжа Баха ад-Дин.
Джами, Нафахат, изд. Таухиди-Пура. — نفحات الانس من حضرات القدس تاليف مولانا عبد الرحمن بن احمد جامی، بتصحیح ومقدمه وپیوست مهدی توحیدی پور، (تهران)، ١٣٣٦ [=1958]
Джами' ат-таварих, изд. Березина. — Библиотека восточных историков, издаваемая И. Березиным, проф. Казанского ун-та, т. II. Часть первая. Сборник летописей. Татарский текст, с русским предисловием, Казань, 1854.

Д у м а н, Аграрная политика. — Л. И. Д у м а н, Аграрная политика цинского (маньчжурского) правительства в Синьцзяне в конце XVIII в., М.—Л., 1936 (ТИВАН СССР, XX).
Д ь я к о н о в, Фердоуси. — М. М. Д ь я к о н о в, Фердоуси. Жизнь и творчество, М.—Л., 1940.
«Записки». — Записки о некоторых народах и землях Средней части Азии Филиппа Назарова, отдельного сибирского корпуса переводчика, посланного в Кокант в 1813 и 1814 годах, СПб., 1821.

Зари'а. — الذريعة الى تصانيف الشيعة تاليف محمد محسن الشهير بالشيخ
آغا بزرگ تهرانى، الجز الرابع، نجف، ١٤٦٠ [1941=] ؛ الجز الحادي عشر،
تهران ، ١٣٧٨ [1959=]

Зафар-наме. — Ш а р а ф а д - Д и н 'А л и Й а з д и, Зафар-наме, рук. ГПБ ПНС 234; рук. ИВАН СССР С 390 (с568).
ЗВОРАО, XXI (1913—1914), 1915, стр. 303—319.
З е л а н д, Ташрабатское ущелье. — [Н. Л. З е л а н д], Ташрабатское ущелье (на дороге от Нарына к Кашгару), — ПТКЛА, год 3 (1897—1898), 1898, стр. 116—121.
Зийа' ал-кулуб. — М у х а м м а д - 'А в а з, Зийа' ал-кулуб, рук. ИВАН СССР А 1615.
З л а т к и н, История. — И. Я. З л а т к и н, История Джунгарского ханства (1635—1758), М., 1964.
И б р а г и м о в, Некоторые данные. — С. К. И б р а г и м о в, Некоторые данные к истории казахов XV—XVI веков, — ИАН КазССР. Серия истории, экономики, философии, права, Алма-Ата, 1956, вып. 3.
И в а н о в, К вопросу. — П. П. И в а н о в, К вопросу об исторической топографии старого Сайрама, — сб. «عقد الجمان» В. В. Бартольду туркестанские друзья, ученики и почитатели», Ташкент, 1927.
И в а н о в, Очерки. — П. П. И в а н о в, Очерки по истории Средней Азии (XVI — середина XIX в.), М., 1958.
И в а н о в, Сайрам. — П. П. И в а н о в, Сайрам. Историко-археологический очерк, — сб. «„ал-Искандериййа" Туркестанского восточного института в честь проф. А. Э. Шмидта», Ташкент, 1923, стр. 46—58.
И в а н о в, Хозяйство. — П. П. И в а н о в, Хозяйство джуйбарских шейхов. К истории феодального землевладения в Средней Азии в XVII—XVIII вв., М. — Л., 1954.
И с к а н д а р о в, Гиндукуш. — Б. И. И с к а н д а р о в, Гиндукуш во второй половине XIX в., М., 1968.
«История Кашгарии». — «История Кашгарии», рук. ИВАН СССР С 576 (590оi).
«Книга Марко Поло», пер. Минаева. — Книга Марко Поло. Перевод старофранцузского текста И. П. Минаева. Редакция и вступительная статья И. П. Магидовича, М., 1955.
К о ж е м я к о, Раннесредневековые города. — П. Н. К о ж е м я к о, Раннесредневековые города и поселения Чуйской долины, Фрунзе, 1959.
Коран. — Коран. Перевод и комментарии И. Ю. Крачковского, М., 1963.
К о р н и л о в, Кашгария. — К о р н и л о в, Кашгария, или Восточный Туркестан. Опыт военно-статистического описания. Под ред. Сахарова, Ташкент, 1903.
К о т в и ч, Русские архивные документы. — В. Л. К о т в и ч, Русские архивные документы по сношениям с ойратами в XVII—XVIII вв., — ИРАН, 1919, № 12—15, стр. 1071—1092.

К у р о п а т к и н, Кашгария. — А. Н. К у р о п а т к и н, Кашгария. Историко-географический очерк страны, ея военные силы, промышленность и торговля, СПб., 1879.
К у ш к е к и, Каттаган и Бадахшан. — Б у р х а н - у д - Д и н - х а н-
и - К у ш к е к и, Каттаган и Бадахшан. Данные по географии страны, естественно-историческим условиям, населению, экономике и путям сообщения. Перевод с перс. П. П. Введенского, Б. И. Долгополова и Е. В. Левкиевского под редакцией с предисловием и примечаниями проф. А. А. Семенова, Ташкент, 1926.
Л е в ш и н, Описание. — А. Л е в ш и н, Описание киргиз-казачьих или киргиз-кайсакских орд и степей, ч. 3. Этнографические известия, СПб., 1832.
Л и х а ч е в, Мельницы. — Н. П. Л и х а ч е в, Бумага и древние бумажные мельницы, — ЗИРАО, т. V, СПб., 1892.
Ма'асир-и 'Аламгири. — مآثر عالمگيرى از محمد ساقى مستعد خان، بتصحيح جناب آغا احمد على... كلكته ١٨٧١ م.
Маджму'а. — *Маджму'а* (сборник трактатов Ахмада ходжаги-йи Касани), рук. ИВАН СССР С 668 (738еа).
М а с с о н, Старый Сайрам. — М. Е. М а с с о н, Старый Сайрам, — «Изв. Средазкомстариса», вып. 3, Ташкент, 1928, стр. 23—42.
М а с ' у д К у х и с т а н и. — М а с ' у д б. ' У с м а н К у х и с т а н и, Тарих-и Абу-л-Хайр-хани, рук. ИВАН СССР С 478 (574ah).
«Материалы». — Материалы по истории казахских ханств XV—XVIII веков (извлечения из персидских и тюркских сочинений). Составители: С. К. Ибрагимов, Н. Н. Мингулов, К. А. Пищулина, В. П. Юдин, Алма-Ата, 1969.
Матлаб ат-талибин. — А б у - л - ' А б б а с М у х а м м а д - Т а л и б а с - С и д д и к и, Матлаб ат-талибин, рук. ИВАН СССР В 2504.
М и к л у х о - М а к л а й, Описание. — Н. Д. М и к л у х о - М а к-
л а й, Описание таджикских и персидских рукописей Института востоковедения, [вып. 1. Географические и космографические сочинения], М.—Л., 1955; Описание таджикских и персидских рукописей Института народов Азии, вып. 2. Биографические сочинения, М., 1961.
М и р х о н д, лакнауское изд. — روضة الصفا، (تصنيف محمد خاوند شاه) جلد ١ — ٧ وخاتمه، لكهنو، ١٨٨٣/١٣٠٠ ه.
М у г и н о в, Описание. — А. М. М у г и н о в, Описание уйгурских рукописей Института народов Азии, М., 1962.
Музаккир ал-асхаб, рук. — М у х а м м а д - Б а д и ' С а м а р к а н д и, Музаккир ал-асхаб, рук. АН ТаджССР № 610; рук. ИВАН СССР D 710.
М у к м и н о в а, К истории. — Р. Г. М у к м и н о в а, К истории аграрных отношений в Узбекистане XVI в. По материалам «Вакф-наме», Ташкент, 1966.
М у к м и н о в а, Некоторые данные. — Р. Г. М у к м и н о в а, Некоторые данные о вакуфной грамоте в пользу двух медресе Мухаммед Шейбани-хана. — ИАН УзССР, СОН, 1957, № 3, стр. 17—21.
М у с у л ь м а н к у л о в, Литературные и исторические источники. — Р. М у с у л ь м а н к у л о в, Литературные и исторические источники об Атоулло Махмуд Хусайни, — ИАН ТаджССР, ООН, 1972, № 2 (68), стр. 3—10.
М у х а м м а д - Х а й д а р, рук.— М и р з а М у х а м м а д - Х а й д а р Д у г л а т, Тарих-и Рашиди, рук. ИВАН СССР В 648 (аа 568а), рук.

ИВАН СССР С 394 (ас 568а), рук. ИВАН СССР С 395 (ab 568а), рук. ИВАН СССР D 71 (а 568а).
М у х а м м а д - Х а й д а р, пер. Росса. — The Tarikh-i-Rashidi of Mirzá Muhammad Haidar, Dughlát. A History of the Moghuls of Central Asia. An English version ed., with commentary, notes, and map by N. Elias. The translation by E. D. Ross, London, 1895.
Мухит ат-таварих. — М у х а м м а д - А м и н к и р а к й а р а к ч и, Мухит ат-таварих, рук. ИВАН СССР D 89 (574agg).
Н и л ь с е н, Архитектурный облик. — В. А. Н и л ь с е н, Архитектурный облик обсерватории Улугбека в Самарканде, — ТИИА АН УзССР, т. V, Ташкент, 1953, стр. 101—128.
О к л а д н и к о в, Конь и знамя. — А. П. О к л а д н и к о в, Конь и знамя на ленских писаницах, — «Тюркологический сборник ОЛЯ АН СССР», 1, М.—Л., 1951, стр. 143—154.
Падшах-наме.—The Bádsháh námeh, by Abd al-Hamíd Láhawri ed. by Mawlawis Kabir Al-din Ahmad and Abd Al-Rahím, under the superintendence of Major W. N. Lees, vol. II, Calcutta, 1868 (BI № 57).
П а н т у с о в, О развалинах Таш-Рабата. — [Н. Н. П а н т у с о в], О развалинах Таш-рабата, — ПТКЛА, год VII (1901—1902), 1902, стр. 4—5.
П е т р о в, К истории. — К. И. П е т р о в, К истории движения киргизов на Тянь-Шань и их взаимоотношений с ойратами в XIII—XV вв., Фрунзе, 1961.
П е т р о в, Очерки. — К. И. П е т р о в, Очерки феодальных отношений у киргизов в XV—XVIII веках, Фрунзе, 1961.
П е т р у ш е в с к и й, Земледелие. — И. П. П е т р у ш е в с к и й, Земледелие и аграрные отношения в Иране XIII—XIV веков, М.—Л., 1960.
П е т р у ш е в с к и й, Ислам. — И. П. П е т р у ш е в с к и й, Ислам в Иране в VII—XV веках (курс лекций), Л., 1966.
П и щ у л и н а, Присырдарьинские города. — К. А. П и щ у л и н а, Присырдарьинские города и их значение в истории казахских ханств в XV—XVII веках, — сб. «Казахстан в XV—XVIII веках (Вопросы социально-политической истории)», Алма-Ата, 1969, стр. 5—49.
П о з д н е е в, История. — А. М. П о з д н е е в, История Восточного Туркестана с XVII в., — Архив ЛО ИВАН СССР, ф. 44, оп. 1, ед. хр. 279.
«Прошлое Казахстана». — Прошлое Казахстана в источниках и материалах. Сборник I (V в. до н. э. — XVIII в. н. э.). Под редакцией проф. С. Д. Асфендиарова и проф. П. А. Кунте, Алма-Ата—Москва, 1935; «Сборник второй». Под редакцией проф. С. Д. Асфендиарова, Алма-Ата—Москва, 1936.
ПТКЛА, год XX (11 декабря 1914 г. — 11 декабря 1915 г.), 1915, стр. 68—86.
Р а с т о р г у е в а, Краткий очерк. — В. С. Р а с т о р г у е в а, Краткий очерк грамматики таджикского языка, — в кн. «Таджикско-русский словарь». Под редакцией М. В. Рахими и Л. В. Успенской, М.,- 1954, стр. 529—570.
Р а с т о р г у е в а, Опыт сравнительного изучения. — В. С. Р а с т о р г у е в а, Опыт сравнительного изучения таджикских говоров, М., 1964.
Р а с т о р г у е в а, Очерки. — В. С. Р а с т о р г у е в а, Очерки по грамматике таджикского языка, ч. 2, Сталинабад, 1953.
Р а с т о р г у е в а и К е р и м о в а, Система. — В. С. Р а с т о р г у е в а, А. А. К е р и м о в а, Система таджикского глагола, М., 1964.
Раузат ал-ахбаб — نسخهٔ روضة الاحباب فى سير النبى والال والاصحاب

تصنيف مولانا عطاء الله ابن فضل الله المشتهر به جمال الحسيني، لكهنو،
١٣١٠ [1892=]

Раузат ат-тахирин. — Тахир-Мухаммад б. Имад ад-Дин Хасан Сабзавари, Раузат ат-тахирин, рук. ИВАН СССР С 400 (568ab).

Рафик ат-талибин см. *Анис ат-талибин*.

Рашид ад-дин, пер. Смирновой. — Рашид ад-дин, Сборник летописей, т. I, кн. 2. Перевод с персидского О. И. Смирновой, примечания Б. И. Панкратова и О. И. Смирновой. Редакция А. А. Семенова, М.—Л., 1952.

Розенфельд, Название Лангар. — А. З. Розенфельд, Название Лангар в топонимике Таджикистана, — ИВГО, т. 72, 1940, вып. 6, стр. 861—864.

Румянцев. — Г. Н. Румянцев, «Лунный свет» — история Раб-Джам Зая-Паньдиты, — Архив востоковедов ИВАН СССР, разряд I, оп. 3, ед. хр. 44.

Салахетдинова, Сведения о киргизах. — М. А. Салахетдинова, Сведения о киргизах в «Абдулла-намэ» Хафиз-и Таныша, — ИАН КиргССР, СОН, т. II, вып 3 (История), 1960, стр. 173—181.

Салахетдинова, Сообщения о киргизах в «Хидайат-наме». — М. А. Салахетдинова, Сообщения о киргизах в «Хидайат-наме» Мир Халь ад-дина, — ИАН КиргССР, СОН, т. 3, 1961, вып. 2, стр. 133—140.

Салахетдинова, Сочинение Мухаммад-Садыка Кашгари. — М. А. Салахетдинова, Сочинение Мухаммад-Садыка Кашгари «Тазкира-и ходжаган» как источник по истории киргизов, — ИАН КиргССР, т. I, 1959, вып. 1, стр. 93—125.

Семенов, Бухарский трактат. — А. А. Семенов, Бухарский трактат о чинах и званиях и об обязанностях носителей их в средневековой Бухаре, — СВ, т. V, 1948, стр. 137—153.

Семенов, Очерк устройства. — А. А. Семенов, Очерк устройства центрального административного управления Бухарского ханства позднейшего времени, — «Труды АН ТаджССР» т. XXV, Сталинабад, 1954 (МИТУСА, вып. II).

Семенов, Первые Шейбаниды. — А. А. Семенов, Первые Шейбаниды и борьба за Мавераннахр, — ТИИАЭ АН ТаджССР, т. XII, Сталинабад, 1954 (МИТУСА, вып. I), стр. 109—150.

Семенов, Ташкентский шейх. — А. А. Семенов, Ташкентский шейх Хавенд-и Тахур («шейх Антаур») и приписываемый ему «кулях», — ПТКЛА, год XX, 1915, вып. I.

Семенов, Указатель. — А. А. Семенов, Указатель персидской литературы по истории узбеков в Средней Азии, Ташкент, 1926 («Труды Библиографич. Комиссии бывш. при СНК ТССР», вып. III).

Семенов, Уникальный памятник. — А. А. Семенов. Уникальный памятник агиографической среднеазиатской литературы XVI в., — ИУзФАН СССР, 1940, № 12, стр. 52—62; 1941, № 3, стр. 37—48.

Стори, Персидская литература. — Ч. А. Стори, Персидская литература. Био-библиографический обзор. В трех частях: ч. I. Кораническая литература, всеобщая история, история пророков и ранний ислам; ч. II. История Ирана, Курдистана, Средней Азии, Афганистана, Турции, Кавказа, Арабских стран, Европы и Америки, Китая и Японии; ч. III. Указатели. Addenda, М., 1972.

С у л т а н о в, Краткое описание. — Т. И. С у л т а н о в, Краткое описание сочинения Сейфи (XVI в.), — ИАН КазССР, СО, 1970, № 1, стр. 46—50.

Т а б а р и, Тафсир, изд. Ягмайи. — ترجمهٔ تفسیر طبری فراهم آمده در زمان سلطنت منصور بن نوح سامانی ۳۰۰ تا ۳۶۵ هجری، بتصحیح واهتمام حبیب یغمائی، جلد ۱ — ۵، تهران، ۱۳۳۹ — ۱۳۴۲ [=1960—1963]

Таварих-и гузиде-йи Нусрат-наме. — Таварих-и гузиде-йи Нусрат-наме, рук. ИВАН СССР В 745 (590*).

Т а г и р д ж а н о в, Описание. — А. Т. Т а г и р д ж а н о в, Описание таджикских и персидских рукописей Восточного отдела библиотеки ЛГУ, т. I. История, биографии, география, Л., 1962.

Тазкират ал-хидайат. — Тазкират ал-хидайат, рук. ИВАН СССР В 738 (589d*i).

Тазкират аш-шу'ара, изд. Броуна.—The Tadhkiratu 'sh-Shu'ará' («Memoirs of the Poets») of Dawlatsháh bin 'Alá' u'd-Dawla Bakhtísháh al-Ghází of Samarqand. Ed. in the Original Persian with Prefaces and Indices by E. G. Browne, London—Leide, 1901 (PHT, vol. I).

Тазкире-йи 'Абд ал-Маннан. — 'А б д - и Ш у к у р б. х о д ж а М у - х а м м а д - Й у с у ф, Тазкире-йи хазрат-и Маулана[-йи] махдуми а'ани хазрат-и маулана саййид 'Абд ал-Маннан, рук. ИВАН СССР А 231 (с581а).

Тазкире-йи хᵛаджа Мухаммад-Шариф. — Тазкире-йи хᵛаджа Мухаммад-Шариф, рук. ИВАН СССР А 237 (589 de), рук. ИВАН СССР С 582 (590⁰⁰*), рук. ИВАН СССР D 371 (Nov. 1505).

Тазкире-йи хᵛаджаган. — М у х а м м а д - С а д и к К а ш г а р и,ˈ Тазкире-йи хᵛаджаган, рук. ИВАН СССР D 126 (590⁰⁰).

Тазкире-йи хᵛаджаган, пер. Шоу. — The History of the Khōjas of Eastern Turkistan summarised from the Tazkira-i-khwājagān of Muḥammad-Ṣādiq Kāshgharī, by the late R. B. Shaw... ed. with introduction and notes by N. Elias. (Published as Supplement to the Journal of the Asiatic Society of Bengal, vol. LXVI, pt 1, 1897), — JASB, LXVI, pt 1, 1897, pp. 1—67.

Тазкире-йи хидайат см. *Тазкират ал-хидайат*.

Та'лим аз-закирин.— А й у б б. М а х м у д Ш а д м а н и, Та'лим аз-закирин, рук. ИВАН СССР С 1563.

Тарих-и Абу-л-Файз-хани. — А б д а р - Р а х м а н Т а ' л э, Тарих-и Абу-л-Файз-хани. Перевод с примечаниями и указателями А. А. Семенова, Ташкент, 1956.

Тарих-и амнийе. — Таарих-и Эмэние. История владетелей Кашгарии, сочинение Муллы Мусы, бен Мулла Айса, сайрамца, изданная Н. Н. Пантусовым, Казань, 1905.

Та'рих-и Бадахшан. — Та'рих-и Бадахшāн. История Бадахшана. Фотографическая репродукция рукописного текста, введение, указатели. Подготовил к изданию А. Н. Болдырев, [Л.], 1959.

Тарих-и муким-хани, пер. Семенова. — М у х а м м е д Ю с у ф М у н - ш и, Муким-ханская история. Перевод с таджикского, предисловие, примечания и указатели проф. А. А. Семенова, Ташкент, 1956.

Тарих-и Шахрухи. — Таарих Шахрохи. История ˌвладетелей Ферганы. Сочинение моллы Ниязи Мухаммед бен Ашур Мухаммед, хокандца, изданная Н. Н. Пантусовым, Казань, 1885.

Т и х о н о в, Хозяйство. — Д. И. Т и х о н о в, Хозяйство и общественный строй уйгурского государства. X—XIV вв., Л., 1966.

Тузук-и Джахангири. — Tūzuk-i-jahāngīrī, or Memoirs of Jahāngīr. From the First to the Twelfth year of His Reign. Transl. by A. Rogers, ed. by H. Beveridge, London, 1909 (OTF, NS, vol XIX).

Убайдулла-наме, пер. Семенова. — М и р М у х а м м е д А м и н - и Б у х а р и, Убайдалла-наме. Перевод с таджикского с примечаниями член-корр. АН УзССР проф. А. А. Семенова, Ташкент, 1957.

У с п е н с к и й, Несколько слов. — В. У с п е н с к и й, Несколько слов об округе Хами в Восточном Туркестане (по китайским источникам), — ИИРГО, 1873, т. IX, № 1, стр. 1—15.

Фатх-наме. — М у х а м м а д (?) Ш а д и, Фатх-наме, рук. ЛГУ № 962; рук. ИВАН УзССР № 5369.

Х а й д а р б. 'А л и. — Х а й д а р б. 'А л и а л - Х у с а й н и Р а з и, Тарих-и Хайдари, рук. ГПБ, ПНС 230.

Х а м р а е в, Мухаммад-Амин и его сочинение. — У. Х а м р а е в, Мухаммад-Амин и его сочинение «Мухит ат-таварих», Ташкент, 1970 (автореф. канд. дисс.).

Х а н ы к о в, Описание. — Н. Х а н ы к о в, Описание Бухарского ханства, СПб., 1843.

Хафт иклим. — А м и н [б] А х м а д Р а з и, Хафт иклим, рук. ИВАН СССР С 1795.

Хидайат-наме. — М и р Х а л а д - Д и н а л - К а т и б Й а р к а н д и, Хидайат-наме, рук. ИВАН СССР С 560 (589d*1).

Х о н д е м и р, Хабиб ас-сийар, изд. Хума'и. — تاریخ حبیب السیر فی
اخبار افراد بشر تالیف غیاث الدین بن همام الدین الحسینی المدعو به
خواندمیر با مقدمه بقلم جلال الدین همائی، جلد ۱ – ٤، (تهران)،
۱۳۳۳ [=1954]

Хосров ва Ширин, изд. Хетагурова. — Н и з а м и Г я н д ж е в и, Хосров и Ширин. Составитель научн.-крит. текста Л. А. Хетагуров, Баку, 1960.

«Хроника». — Ш а х - М а х м у д б. м и р з а Ф а з и л Ч у р а с, Хроника, рук. Библиотеки им. В. И. Ленина (Москва), перс. 11; рук. ИВАН УзССР № 7586 (перевод на узб. яз.).

Худуд ал-'алам, пер. Минорского. — Ḥudūd al-'Ālam. 'The Regions of the World'. A Persian Geography 372 A.H. — 982 A. D. Translated and Explained by V. Minorsky. With the Preface by V. V. Barthold (1930) Transl. from the Russian, London, 1937 (GMS NS, XI).

Хумайун-наме, изд. А. С. Беверидж. — The History of Humāyūn (Humāyūn-nāma) by Gul-Badan Begam (Princess rose-body). Transl., with Introduction, notes, ills. and bibliographical Appendix; and reproduced in the Persian from the only known MS. of the British Museum by A. S. Beveridge, London, 1902 (OTF, NS I).

Ч у л о ш н и к о в, К истории. — А. П. Ч у л о ш н и к о в, К истории феодальных отношений в Казахстане в XVII—XVIII вв., — ИАН СССР, ООН, 1936, № 3, стр. 497—524.

Ш а р а ф а д - Д и н Й а з д и, Мукаддама, рук. — Ш а р а ф а д - Д и н Й а з д и, Мукаддама-йи Зафар-наме, рук. ИВАН СССР С 390 (с 568).

Шараф-наме-йи шахи. — Х а ф и з - и Т а н ы ш, Шараф-наме-шахи, рук. ИВАН СССР D 88 (574 age).

Шараф-наме-йи шахи, узб. пер. — Х о ф и з Т а н и ш и б н М и р М у х а м м а д Б у х о р и й, «Абдулланома», Шарафномайи шохий, ж. I—II, Тошкент, 1966—1969.

Ш и ш к и н, Обсерватория. — В. А. Ш и ш к и н, Обсерватория Улугбека и ее исследование, — ТИИА АН УзССР, т. V, Ташкент, 1953, стр. 3—100.
Ш и ш к и н, Самаркандская обсерватория. — В. А. Ш и ш к и н, Самаркандская обсерватория Улугбека, — сб. «Из истории эпохи Улугбека», Ташкент, 1965, стр. 200—226.
Ю д и н, Известия. — В. П. Ю д и н, Известия «Зийа' ал-кулуб» (ضیا القلوب) Мухаммад Аваза о казахах XVI века, — ВАН КазССР, 1966, № 5, стр. 71—76.
Ю д и н, О родоплеменном составе. — В. П. Ю д и н, О родоплеменном составе могулов Могулистана и Могулии и их этнических связях с казахским и другими соседними народами, — ИАН КазССР, СОН, 1965, № 3, стр. 52—65.
Ю д и н, Рецензия. — В. П. Ю д и н, [Рец. на:] А. М. Мугинов, Описание уйгурских рукописей Института народов Азии АН СССР. М., 1962, — ИАН КазССР, СОН, 1965, № 5, стр. 80—84.
Ю д и н, Рец. на Ахмедова. — В. П. Ю д и н. [Рец. на:] Б. А. Ахмедов, Государство кочевых узбеков, М., 1965, — ИАН КазССР, СОН, 1966, № 2, стр. 85—89.
Я у ш е в, Фрагмент. — Н. Я у ш е в, Фрагмент из «Истории Алтышахра» (на татар. яз.), — «Шуро», № 19 (1. X. 1916), стр. 458—460; № 20 (15. X. 1916), стр. 479—481; № 21 (1. XI. 1916), стр. 511—512; № 22 (15. XI. 1916), стр. 527—528. (Приложение к газете «Вакт», Оренбург, №№ 2103, 2111, 2120, 2129.)

A b e l - R é m u s a t, Histoire. — I. P. A b e l - R e m u s a t, Histoire de la ville de Khotan, Paris, 1820.
B a d d e l e y, Russia, Mongolia, China. — J. F. B a d d e l e y, Russia, Mongolia, China. Being some Record of the Relations between them from the beginning of the XVIIth Century..., vol. I—II, London, 1919.
B a r t h o l d[— S p u l e r], Haydar b. 'Ali. — W. B a r t h o l d[— B. S p u l e r], Ḥaydar b.'Alī, — EI², III, pp. 325—326.
B e e s t o n, Catalogue. — Catalogue of the Persian, Turkish, Hindustani and Pushtu manuscripts in the Bodleian Library, pt III. Additional Persian manuscripts by A.F.L. Beeston, Oxford, 1954.
B e v e r i d g e, The Khojas. — H. B e v e r i d g e, The Khojas of Eastern Turkistan, — JASB, Calcutta, LXXI, 1902, pt 1, pp. 45—46.
B r e t s c h n e i d e r, Mediaeval Researches. — E. B r e t s c h n e i d e r, Mediaeval Researches from Eastern Asiatic Sources; Fragment towards the Knowledge of the Geography and History of Central and Western Asia from the XIII to the XVII-th century, vol. I—II, 2d ed., London, 1910.
B r i q u e t, Les filigranes. — C. M. B r i q u e t, Les filigranes, t. I—II, Paris, 1923.
B u h l, 'Ali som Praetendent. — F. B u h l, 'Alī som Praetendent og Kalif, Copenhagen. 1921.
C a y l e y, An article. — Dr. C a y l e y, An Article on Jade Quarries in the Kara-Kash valley, — «Macmillan's Magazine», October, 1871.
C h r i s t e n s e n, L'Iran. — A. C h r i s t e n s e n, L'Iran sous les sassanides, Copenhague, 1936.
C o u r a n t, L'Asie Central. — M. C o u r a n t, L'Asie Central aux XVIIe

et XVIIIe siècles. Empire Kalmouk ou empire Mantchou?, Lyon—Paris, 1912.
D o e r f e r, Türkische und mongolische Elemente. — G. D o e r f e r, Türkische und mongolische Elemente im neupersischen. Bd II. Türkische Elemente im neupersischen *alif* bis *-tā*, Wiesbaden, 1965.
G l u b b, The Great Arab conquests. — J. B. G l u b b, The Great Arab Conquests, London, 1963.
G o l d z i h e r, Abdal. — I. G o l d z i h e r, Abdāl, — EI², I, pp. 94—95.
G r e n a r d, La légende. — F. G r e n a r d, La légende de Satok Boghrâ khân et l'histoire, — JA, ser. 9, XV, Paris, 1900, pp. 5—79.
G r o h m a n n, Khaibar. — A. G r o h m a n n, Khaibar, — EI, II, pp. 869—870.
H a r t m a n n, Der Islamische Orient. — M. H a r t m a n n, Der Islamische Orient, Berichte und Forschungen, VI—X. Ein Heiligenstaat im Islam: Das Ende der Čaghataiden und die Herrschaft der Chogas in Kašgarien, Berlin, 1905, S. 195—288.
H a r t m a n n, Die osttürkischen Handschriften. — M. H a r t m a n n, Die osttürkischen Handschriften der Sammlung Hartmann, Berlin, 1904.
H a r t m a n n, Gayōmart. — S. S. H a r t m a n n, Gayomart, Uppsala, 1953.
H a r t m a n n, Zur Geschichte Zentral-Asiens. — M. H a r t m a n n, Zur Geschichte Zentral-Asiens, — «Actes du Congrès international des Orientalistes», Alger 1905, IIIe partie. Langues musulmanes (arabe, persan et turc)», Paris, 1907, pp. 194—195.
H i t t y, History. — Ph. H i t t y, History of Arabes, 3-d ed., London, 1946.
H u a r t, Kalandar. — Cl. H u a r t, Kalandar, — EI, II, pp. 676—677.
I m b a u l t — H u a r t, Le pays de 'Hami ou Khamil. — C. I m b a u l t — H u a r t, Le pays de 'Hami ou Khamil. Description, Histoire d'apres les auteurs chinois. — «Extrait du Bulletin du Comité des Travaux historiques et scientifiques. Section de géographie», Paris, 1892, pp. 1—75.
I v a n o w, Ismaili Literature. — W. I v a n o w, Ismaili Literature. A bibliographical survey, a second amplified edition, Tehran, 1963 (The Ismaili society series A № 15).
«The Journey of Benedict Goës». — The Journey of Benedict Goës from Agra to Cathay, — в кн. «Cathay and the Way Thither», vol. IV, London, 1916, pp. 169—265 («The Hakluyt society», II-ser. № XLI).
L a m b t o n, Dārūgha. — A. K. S. L a m b t o n, Dārūgha, — EI², II, pp. 163—164.
L a z a r d, Une texte. — G. L a z a r d, Une texte persan sur la légende de Gayōmart, — JA, t. CXLIX, 1956, fasc, 2, pp. 201—216.
L e v i d e l l a V i d a, 'Omar. — G. L e v i d e l l a V i d a, 'Omar, — EI, III, pp. 1050—1052.
L e v i d e l l a V i d a, 'Othman b. 'Affan. — G. L e v i d e l l a V i d a, 'Othmān b. 'Affān, — EI, III, pp. 1008—1011.
«Manuscrits turcs». — Manuscrits turcs de l'Institut des langues orientales décrits par W. D. Smirnow (Collections scientifiques de l'Institut des langues orientales du Ministère des affaires étrangères. VIII), St.-Pbg., 1897.
M a s s é, Croyances et Coutumes. — H. M a s s é, Croyances et Coutumes Persanes suivies de contes et chansons populaires, t. I—II, Paris, 1938.
M a s s i g n o n, Essai. — L. M a s s i g n o n, Essai sur les origines du lexique technique de la mystique musulmane, Paris, 1922 (2-d ed., Paris, 1954).

«Mémoires». — Mémoires concernant l'histoire, les sciences, les arts, les moeurs, les usages, etc. des Chinois par les missionnaires [de Pekin, t. XIV, Paris, 1789.
M e r e d i t h - O w e n s , Handlist. — Handlist of Persian Manuscripts 1895—1966 by G. M. Meredith-Owens, [London], 1968.
M i r z a, Great Muslim women of India. — M o h. W a h i d M i r z a, Great Muslim Women of India, — в сб. «Great Women of India», Calcutta, 1953, pp. 378—394.
M o l é, Autour du Daré Mansour. — M. M o l é, Autour du Daré Mansour: l'apprentissage mystique de Bahā' al-Dīn Naqshband, — «Revue des études islamiques», année 1959, cahier I (Mémoires), Paris, 1960, pp. 35—66.
P e l l i o t, Note. — P. P e l l i o t, Note sur les anciens noms de Kuča, d'Aqsu et d'Uč-Turfan, — «T'oung Pao», t. XXII (1923), pp. 126—132.
P e l l i o t, Notice critiques. — P. P e l l i o t, Notice critiques d'Histoire kalmouke, Textes, Paris, 1960.
P e l l i o t, Notice sur Early jesuit travellers. — P. P e l l i o t, Notice sur Early jesuit travellers in Central Asia 1603—1721 par C. Wessels, — «T'oung Pao», t. XXIV (1926), pp. 387—395.
Q u a t r e m è r e, Notice de l'ouvrage. — Notice de l'ouvrage qui a pour titre Mesalek Alabsar fi memalek alamsar, Voyages des yeux dans les royaumes des différentes contrées (manuscrit arabe de la Bibliothèque du roi) par M. Quatremère, — Notices et extraits, XIII (1838), pt 1, pp. 151—384.
Q u a t r e m è r e , Notice géographique et historique. — M. Q u a t r e m è r e, Notice géographique et historique sur la ville de Kaschgar, — «Notices et extraits», t. XIV, 1843, pp. 474—489.
R a d l o f f, Uigurische Sprachdenkmäler. — W. R a d l o f f, Uigurische sprachdenkmäler. Materialien nach dem Tode des Verfassers mit Ergänzungen von S. Malov herausgegeben, Leningrad, 1928.
R o s e n t h a l, A History. — F. R o s e n t h a l, A History of Muslim Historiography, 2-nd revised edition, Leiden, 1968.
S a c h a u, Der erste Chalife Abu Bekr. — E. S a c h a u, Der erste Chalife Abu Bekr, Eine Charakterstudie, — SBAW, 1903, Bd III, S. 16—37.
S c h e f e r. — Histoire de l'Asie Centrale (Afghanistan, Boukhara, Khiva, Khoqand). Par Abdoul Kerim Boukhary. Publiée, traduite et annotée par Charles Schefer, Paris, 1876.
S e m e n o v, Kurzer Abriss. — A. A. S e m e n o v, Kurzer Abriss der neuren mittelasiatisch-persischen (tadschikischen) Literatur (1500—1900) (Otto Harassowitz's Litterae orientales, H. 46, April, 1931, S. 1—10).
S h a w, A Prince of Kashgar. — R. B. S h a w, A Prince of Kashgar on the Geography of East Turkestan, — JRGS, vol. XLVI, 1876, pp. 277—298.
S t e i n, Ancient Khotan. — M. A. S t e i n, Ancient Khotan. Detailed Report of Archaeological Explorations in Chinese Turkestan, vol. I—II, Oxford, 1907.
S t e i n, Innermost Asia. — M. A. S t e i n, Innermost Asia. Detailed Report of Explorations in Central Asia, Kan-Su and Eastern Iran, vol. I—II. Text; vol. III. Plates and Plans; vol IV, Maps, Oxford, 1921.
S t e i n, Serindia. — M. A. S t e i n, Serindia. Detailed Report of Explorations in Central Asia and Westernmost China, vol. I—III, Text; vol. IV, Plates; vol. V, Maps, Oxford, 1921.
S t o r e y, PL. — C. A. S t o r e y, Persian Literature. A Bio-bibliographical survey: vol. I. Qur'ānic Literature. History and Biography. Pt. 1.

Qur'ānic Literature. History. Section I. Qur'ānic Literature, London, 1927; Section II. (History). Fasc. 1. A. General history. B. The prophets and Early Islām, London, 1935; fasc. 2. C—L. Special Histories of Persia, Central Asia and the remaining parts of the world except India, London, 1936; fasc. 3. M. History of India, London, 1939. Pt 2. Biography. Additions and Corrections, Indexes, London, 1953; vol II, pt I. A. Mathematics. B. Weights and Measures. C. Astronomy and Astrology. D. Geography, London, 1958.
Tadhkirat al-mulūk. — Tadhkirat al-mulūk. A Manuel of Safavid Administration (circa 1137/1725). Persian Text in Facsimile (B. M. Or. 9496). Translated and Explained by V. Minorsky, London, 1943 (GMS NS, XVI).
V e c c i a   V a g l i e r i, 'Ali b. Abi Talib. — L. V e c c i a   V a g l i e r i, 'Alī b. Abī Ṭālib, — EI², I, pp. 381—386.
W a t t, Abu Bakr. — W. W a t t, Abū Bakr, — EI², I, pp. 112—113.
W a t t, Muhammad at Mecca. — W. M. W a t t, Muhammad at Mecca, Oxford, 1953.
W a t t, Muhammad at Medina. — W. M. W a t t, Muhammad at Medina, Oxford, 1956.
W e l l h a u s e n, Das arabische Reich. — J. W e l l h a u s e n, Das arabische Reich und sein Sturz, Berlin, 1902.
W e n s i n c k, A Handbook — A. J. W e n s i n c k, A Handbook of early muhammadan tradition, Leiden, 1927.
W e n s i n c k [— B a z m e e   A n s a r i]. — A. J. W e n s i n c k [—A. S. B a z m e e A n s a r i], Baḳī' al-Gharḳad,—EI², I, pp. 957—958.

نوشيروان ياوشف ، سوسى بايفلر سويكه سنده — شورا ، ١٣ عدد ، ايئول ١٩١٦ سنه ، ١٣ رمضان ، ١٣٣٤ سنه ، ٣٢١ صحيفه .

图书在版编目(CIP)数据

编年史/沙-马赫穆德·楚剌思著;魏良弢,万雪玉译.—北京:商务印书馆,2018
ISBN 978-7-100-16826-7

Ⅰ.①编… Ⅱ.①沙…②魏…③万… Ⅲ.①西域—地方史—研究—明代 Ⅳ.①K294.5

中国版本图书馆 CIP 数据核字(2018)第 259107 号

权利保留,侵权必究。

编年史

沙-马赫穆德·楚剌思 著
魏良弢 万雪玉 译

商 务 印 书 馆 出 版
(北京王府井大街 36 号 邮政编码 100710)
商 务 印 书 馆 发 行
北京中科印刷有限公司印刷
ISBN 978-7-100-16826-7

2018 年 12 月第 1 版　　开本 850×1168 1/32
2018 年 12 月北京第 1 次印刷　　印张 10½
定价:35.00 元